벼랑에 선 保守

벼랑에 선 保守

- 거짓에 함몰된 군중권력,
운동권력, 法服권력 이야기 -

李英石 지음

비봉출판사

이 글을 쓰면서

'한 사건'에 대한 보도와 기소 그리고 재판에 대한 절망(絶望)에서 출발한 글이 '벼랑에 선 보수'라는 상념(想念)으로 이어졌다.

4반세기 가깝게 꺼지지 않고 불타는 이른바 '촛불데모'의 촛불, 2년이 지나도 출렁이고 있는 세월호 사건, 20세기 반공법 위반죄 전과(前科)에 대한 21세기 법원의 무죄 번복, 그래서 막대한 금액을 국가에서 배상하라는 판결, 그리고 사법 운용의 편향 등…, 우리는 너무도 달라진 대한민국을 발견한다.

문제의 '한 사건'이란 2014년에 마주친 국회의원 박상은 사건이다. 세월호 사건이 발생한 그해 6월, 언론과 검찰은 국회의원 박상은을 '해운 마피아', 정계의 '마피아'로 낙인(烙印)찍었다. 그런데 유죄로 판결한 그의 정치자금법 위반은 그가 취업을 주선한 두 후배의 월급이다. 두 후배가 월급을 주는 회사가 아니라 박상은의 정치를 돕는 일을 했다는 것이 유죄. 박상은 의원이 주어야 할 월급을 한 설비전문회사와 한 민간 연구소가 준 것을 정치자금으로 판정한 이른바 월급 대납(代納)이 그 죄목이다.

필자가 이 사건의 이런 사연을 듣게 된 것은 2016년 정초 몇 친구와 어울린 회식자리에서였다. 이런 저런 얘기 중 언론이 화제가 되었다.

뉴스만 내보내는 방송은 세계의 뉴스 생산지 미국에 단 하나(CNN) 있을 뿐인데, 한국에는 이른바 News Only 채널이 너무 많다. 이 때문에 운(運)이 사나워 한국에서 자칫 뉴스거리가 되면 이들 방송의 연속보도와 "뉴스 토크"라는 인민재판에 올라 만신창이(滿身瘡痍)가 되기 일쑤다. 그 표본으로 화제의 도마에 올랐던 KAL의 어떤 사건을 얘기했다.

그랬는데 한 분이 말하기를, 그보다 더한 것이 '박상은 의원 사건'이라고 하는 것 아닌가. 모두들 뜻밖이라는 얼굴이었는데, 그가 말했다. "정계의 마피아로 찍혔는데 법정기록으로는 가장 깨끗한 정치인 중의 한 사람으로 밝혀졌지만, 전국 언론에 의한 '정피아'라는 낙인은 그대로"라고 했다.

그리고 며칠 지나 이메일을 받았다. 박상은 사건의 판결문이었다. 검찰이 기소한 11건의 사안(事案) 중 8건이 무죄. 그런데 유죄로 판결한 3개의 사안도 결코 유죄일 수도, 유죄여서도 안 되는 사안들이다. 읽으면서 나도 모르게 '무슨 이런 재판이 있어!'라는 말이 저절로 나왔다.

박 의원을 잘 아는 내 친구는 '무슨 이런 재판이 있어'라는 내 전화를 받고 추가 메일을 또 보냈다. 법정 증언의 녹취록이다. 그러면서 말했다.

"이게 어떻게 그토록 큰 사건으로 각색되어 기소되고, 재판하고 할 수 있었는지 도무지 이해할 수 없다. 박상은 의원이 보수파여서? 보수파의 수난? 그런 의문부만 찍다가 끝내 내 머리로는 정답을 찾지 못했다."

그러면서 나에게 글쓰기를 권했다. 사실을 왜곡하고 굴절시켜 선량한 한 사람에게 마피아 낙인을 찍은 한국의 언론과 검찰을 고발해야 한다고 그는 말했다. 이것이 필자가 이 글을 쓰게 된 경위이다.

국회의원 박상은은 2014년 6월 '해운비리 특별수사팀'에 의해 해운비리의 표본으로 낙인찍히고, 8월엔 구속 기소되었다. 그 두 달, 전국의 언론들은 해운비리에다 비서 월급까지 일부를 착취한 '해운마피아' 박상은의 부패혐의를 집중 보도했다. 그런데 재판과정에서는 해운비리도 비서의 월급 착취도 온데간데없이 사라지고 없었다.

〈검찰은 박상은을 유죄로 만드는 데 전력투구했다. 해피아를 찾아 단죄하라는 것이 그해 여름 전국을 어둡게 짓누르고 있던 세월호 분위기였다. 검찰은 '박상은의 사건화'로 그 분위기에 부응하는 모습을 보였다. 그리고 그 낙인이 잘못된 것임을 알았지만 그대로 밀고나갔다. 검찰의 유죄 만들기 안간힘에서 세월호 분위기에 짓눌리고 쫓기는 검찰을 보게 된다.

사회적 분위기는 정치가 만든다. 시민들의 마음, 경기까지도 가라앉게 만든 것이 세월호 분위기다. 박상은 의원의 기소는 그 분위기가 만들어낸 사건의 하나이다.〉

이 글은 이토록 황당한 사건의 기소와 재판의 기록이다. 그리고 이것을 보면서 우리가 떠올리게 되는 질문들이다

이 사건의 기록에서는 21세기 대한민국의 한 단면이 나타난다. 정(情), 의리(義理), 정의(正義), 국가의식, 이런 것들은 사라지거나 굴절되고 배덕(背德)이 판치는 세상으로 변해가는 한국, 한국인의 모습이다. 배덕을 부추겨 사회를 황폐화시키는 검찰 권력의 질주는 우리를 슬프게 한다.

나는 이 기록을 읽으면서 맨 먼저 떠오른 상념이 내 나라의 정치체제, 정치현실이다. 세월호 침몰사건의 정치화 ― 거기에 보이는 정치와

언론의 경박함과 무책임, 거기서 하나 더, 만약 박상은 의원이 당시 통합민주당 소속이었다면 구속 기소되었을까?

선거 후원금을 받은 15인 중의 1인, 선주협회의 해외 항만시찰 프로그램 참가 18인 중 1인으로 통합민주당 국회의원 단 한 사람을 걸었다면 담당검사만이 아니라 검사장, 아니 검찰총장까지 민주당과 운동권의 공격을 받아 책임을 지지 않을 수 없는 궁지에 몰릴 텐데….

대한민국은 20세기에 자유의 나라로 건국되었다. 그런데 21세기의 대한민국은 더 이상 자유, 자유인의 나라가 아니다. 자유의 전사(戰士)도, 자유의 전통을 이어가는 보수정당도 없고, 자유를 옥죄는 좌파 천하로 바뀌고 있다. 이 나라에서 보수우파로 산다는 것은 위험한 오솔길을 걷는 것과 같다. 좌파로 살아야 편하고 법의 보호도 알차게 받는다. 이런 변화는 발전인가? 무엇이 이런 변화를 만들어 냈을까?

중고교 국사교과서엔 대한민국의 건국이 없다. 조선인민공화국의 건국은 있는데 대한민국은 건국이 아니라 정부수립으로 기록하고 있다. 그래서 대한민국에는 건국절(建國節)이 없다.

대한민국은 있지만 없는 것 같은 착각을 한다. 대한민국을 표상한다고 할 서울 광화문 거리, 서울광장, 그 어디에도 대한민국의 흔적은 없다. 조선은 있는데 대한민국은 없다. 그런데 사람들은 이것을 이상하게 생각하지 않는다.

선동이 대중의 가슴에 증오(憎惡)의 불을 지핀다. 거짓이 정의로운 성명으로 포장되어 여론이 되고, 데모의 폭풍이 되어 이 나라의 질서를 흔든다. '광우병 공포'라는 거짓을 다스리지 못하고 무릎 꿇은 대통령을 우리는 본다.

한국의 언론은 어느 수준일까. 그들은 정치를 일컬어 3류라고 하는데, 저들 스스로는 어떤 평가를 하고 있을까. 요즘 '협치(協治)'라는 글자를 언론에서 본다. '상생(相生)', 노무현이라는 사람이 대통령이던 때 쓰자 아무 검증 없이 따라가면서 '공생(共生)'이라는 정확한 용어를 박물관으로 보내버린다. 민주제도의 기본인 다수결을 비튼 의결정족수 굴절을 '선진화법'으로 포장하자 이 포장도 받아들인다. '협치(協治)' 역시 정책의 차별도 의미 없게 만드는 것, 선진화법 못지않은 정치의 굴절인데, 한국의 언론은 정치 발전의 이미지로 쓰고 있다.

언어의 혼란은 레닌의 혁명을 위한 수단이고 전술이다. 한국에는 레닌을 아는 사람은 드물면서 레닌을 읽은 사람들, 레닌을 선망하는 사람들이 학자를 자처하고 정치지도자를 자처하면서 언어를 비틀어 혼란을 조장하고 대립을 부추기고 있다.

한국에 정당이 있는가? 지도자는 있는가? 정당이나 지도자는 여론을 창조하고 여론을 이끌어 갈 수 있어야 한다. 그런데 한국의 정당과 지도자는 국민의 뜻이라는 이름의 여론 추수주의자(追隨主義者)를 자처하면서 그것이 부끄러운 것일 수도 있다는 인식은 아예 없어 보인다. 정당은 정치와 정책의 연속성이 그 생명이다. 그런데 한국의 정당은 이런 인식이 없다. 스스로 중요하다고 자랑하는 정책도 길어야 5년이다. 백년대계는커녕 10년 계획도 없다. 더 참담한 것은 이성(理性)의 마비다. 그런데 그들이 노래하는 '정치개혁'이라는 화두(話頭)에서 이런 문제 제기는 그림자도 없다.

나는 이 재판기록을 읽으면서 이런 문제들에 마음이 닿았고, 그래서 이 글을 쓸 마음을 정했고, 글의 후반부에 한국의 언론, 한국의 정치에 대한 나의 의문들의 한 가닥을 간추려 보았다.

사건기록 중에는 박상은 의원과 설원봉의 30년 우정의 기록이 있다. 다소 긴 것 같아 압축해야겠다는 생각을 하면서도 오늘날엔 이런 '우정(友情)'은 사라지고 없는 아련한 향수로 남았기에 줄일 마음이 들지 않았음을 덧붙인다.

2016년 7월

이영석

차 례

벼랑에 선 保守

세월호 폭풍에 일그러진 법의 모습

춘추전국시대의 명재상(名宰相)으로 많은 가르침을 남긴 관중(管仲)은 국가 패망의 원인을 논하면서, 가장 중요하게 살핀 것들 중의 하나가 법 집행이었다. 법의 집행은 엄정(嚴正)해야 한다. 법의 집행을 바르게 하면 공직자의 부패를 막고, 국민의 마음을 하나로 모으며, 나라를 안정시킬 수 있다. 반면 법의 집행이 바르지 못하면 법질서가 헝클어지고, 세상은 사분오열(四分五裂)되어 망국에 이르게 된다고 했다. 한비자(韓非子)도 말했다. 항상 약한 나라도 없고 항상 강한 나라도 없으며, 법질서가 나라의 강약(强弱)을 가른다고.

그렇다면 대한민국의 법질서는 어느 수준일까?

이런 질문을 던지는 것은 내가 본 한 사건의 충격 때문이다.

2014년 세월호 침몰사건의 후폭풍에서 일어났던 '국회의원 박상은(朴商銀) 사건'이 그것이다. 우리는 이 사건에서 세월호 침몰 후 조성된 이른바 '세월호 폭풍'에 휩쓸렸던 법의 일그러진 모습을 보게 된다.

국회의원 박상은은 운전수가 3천만 원이 든 서류가방을 훔친 것이 불운의 서막이다. 그는 그 시절 패션의 하나가 된 정피아(정계의 마피아)로 각색되어 세월호 정국에 내던져졌다. 그리고 1년 반쯤 지난 2015년 12월 의원직을 박탈당했다. 다른 국회의원 사건에 비해 엄청나게 빠른 '법의 판단', 끝맺음이다.

　야당이면서 좌파로 분류되는 국회의원 한명숙에 대해 6년을 심사숙고(深思熟考)하던 법에 비해선, 여당이면서 우파로 분류되는 박상은에 대한 심리(審理)는 심사(深思)가 아니라 놀랄 만치 낮고 가볍게 처리한 속사(速思)라고나 할까.

　이 사건은 아주 특이하다. 그의 죄목은 정치자금법 위반이다. 그런데 그가 정치자금을 받은 것이 없다. 그의 장치자금법 위반은 그가 돈을 받은 것이 아니라 그가 취업을 주선해 준 사람이 받은 돈이다.

　그 하나는 국회의원 박상은의 고교 동문 후배 김영목이 취업해서 받은 월급, 그리고 다른 하나는 그의 대학 동문 후배 김홍일이 취업해서 받은 월급이, 박상은이 정치자금법에 의하지 않은 방법으로 받았다고 해서 법의 다스림을 받은 소위 '불법정치자금'이다.

　더욱 기이한 것은, 그 두 사람이 받은 월급을 박상은이 가로채거나 받아쓴 것도 아니다. 월급은 그들이 받았고 그들이 썼다. 그런데도 박상은을 건 것은, 그들이 월급을 받으면서 그 회사를 위해 일한 것이 아니라 박상은을 위해 일했기 때문에 그들이 받은 월급은 박상은이 받은 '불법 정치자금'이라는 것이 법의 판단이다.

　박상은 의원이 직접 받았다는 돈은 해운조합이 국회의원 후보들에게 주었다는 선거후원금 3백만 원이다. 박상은은 후원금을 받지 않았다고 주장했지만 검찰은 검증(檢證)해 주지 않았다.

　2014년 6월, 한국의 검찰과 한국의 언론은 박상은을 '정피아'로 몰아갔다. 그는 검찰의 조사도 받기 이전에, 검찰의 사전 발표와 언론의 선정적 보도로, '정계의 마피아'로 낙인찍혔다. 그런데 그 낙인을 찍을 때의 그의 죄목들, 해운업체의 로비자금을 받고, 업계의 청탁을 받아 법안·결의안·건의안을 내고, 이런저런 이권운동을 했다는 등의 혐의다. 그런데 그 혐의들은 기소 단계에서 대부분 빠지고, 그리고 기소한 사건도 재판에서 무죄가 되어 사라졌다. 그리고 그 희한한 세 가지 혐의가 올가미가 되었다.

박상은은 열심히 일했고 세금도 많이 낸 편이다. 그의 이력을 보면 민간기업인 신분이면서도 적성국(敵性國)이던 쿠바에 한국 무역대표부를 열게 하는 등 나라의 이익을 위해 일한 기록은 있다. 그러나 그가 나라의 이익에 어긋나는 일, 공공(公共)의 질서에 도발한 기록은 없다. 2014년 그의 의원직을 박탈한 죄목 어디에도 나라나 공공의 이익에 반하는 범죄는 없다. 그의 후배 둘에게 월급을 대납해 주었다는 회사는 그에게 청탁을 한 일도 없으니 말이다.

그는 건전하게 산 모범시민이다. 해군장교로 월남전에 참전하고, 수출역군으로 전 세계 120여 개 나라를 누비고 다닌 산업 전사이기도 하다. 그런데 그에게 찍혀진 '정피아'라는 낙인은 그대로 남아 있다. 어느 신문, 어느 방송, 그 많은 인터넷 신문들 중 어느 하나도 그들의 보도가 사실과 달랐다고 실토하고 그의 낙인을 지워주려고 하지 않는다. 이제 그 폭풍의 계절로 돌아가 이 사건을 반추해 본다.

세월호 폭풍의 한복판에서 검찰은 박상은 의원의 불법 혐의를 추적하는 이른비 '먼지털이'에 나서고, 언론은 검찰의 추적을 부풀리며서 사건은 순식간에 세월호 정국의 초점이 되고 만다. 왜 이리 된 것인가? 사건의 발단은 박상은 의원의 승용차 운전수가 돈이 든 가방을 훔치는 사건이다. 그 절도범이 검찰에 의해 제보자로 포장된 것, 그리고 다른 하나는 돈이다. 이른바 언론이 보도한 '뭉칫돈'이다.

운전수가 돈 가방을 들고 왔고, 검찰은 그 운전수의 제보로 4억여 원의 뭉칫돈을 박 의원의 아들 집에서 압수했다는 것이다. 4억 원대의 돈! 이것이 의혹의 표적이 된다. 거기에 분위기가 얹어졌다. '세월호 정국' '세월호 폭풍'이다.

　세월호 침몰은 해상에서 일어난 교통사고다. 흔히 일어나는 해난사고와 다를 게 없다. 그런데 세월호 침몰은 다른 해난사고와 판이하게 달라졌다. 흔히 보기 어려운 어리석고 무능한 선장이 있었고 승객 중 수백 명 학생이 있었다는 점 때문이다. 수학여행에 나섰던 학생들 중의 다수가 침몰하는 배 안에 갇혀 선체와 함께 침몰됐다는 것은 많은 이들에게 연민을 갖게 했다. 많은 이들의 연민(憐愍), 여기에 정치바람이 실리면서 '세월호 분위기'라는 것이 만들어졌다.

　나라의 분위기는 정치가 만든다. 세월호 침몰사건 이후 일부 시민단체와 야당 그리고 언론이 만들고 이끌어간 분위기는 '증오의 폭풍'이다. 그 폭풍은 박근혜 정부와 이른바 대한민국의 기득권층을 과녁으로 했다. 기득권층에 뿌리내리고 있는 마피아 추적, 마피아 처단이다. 세월호를 침몰시킨 것은 마피아다. 해운업계의 마피아, 해운관료 속의 마피아, 부패한 정치 마피아가 세월호 침몰의 주범이니 '해피아' '관피아' '정피아'를 찾아내서 단죄(斷罪)하라는 것이 세월호 침몰 후 만들어진 '세월호 폭풍'이다.

　당시 검찰엔 세월호 사건 나흘 후 만들어진 해운비리특별수사팀이라는 것이 있었다. 인천지검 제1차장 송인택을 팀장으로 한 수사팀이다. 두 달이 지나도록 특별수사팀의 수사는 해운조합 등에 맴을 돌 뿐, 관피아나 정피아에는 다가가지도 못한다고 해서 '무능'이란 눈총을 받던 특별수사팀은 이 사건에 초점을 맞췄다.

　수사팀의 첫 출발은 자못 민첩한 것으로 비쳤다. 6월 12일 운전수의 고발, 6월 14일 박상은 의원의 아들 집과 박 의원이 원장으로 있는 한국학술연구원의 압수수색, 그리고 압수수색에서 억대의 돈을 압수했다고 언론이 전했다. 검찰은 그로부터 8월 초 소환하기까지 두 달 기간, 박상은의 비리를 내사(內査)했다. 형식은 내사지만 언론에 내사의 내용을 흘려 여론재판을 병행했다.

'뭉칫돈'에 이은 박상은의 비리는 비서의 급료도 그 일부를 상납받았다는 데서 열리기 시작했다. 소위 특별보좌관 등의 월급을 기업으로부터 대납받았다. 해운업체들이 몰려 있는 인천 중·동구 출신으로 그의 선거구에 있는 해운업체들에게 정치자금을 강요하고 각종 이권에 개입했다고 했다. 두 달의 내사 기간에 박상은의 부정과 비리가 꼬리를 이어 언론에 보도되었다. 그리고 해운비리는 해운조합이 제공한 선거후원금 외에 선주협회의 로비가 추가되었다.

해운조합의 이른바 2012년 국회의원 선거 때의 선거후원금은 15명의 국회의원 후보를 대상으로 했다고 검찰 문서는 기록하고 있다. 해운조합 관계자는 15명 중 4~5명은 전달하지 못한 것 같다는 것, 박 의원에게도 전달되지 않았을 거라는 증언도 검찰 조서에 기록되어 있다. 그런데도 검찰은 박상은 말고는 다른 14명에 대해 아무 것도 알아보지 않았다. 4~5명의 국토해양부 출신 의원을 포함, 전직 해운조합 이사장 경력을 지닌 국회의원 후보마저 제쳐두면서 해운조합 사람들과는 차(茶)를 나눈 지인(知人)조차 단 한 명도 없는 박상은만을 걸었다. 15명 중 박상은 단 한 사람만을 기소했고, 대법원까지도 이 부실(不實)한 법의 처리에 손을 들어주었다.

다른 하나는 선주협회가 주선한 해외 항만시찰 명목의 해외여행을 했고, 그 경비를 선주협회가 부담했다는 것을 정치자금 위반 혐의로 걸었다. 검찰은 항만시찰이라는 명목으로 해외여행을 하고 선주협회가 청탁하는 법안과 결의안·건의안 등을 냈다고 발표했다.

선주협회의 외국 항만시찰 여행은 비행기도 아니고 호화 유람선도 아니다. 컨테이너를 싣고 가는 화물선에 동승해서 선원 선실에서 지낸 여행이 시작이다. 참여한 의원도 매회 5명 내외, 20여 명의 의원들이 여기 참가했다. 그런데 검찰은 유독 박상은 의원 단 한 명에게만 정치자금법 위반 혐의를 씌웠다.

이렇듯 해운비리는 사실상 없는 것과 마찬가지인데도 사건은 해운비리의 표본으로 각색되었다. 원인은 돈이다. 운전수가 들고 간 가방의 3천만 원과 뭉칫돈이다. 이 돈은 설탕사업부 수준이던 제당을 대한제당그룹으로 키워낸 박상은의 25년 노력에 대한 보상인 퇴직위로금이었다. 박상은 의원은 변호사를 통해 자금 출처를 밝히고 확인할 수 있는 자료들을 건넸다고 한다.

그러나 자금출처에 대한 해명은 반영이 되지 않았다. 6월 14일, 김인수의 돈 가방 보도를 시작으로 언론은 포문을 열었다. 종합편집방송이라지만 거의 뉴스 전문 채널화 한 '종편'을 비롯한 방송들이 시간마다 '운전기사의 국회의원 고발 이야기', 그리고 검찰의 압수수색에서 나온 '억대 돈뭉치 이야기'를 화제로 올리고, 신문도 이 이야기를 마치 시리즈처럼 연일 다뤘다.

배덕의 4인이 조종하는 수사와 보도

"새누리당 박상은 의원이 승용차에서 도난당했다고 신고한 돈뭉치의 성격을 놓고 의혹이 커지고 있다. 검찰은 이 돈을 들고 검찰에

신고한 운전기사를 조사하고 박 의원 주변을 압수수색하는 등 수사를 본격화하고 있다. 박 의원이 받고 있는 의혹은 한두 가지가 아니다. … (중략)

박 의원이 지난 달 정치자금법 위반 혐의로 고소당한 사실도 확인됐다. 고소자인 전 비서는 어제 방송에서 "월급 절반을 후원금으로 내도록 했으며, 비서를 그만둔 뒤에도 월급을 받게 한 뒤 다시 박 의원 후원회 통장으로 보내게 했다"고 주장했다.

만약 그것이 사실이라면 횡령과 정치자금법 위반 등 명백한 범죄행위다. 세월호의 선주인 청해진해운과 해운조합 등이 밀집해 있는 곳을 지역구로 둔 박 의원은 선주협회가 마련한 외유성 행사에 단골로 참여했다. 선주들의 이해관계와 밀접한 관련이 있는 법안을 9차례나 발의하기도 했다. 해운업계와 정치권의 유착관계는 오랜 관행이라는 게 공공연한 사실이다. 제2의 세월호 참사를 막기 위해서라도 해운업계와 정치권의 유착 비리를 뿌리 뽑아야 한다."

"국회의원 '도난 뭉칫돈' 해운비리 관련 없나"라는 제목의 한국일보 6월 17일자 기사다.

서울신문도 "국회의원 현금 도난, 진실은 뭔가"라는 제목의 사설에서 "무엇보다 박 의원은 선주 측의 이해와 관련된 법안을 잇달아 발의하고 선주협회가 마련한 외유성 행사에 단골로 참여했다고 한다"라는 등, 해운비리로 주목받아온 인물로 낙인찍었다.

언론은 해운비리특별수사팀이 박상은 사건을 맡은 6월 13일 이후 불과 1주일도 되지 않은 6월 20일 이전에 이미 비리혐의 10건 정도를 포착해서 수사하고 있다고 보도했다. 사건 수사도 압수 수색도 전광석화였다. 현금 출처 조사에서 자금의 출처가 대한제당임을 확인하자 이

번에는 대한제당의 비자금 수사라는 명목으로 대한제당을 압수수색하고 장부 일체를 압류했다. 동국제강, 두산인프라코아, 인천항운노조 등 박상은 선거구의 유력기업들 10여 곳도 압수수색을 당했다. 평상시 기업에 대한 압수수색은 은밀한 내사를 통해 비리나 위법 혐의의 윤곽이 드러나야 수색영장이 발급된다. 그런데 해운비리특별수사팀은 수색에 관한 한 특별한 것 같았다.

박 의원은 자신을 걱정해 주는 사람들에게 하소연했다.

"국회의원이 자신의 선거구 기업과 이권을 야합하고 심지어 후원금을 강요했다는 보도가 나오고, 실제로 검찰은 그 기업들을 압수수색했다. 국회의원 4년만 하고 그만둘 작정을 하더라도 자기 선거구엔 조심스러운 게 국회의원 아닌가. 그런데 이런 상식을 벗어난 일을 마치 사실인 양 언론은 보도하고, 검찰은 수사를 하고 있다."

검찰의 10여 곳 수색과 재빠른 수사에는 사연이 있었다. 그 해답을 알려주는 신문기사가 있다. "박상은 의원에 후원금 건넨 기업 10여 곳 수사"라는 제목을 달고 나온 6월 20일자 한국일보 기사이다.

"20일 검찰에 따르면 인천지검 해운비리 특별수사팀은 최근 박 의원의 특보 월급을 대납해 줬다는 의혹을 받고 있는 플랜트 전문업체 S기업 등 4, 5곳의 기업을 압수수색했다. 검찰은 이들 기업 외에도 박 의원에게 정기적으로 후원금을 낸 해운·항만업체와 박 의원의 지역구인 중·동구에 있는 대기업 및 항만·운송 관련 협회에 대해서도 조사하고 있다. 검찰은 박 의원이 불법 정치자금을 수수했다고 신고한 박 의원의 수행비서 겸 운전기사 김 모(38)씨 등 의원실에서 일했던 4명으로부터 기업들에게 공장부지 내 매립 등을 도

와주는 대가로 후원금을 강요했다는 취지의 진술을 확보한 것으로
알려졌다.…(중략)… 검찰은 또 19일 서울 강남 삼성상호저축은행
을 압수수색했다. 지난 15일 박 의원의 장남 자택에 대한 압수수색
당시 발견한 현금 일부가 이 저축은행에서 인출된 사실이 확인됐기
때문이다. 이 저축은행은 박 의원이 대표이사를 지낸 대한제당이
100% 출자한 자회사이다."

이 기사에서 말하는 "의원실에서 일했던 4인은" 검찰이 활용한 '제2
의 고발자 집단'이다. 이들 4인조는 장관훈, 김영목, 고성원, 김덕구 그
리고 운전수 김인수 등을 일컫는다.

장관훈은 2014년 지방선거 때 인천 중구 구의원에 새누리당 공천을
신청했다가 (1-다)번으로 밀리자 이 지구당 위원장인 박상은 의원을
정치자금법 위반혐의를 걸어 고발하고 나선 인물이다. 박 의원보다 당
생활이 더 오랜 당원이다. 정치지망생이어서 지구당 조직부장을 맡기
면서 6급 비서관으로 등록하게 해서 경력 관리도 돕고 급료도 받도록
한 것이 박 의원이 장관훈에게 베푼 은덕(恩德)이다.

김영목은 박 의원이 취직을 주선해 주기도 했지만 돌아서서 칼을 든
고교 후배이다. 인천 중·동·옹진 지구당 부위원장 이정옥은 "김영목은
그가 고발한 박상은 의원의 정치자금 위반이 확인되면 수억 원 대의
보상금을 받게 된다는 장관훈의 말에 놀아난 ×××"라고 하였다.

김덕구는 인천 중·동·옹진 지구당 당원협의회 사무국장 출신이다.
지구당 사무국장은 활동비 정도를 받는 자리이지만, 박 의원은 그의
생활형편과 나이를 고려해 4급 보좌관으로 등록하도록 해서 월 5백만
원 상당의 급료를 국회로부터 받게 하는 특혜를 베풀었다고 했다. 그
는 2014년 1월 지방선거에 나선 이 지역 예비후보들에게 당원 명부를

돈을 받고 제공한 것이 들통나 박 의원에 의해 면직당했다. 김덕구는 2012년 대통령 선거 때에는 박근혜 후보 유세차량과 현수막을 제작 설치하면서 1800만 원 상당을 횡령한 죄가 드러나 사기, 배임수죄 등의 혐의로 기소돼 있기도 했다. 그가 돌아서서 음해의 대열에 합류한 것은 해임에 대한 '앙심'이라고 했다.

고성원은 국회의원 보좌관이 전문인 프로 보좌관이다. 그는 2014년 지방선거 때 인천 중구청장 예비후보로 등록했으나 새누리당 공천을 받지 못했다. 40대도 안 된 나이에다 내세울 경력도 없고, 인천에 살지도 않는 등, 보좌관이었다고 해도 공천을 줄 수 없었다는 것. 그런데도 그는 박 의원이 도와주지 않아 떨어졌다면서 불만이 만만치 않았다고 했다. 그러다 운전기사의 제보 사건이 터지자 "이 기회에 보내고…'라는 내심에서 이 대열에 합류했다고 박 의원측 사람들은 말했다. 아무튼 네 사람 모두 박 의원의 입장에서 보면 그래도 베풀었는데 그 은혜를 원수로 갚고 나선 '배덕(背德)의 무리'이다. 이들 4인조는 '박상은 국회의원 관련 의혹'이라는 문서를 만들었다. '보낸 이 작은 별'이라는 이름으로 합동해 만든 문서다.

① 2011년 말 딸 박형인 미국 시카고에서 귀국 이삿짐(컨테이너, 차량) 이사비용 일체(약 2천만 원) 대한통운 부담 처리.

② 2013년 딸 박형인 전남대 심리학과 교수채용 과정에서 전남대 총장에게 50억 예산확보 등 약속.

③ 김영목 특보 2009년, 세종기업이 약 1년 간 급여 대납(월 200만 원).

④ 박상은 국회의원 후원회 사무국장 김홍일, 한국학술연구원에서 급여 대납(월 200만 원).

⑤ 박상은 국회의원 승용차(에쿠스) 리스비를 한국학술연구원에서

대납.

⑥ 선광(휠라선)으로부터 2008년부터 2011년까지 고문료 형식으로 월 200만 원 수수 — 아암단지 화물자동차 주차장 배정 등 주관한 대가의 불법 후원금 의혹.

⑦ 인천 관내 기업체들에 수시로 후원금 강요 — 우리고속 김동록 사장, 목재협회 불황목재단지 부지 배정 관련(2011년). 김옥상 화물자동차협회장, 화물주차법 관련(2013년). 동국제강 공장부지 관련.

⑧ 지방선거 공천헌금 — 2010년 인천중구청장 공천 신청자 차석교로부터 무기한채권 5억 수수 의혹. 2012년 인천 중구청장 보궐선거 공천 신청한 김홍섭으로부터 공천헌금 수수 의혹(50만 원권 롯데상품권 수천만 원 상당 헌금, 10억 헌금설).

⑨ 홍콩 비자금 — 홍콩 CC은행 500억 대 비자금 — 오리온전기 M&A관련, 청담동 자택금고 현금, 달러, 금괴 등 수십억(30억 ~ 40억설). 대한제당 재직시 송추골프장, 잠실사옥 등 건축 관련 비자금 조성. 강화도 일대, 석모도 일대, 토지 매입자금.

⑩ 구권화폐 10만원 권 수표 사용.

⑪ 선거법 위반 벌금(1인당 140만 원) 이정옥 김덕구 등 통해 대납.

⑫ 공천신청자 개별 면담(2013.8.12.) 인천 파라다이스 호텔 711호에서 지방선거 공천신청자(장관훈, 송병립), 김영훈 부친(17시 하버파크 커피숍) 개별면담, 공천헌금 수수 의혹.

⑬ 옹진군 비례대표 신영희 공천헌금 1,000만원 수수 의혹.

이 문서는 검찰의 번개처럼 빠른 수사의 베일을 걷어 준다. 검찰이 박상은 의원에 대한 수사를 시작한 것은 김인수가 돈이 든 가방을 들고 온 때부터다. 6월 12일 늦은 오후 제보자로 변신한 김인수의 검찰 출두, 13일에 김인수 심문, 14일에 김인수의 진술에 따른 박 의원 아들 자택의 압수수색이다. 압수수색마저 전격 압수수색이라고 언론들이 표현한 그대로, 눈부시게 빠른 전광석화와 같은 수사였다. 그런데 그로부터 1주일도 되지 않는 6월 20일 이전에 언론들은 박 의원의 혐의가 정치자금법과 공직선거법 위반혐의 외에도 8건에 이른다고 보도했다. 그 8건으로 보도한 것들은 이들 4인조 문서의 일부를 그대로 옮긴 것들이다.

　문서의 기록들은 첫머리부터 정말이지 황당하다. 첫머리에 나오는 박 의원 딸 이야기 ― 미국에서 귀국할 때의 이사 비용을 대한통운이 부담했다는 것도 믿기지 않는 소리지만, 교수로 임용되게 하느라 박 의원이 50억 원 예산확보를 약속했다니 여기서 말하는 예산이란 정부의 대학지원 예산을 말하는 것 같은데, 그 일을 단 한 사람의 의원이 한다, 가능하지도 않고 도무지 있을 수도 없는 일이다.

　어느 것 하나 확인하지 않고는 의혹이라고 할 수도 없는 것들이다. 그런데 이 문서의 기록들을 검찰이 언론에 흘려주면서 검찰이 내사에서 들춰보고 있는 혐의들인 것처럼 둔갑시켰다. 신문들은 검찰수사에서 드러나는 의혹들이고 혐의라고 보도했다.

　이것은 이들 4인조가 협동으로 만든 이 문서가 검찰수사를 안내하고 지휘하는 문서로 격상된 것을 말한다. 실제로 이 문서에 적시된 회사와 사람들은 검찰에 불려가고 압수수색도 당하는 곤욕을 치른다. 특별수사팀이 왜 이토록 어리석고 무모하고 악의적이었을까?

여야 의원 기소 '3 대 3으로' 결정한 청와대 전략회의

박상은 의원은 7월, 친분이 있는 법조인에게 검찰에서 의혹들만 자꾸 언론에 흘리고 있는데, 자신을 빨리 소환해서 조사하도록 말해 달라는 부탁을 했다.

2014년 7월 20일, 대검찰청 중수부장 출신인 이인규 변호사는 최재경 인천지검장을 집무실에서 만나 박상은 국회의원을 조속히 소환 수사해 달라고 얘기했다.

"언론의 난도질로 그는 치명상을 입고 있다. 수사가 늦어지면 늦어질수록 상처만 커져 만신창이(滿身瘡痍)가 될 형편이다."

"소환할 거리가 없다. 돈은 사건이 안 되고 ⋯ 선거관리위원회가 고발한 것 정도는 기소 여부를 검토할 수 있겠지만 다른 것은 사건이 안 된다."

최 검사장의 대답이다.

7월 25일 경대수 의원도 대검 임정혁 차장을 만났는데, 형사입건할 거리가 없다더라고 했다.

총리와 대법관을 지낸 김석수(金碩洙) 연세대 이사장도 법조계 후배와 전화한 얘기를 박 의원에게 전하면서, '형사입건할 사안(事案)도 없다는데 신문들이 왜 그러지?'라고 걱정하더란 말을 했다.

당시 당사자인 박상은 의원은 언론보도로 위축되고 마음의 상처가 컸지만 자신에게 죄가 없으므로 떳떳했다.

그때 마침 중요한 일정이 있었다. 하나는 중국 전국인민대표대회 상무위원회 대의원들과 한국 국회의원들 간의 바둑교류다. 음력 7월 7석을 만남의 날짜로 했는데, 서울에서 갖게 될 2차 대회인 2014년 7월 7석은 7월 30일이었다.

다른 하나는 동유럽 출장이다. 2014년 3월 박 대통령이 네덜란드를 방문, 한국·화란 물류협정을 맺기로 합의하고 실무협의도 순조롭게 진행되어 9월 서명할 예정인데, 마지막 점검을 해달라는 정부쪽 부탁이었다. 아무리 살펴봐도 박 의원만한 물류 전문가가 없는데, 박 의원이 네덜란드에 가서 실무협상의 마무리를 도와 달라고 했다. 이렇게 되어 박상은 의원은 8월 4일 네덜란드로 나가기로 했다. 네덜란드에 간 김에 경제통상대사 시절에 추진했던 흑해 연안 불가리아, 루마니아 경제자유지역 개발 및 물류인프라 등을 보고 8월 14일 귀국해서 17일에 검찰에 나가기로 일정을 짰다.

그런데 출발 직전인 8월 3일 검찰이 출국정지를 결정했다. 네덜란드 출장은 외무부가 주선했고, 대통령의 해외순방과도 관계있는 일이니 당연히 박 대통령의 승인도 받았을 것이다. 그런데 사태가 왜 돌변했을까?

문제는 세월호 사태였다. 무려 70일 이상 계속된 세월호 구조작업은 6월로 막을 내리고 7월부터 쟁점은 국회로 옮아와 있었다. 세월호특별조사위원회 구성문제다. 유가족을 등에 업은 새정치민주연합은 조사위원회에 수사권에 기소권까지 줘야 한다고 했다. 검찰의 무력화만이 아니라 3권분립 원칙까지 허무는 이런 조사위원회법에는 정부도 새누리당도 결코 동의할 수 없었다. 이런 국면에서 세월호 사태의 여론전쟁은 '원인조사'에서 '범인찾기'로 옮아가고 있었다. 온갖 음모론이 인터넷을 달군 뒤끝이다. 대체 세월호가 침몰하여 많은 학생들을 수장한 사고에 음모론이라니… 그런데 음모론이 SNS를 달구면서 화살은 청와대로 옮아가고 있었다.

7월 15일 새누리당 전당대회에서 이른바 비박계 김무성이 친박계 서청원을 누르고 당선됐다. 언론은 집권 17개월 만에 박근혜 대통령을 뒷받침해야 할 친박이 몰락했다고 썼다.

6월 중순 야산 기슭에서 발견된 시신이 유병언일지도 모른다는 제보가 있어 과학수사연구소로 보내 부검한 결과 유병언으로 확인되었다. 경찰·검찰이 비난 여론으로 궁지에 몰렸다. 언론은 경찰이 죽은 사람을 40일 간 추적하고 있었다고 비아냥댔다. 시신이 유병언으로 확인된 다음날인 7월 24일, 최재경 인천지검 검사장이 유병언 체포 작전 실패에 책임을 지고 사임했다. 야당과 운동권의 화살은 박 대통령을 조준하고 있었다. 친 좌파 색깔의 경향신문은 박근혜 대통령을 100일 동안 세월호 사태에 침묵하는 '망각 대통령'이라고 비아냥댔다. 박 대통령은 이 무렵 국정수행 평가 여론조사에서 '잘하고 있다'가 '잘못하고 있다'에 밀렸다.

그러나 밀리기만 한 것은 아니다. '세월호 침몰사건 특별조사위원회' 구성 논쟁에서 새누리당 의원들은 세월호 침몰은 '해상교통사고'라는 말로 음모론까지 만들어내는 세월호 정치화에 맞섰다. 국면 전환의 한 계기는 7·30재보선이었다. 7월 30일 재보궐 선거에서 새누리당은 일방적 승리를 거두었다. 15개 국회의원 지역구 중 11개 지구에서 승리했다. 야당인 새정치민주연합은 호남 3곳과 수도권 1석의 당선에 그쳤다. 언론은 여·야 선거경쟁의 결과를 11대 1이라고 평가했다. 세월호 바람을 업고 정치주도권을 행사하며 일방적 공세를 펴온 새정치민주연합이 내홍에 빠져들고 있었다. 안철수를 맞아들여 민주당이라는 이름까지 새정치민주연합으로 바꿔 이뤄진 김한길 안철수 공동대표체

제가 흔들리고 있었다. 실제로 며칠 뒤 공동대표체제는 무너지고 박영선을 위원장으로 하는 비상대책위원회가 당권을 넘겨받는다.

7월 31일 밤, 청와대에서 대통령과 대통령의 사람들이 모였다. 수세에서 벗어나는 국면전환을 위한 전략회의다. 회의는 3시간을 넘겼다고 했다. "세월호 정국에서 벗어나 정국 주도권을 확보하자. 세월호 바람을 넘어서는 주제는 경제 살리기와 사정(司正)이다." 이것이 심야 청와대 전략회의의 결론이었다.

대통령은 휴가에 들어갔다. 전략회의는 극비사항. 그러나 박근혜 정부의 사람들은 가벼워서일까, 박 정권의 비밀은 비밀이 아니다. 새어나온 정보에서 드러난 문제는 사정이었다. 5월에 내사를 끝내고, 재보선 정국을 고려해서 처리를 미뤄온 5명의 국회의원에 박상은 의원을 추가하여 야당 세 의원에 여당도 세 의원으로 맞추기로 결정한 것이다.

위법이 드러난 국회의원에 대한 기소 여부를 조속히 처리한다는 정책은 청와대가 할 수 있다. 그렇지만 야당의원 셋에 여당의원도 셋으로 맞추라는 '3 대 3 지침'은 법의 정상집행일지라도 청와대의 결정사항이어서는 안 된다. 기소 여부는 수사에서 드러난 위법 사실로 결정할 일, 이는 검찰의 몫이다. 몇 대 몇이라는 여야 균형잡기는 한국의 권력이나 하는 일이고, 이런 짜맞추기를 당연한 일인 양 보도하는 것도 한국의 후진 언론이나 하는 일, 민주세력을 자처하는 운동권과 반대당에 대한 한국 보수정권의 비굴함과 정의롭지 못한 정치색 짙은 법집행을 표상(表象)한다.

더욱 치명적인 과오는 해피아를 찾아 단죄(斷罪)하라는 세월호 분위기에 굴복한 흔적이다. 어쨌거나 정계의 해피아로 낙인된 박상은을 기소함으로써 대통령이 세월호 폭풍에서 벗어날 수 있다는 판단, 좌파를 몰라도 너무 모르는 어리석고 비열한 판단의 흔적은 우리에게 절망을 안긴다.

대통령은 주권자다. 민주체제에서 주권은 국민에게 있다. 그러나 개개인으로 흩어져 있는 국민이 주권을 행사할 수는 없다. 그래서 국민은 주권을 대통령에게 위임한다. 대통령은 재임기간 중 주권자다. 전쟁 선포까지 포함한 대통령의 비상대권의 근거는 여기에 있다. 대통령의 통치행위는 그래서 도덕성이 절대조건이다. 그런데 이날 청와대 심야회의가 내린 이른바 '3 대 3 여야 균형 잡기' '세월호 희생양 만들기'는 정권의 비겁함을 드러낸 도덕성의 상실이고 권력의 타락이다.

여름휴가를 청와대에서 보낸 박 대통령은 8월 5일 집무를 시작하면서 국무회의에서 '경제 회복' '부패일소'에 박차를 가할 것을 지시했다. 심야 전략회의 결단의 첫걸음이다. 대통령은 지난 7월 5일 병영에서 일어난 윤일병 사망사고에 대한 책임을 물어야 한다면서 이렇게 말했다. "앞으로 이런 일이 있으면 어떤 책임을 져야 할지에 대해 확실하게 보여주는 차원에서라도 일벌백계로 책임을 물어 또 다시 이런 사고가 일어날 여지를 완전히 뿌리 뽑길 바란다."

권오성 육군참모총장이 8월 6일 "국가와 군을 위해 사의를 표명한다"고 말했다. 이성한 경찰청장도 "세월호 사건의 부실수사에 책임을 진다"며 사표를 냈다.

언론은 정부 여당이 세월호 국면 탈출에 나섰다고 했다. 새정치민주연합 한정애 대변인은 "재보선이 끝나자 사정 정국의 신호탄이 피어올랐다. 세월호 대처에서 궁지에 몰린 검찰의 국면 전환용이 아닌지 우려 된다"는 성명을 냈다.

8월 6일, 신문들은 정부 여당이 각종 적폐(積弊) 척결을 명분으로 전방위 공세에 나섰다면서, 재보선 이전에 내사를 거의 끝낸 여야 5명의 의원에 대한 구속여부 등, 기소가 결행될 것이라고 예상하는 기사를 실었다. 다섯 의원이란 새천년민주연합의 신계륜, 신학용, 김재윤 의원과 새누리당의 조현룡, 송광호 의원을 말한다. 새민련의 세 의원은 학교재단과 관련된 입법로비를 받아 입법을 결행한 혐의였고, 새누리당의 두 의원은 철도비리 혐의였다.

"두 달만 고생하십시오."

8월 16일, 검찰은 다섯 의원 중에 구속수사하지 않았던 조현룡, 신학용, 신계륜 등 의원에 대한 구속적부심사 강행에 나섰다. 그런데 그 화살이 박상은 의원에게도 날아왔다. 구속적부심사에 나오라는 통보였다. 청와대 심야회의 전략의 실행이었다. 새정련은 거당적으로 반대에 나섰다. 당시 8월 임시국회는 17일로 끝나게 되어 있었다. 그랬는데 의원의 구속 움직임이 보이자 야당은 곧바로 임시국회를 소집해서 19일 다시 회기가 시작되게 했다. 따라서 18일 하루만 넘기면 국회의 동의 없이는 구속할 수 없게 된다. 야당에서는 그 하루를 넘기기 위해 의원회관 농성에 들어갔다. 검찰과 새정련과 운동권 연합부대 간의 대치 상태가 되었다.

박상은 의원도 구속적부심에 나가지 않기로 했다. 변호사들도 검찰의 법 집행이 아니라 정치적 법 집행의 낌새가 보인다고 했다. 그랬는데 오후에 원내부총무 김재원이 "죄 없으니 나가시죠"라며 협조를 부탁했다. 그래도 그는 꿈쩍 안 했다. 그랬더니 당대표 김무성이 협조를 요청했다. "세월호 정국에서 탈출해 국회를 정상화하는 일이 나라를

위해, 경제를 위해 절실히 필요하다, 박 의원은 위법사항이 없지 않으
냐, 구속적부심에서 영장이 안 떨어질 텐데 뭘 주저하느냐"는 것이 요
지였다. 박 의원이 협조해야 야당 의원도 나가도록 압력을 가할 명분
이 생긴다고도 했다. 간곡한 부탁이었다. 이래서 나가기로 했다. 기이
하게도 야당도 농성을 풀고 검찰에 자진해 나갔다.

박상은 의원의 구속적부 심사는 6시에 시작되어 2시간이나 끌었다.
검찰의 구속사유 설명이 길었기 때문이다. 인천지법 영장 전담 부장판
사 안동범은 눈을 반쯤 감고 돌부처마냥 자리에 앉아 있었다. 그러더
니 박 의원에게 한 질문은 '왠 통장이 이리 많으냐?'는 단 한마디였다.

검찰이 압류한 돈은 대한제당 설(薛) 회장의 전별금이다. 이 돈은 차
명계좌로 된 정기예금 통장들이다. 설 회장의 전별금은 정치자금이 아
니다. 정치자금으로 간주한다고 하더라도 공소시효 5년을 넘겼다. 기
소할 근거가 없다. 그래서 검찰이 씌운 죄목이 범죄수익이다. 퇴직위로
금 아닌 정치자금, 그리고 차명통장에다 아들집에 숨긴 '범죄수익' 및
범죄수익의 은닉으로 몰았다.

통장이 많은 것은 1년이면 교체해야 하는 은행의 정기예금 규칙에
따른 것, 통장을 경신하고 버리지 않고 그대로 둔 탓이지만, 유효통장
은 단 두 개였다.

박 의원한테서 압류한 돈은 거의 모두 은행에서 찾은 그대로 띠가
메여 있었다. 검찰이 말하는 범죄수익이라면 맨 먼저 하는 일이 띠 풀
기이다. 돈다발을 묶은 띠는 은행과 출금 날짜, 그리고 구좌번호를 알
수 있는 것들이 기록되어 있어서 돈의 출처가 바로 확인된다. 띠도 풀
지 않았다는 것은 범죄수익이 아니라는 증거이기도 하다. 검찰은 서울
의 삼성저축은행과 국민은행 두 은행의 띠를 확인했고, 당연히 출처도
확인했다. 설 회장의 전별금임이 확인된 것이다. 안 판사가 서류를 단

한 번이라도 읽었다면 통장이 왜 이리 많으냐는 질문은 나올 수가 없다. 그 질문은 안 판사가 서류는 아예 보지 않았다는 것, 서류를 볼 것 없이 결정은 나 있다는 얘기였다. 영장실질 심사가 아니라 실질심사라는 연극을 상연하고 있었다.

"판사의 엉뚱하고 빗나간 질문에 나는 한 마디로 대답하고 심사는 끝났다. 판사의 판결을 기다리느라 나는 대기실에서 기다렸다. 한참 지나서 수사를 담당했던 박찬호 부장검사가 내게 왔다. '정치자금은 말이 안 됩니다. 두 달만 고생하십시오.' 구속영장이 발부되었다는 통고다. 정치자금이 법적으로 성립되지 않지만 윗선의 지시로 어쩔 수 없이 위법이 되도록 일단 서류는 꾸몄지만 재판에서 뒤집어질 것이니 두 달만 고생하라는 위로 겸 통고였다. 참으로 어이가 없었다. 이래서 삼선개헌반대 데모하던 때에도 가지 않았던 유치장에 난생처음 갇혔다."고 박상은 의원은 그날을 말했다.

안 판사의 구속영장 발부 사유; "해운업체로부터 불법자금을 받은 의혹이 있다. 범죄 혐의가 상당 부분 소명되고 사회적 지위를 이용한 증거 인멸과 도주 우려가 있다."

또 다른 한 명의 새누리당 조현룡 국회의원, 그의 혐의는 철도비리였다. "범죄 혐의가 중대하고 구속 사유와 필요성이 인정된다."

새누리당 소속 두 의원에겐 구속영장이 떨어졌다.

그런데 새민련 의원에 대한 심사는 달랐다. 서울중앙지법 영장 전담 부장판사 윤강렬은 두 신 의원들에 대한 판결에서 이렇게 말했다.

"공여자 진술의 신빙성에 다툼의 여지가 있고, 현재까지의 범죄혐의에 대한 소명 여부 및 법리 다툼의 여지 등에 비추어 구속의 사유와 필요성을 인정하기 어렵다."

이런 상이한 구속적부심의 결정은 공평하고 정당했던 것으로 평가할 수 있을까? 신문들이 말한 다섯 의원은 모두 업체가 돈을 주고 입법을 청탁한 것이 드러나 특정범죄가중처벌법 위반 혐의가 적용되었다. 반면 박상은 의원은 청탁 입법이 아니고 정치자금법에 정하지 아니한 방법으로 정치자금을 받았다는 단순한 정치자금법 위반 혐의이다.

그런데 특정범죄가중처벌법 위반 혐의에는 다툼의 여지가 있고, 증거 인멸이니 도주 우려라는 말조차 없는데, 정치자금법 위반 하나에 그친 박상은 의원에게는 다툼의 여지 같은 말은 나오지도 않고 도주와 증거인멸을 말했다. 안동범 판사는 그날 '영장실질심사'라는 글자 그대로 실질심사를 했다고 양심에 거리낌 없이 말할 수 있는지, 그 답변을 듣고 싶다.

이런 의문을 제기하는 것은, 그 후 진행되는 재판에서도 그 근거를 제공한다. 우선 박상은 국회의원은 검찰의 공소사실을 거의 모두 받아들인 1심 판결에서도 구속적부심사 때 주된 사유였던 이른바 통장수가 많다던 '뭉칫돈'에 대해서는 무죄를 판결했다. 안 판사가 말한 혐의의 소명(昭明)이 아니라 다툼의 여지가 넘쳤던 혐의였던 것이 확인되었다. 돈을 받은 일도 없는 기이한 정치자금법 위반으로 6월 징역에 집행유예 선고이기는 하지만….

반면 특가법이 적용된 철도 비리의 새누리당 송광호, 조현룡 두 의원은 대법원에 의해 4년의 실형이 확정되었다. 새정치민주연합 김재윤 의원도 2015년 연말 대법원의 4년 실형이 확정되었다, 신학룡, 신계륜 두 신 의원 역시 1심에서 2년 6월의 실형이 선고되었다.

그런데 여기에서 또 다른 모습을 본다. 그 하나, 실형이 선고되었지만 두 신 의원은 법정구속을 하지 않았다. 그 두 의원의 재판은 아직도 2심에 계류 중이다. 변호인단은 2016년 4월 법정에서 수뢰혐의를 뒤집기 위한 현장검증을 요구해 심리를 원점으로 되돌리는 법정투쟁을 계속하고 있다. 뇌물 입법 단 하나의 혐의는 아직도 판단유보 상태인데 10여 건의 박상은의 혐의는 1년 반에 판단을 끝낼 수 있는 재판의 두 얼굴이다.

어쨌거나 2014년 7월 31일의 청와대 전략회의, 그리고 법원의 판결로 박상은 의원은 구속되었고, 이래서 박상은 의원의 혐의들에 대한 언론보도는 더 깊게 사람들의 뇌리에 각인되었다. 그리고 결코 정의롭지도 공평하지도 않은 법의 판단이 마지막까지 따라붙어 박상은 의원을 유죄로 만들었다. 그는 유죄인가? 먼저 유죄 3건을 되돌아보자.

'월급 대납'이라는 이름의 정치자금

"…검찰은 박상은 의원이 플랜트업체 S기업에 자신의 특별보좌관 월급을 대납시켰다는 의혹에 대해 집중 조사할 예정이다."

박상은 국회의원에 관한 수사정보를 제공하고 해운비리특별수사팀의 수사를 지도편달(指導鞭撻)한 소위 '4인조'의 정보 세 번째 항목에 관한 검찰의 수사소식을 전하던 기사이다.

'보낸 이 작은 별'이라는 제목의 문서 세 번째 항목은 "김영목 특보 2009년 세종기업이 약 1년간 급여 대납(월 200만 원)"이라고 이름을 몽땅 명시하고 있는데, 한국 언론은 '서푼짜리 알량한 인권존중'이랍시고 박 의원의 이름은 정확히 기재하면서 다른 이름들은 몽땅 감추어 일반시민들은 진상도 사실 여부의 확인도 불가능한 익명이다.

월급대납으로 지목된 회사는 세종기업이고, 박상은 의원의 특보는 김영목이다. 김영목은 2009년부터 2012년 8월까지 박상은 의원의 지구당 사무실을 드나들며 일도 거들고 소일도 했다. 이 기간 중 2009년 9월부터 2010년 3월까지 기간, 세종기업으로부터 월 250만 원의 6개월 15일치 월급을 받았다. 검찰은 이것을 박상은 의원이 지불해야 할 김영목 특보의 월급을 세종기업이 대납한 불법정치자금으로 기소한 것이다.

박 의원은 김영목의 취업을 부탁했을 뿐이라고 말한다. 반면 김영목
은 '월급 대납 맞다'고 이렇게 말했다:

"처음 박 의원은 월 300만 원 급료를 약속했다. 그런데 8개월 동안
주지 않아 8월에 나가겠다고 했더니 세종기업을 연결시켜 줬다. 세
종기업에서 월급이 끊어진 두 달 뒤 어렵다고 했더니, 월 250만 원
의 활동비를 주었다."

세종기업은 종합건설회사 등의 하청을 받아 살아가는 작은 설비전
문 업체다. "발전소 전기설비 공사를 전문으로 하는 회사로 국내 업무
보다 해외 인력송출이 더 많다"는 것이 이 회사 김종호 회장의 법정
증언이다. 그런데 이 회사가 '김영목이라는 박상은 의원 특보의 월급
을 대납했고, 이것은 정치자금법 위반'이라고 법은 판결했다.

김영목은 박상은의 경동고등학교 후배다. 박상은 의원이 그를 처음
만난 것은 2002년 지방선거에 인천시장 후보로 나섰을 때 동문들이 추
천한 인물이라고 했다. 김영목은 당시 경동고등학교 인천부천지구동문
회 총무를 맡고 있었다.

이 선거에서 박상은은 낙선했다. 김영목도 소식을 끊었다. 그렇게 6
년이 흘렀다. 그랬는데 2008년 박상은 의원이 국회의원 선거에 입후보
하자 그가 선거사무실로 찾아왔다. 그러나 이미 선거운동원 등록 후여
서 기간도 짧았고 맡은 일도 없었다,

어느 날 지구당 일도 여의도에서 처리하다가 늦가을의 주말에 지구
당 사무실에 들렀더니 김영목이 거기 있었다. 여직원을 불러 김영목이
자주 오느냐고 물었더니, "의원님이 언제 지구당에 들르는가를 전화로
확인하고 오실 때에만 여기 나옵니다"라고 했다. 그래서 그를 불렀다:

"현대자동차에서 나온 지 4년인데 집 몇 채 있던 것, 증권과 부동산

폭락으로 다 날아가고 가정이 풍비박산 되었다."

그러면서 취직을 시켜달라고 했다고 한다.

"선거 때 나를 도왔고 4년을 실직상태라니 도와야겠다고 생각했다. 그러나 취업은 쉬운 일이 아니다. 내가 힘닿는 대로 알아보겠지만, 나한테만 의존하지 말라고도 말했다." 박상은 의원의 얘기다.

새해 들어 김영목은 박상은 의원의 인천 지역구 사무실에 나왔다. 취직이 될 때까지 사무실에 나와서 일을 거들겠다고 했다. 그는 스스로 박상은 의원의 경제특보라는 명함을 만들었다.

국회의원들의 지구당 사무실에는 취업을 부탁하거나 구의원 등 지방선거에 나갈 뜻을 지닌 정치지망생들이 나와서 자원봉사를 한다. 박상은의 지역구는 중구·동구·옹진군 등 3개 구가 있어 지방선거 준비생이 다른 곳보다 많다. 김영목이 경제특보 명함을 만들던 때도 다른 5명이 경제특보라는 이름으로 지구당에 나오고 있었다.

박 의원은 2009년 2월에서 7월 사이 김영목을 성림이루넬, 경인기계, 월드오페라센터, 성림목재 등 몇 회사에 추천했다. 자동차 영업을 했으니 영업에선 전문성이 있다고 생각해서 영업 전문으로 추천했다고 박 의원은 기억했다. 김영목은 이들 회사에 이력서를 보냈고 두 곳은 면접도 봤지만 취업은 되지 않았다.

그러던 중 김영목이 대학에서 토목공학을 전공했다는 말을 듣고 세종기업 김종호 회장에게 김영목을 추천했다. 고교 후배인데 중앙대학 토목공학과를 이수했고, 자동차 대리점을 운영한 경력이 있다고 그의 이력을 얘기했다.

김영목은 2009년 8월 세종기업에 취업했다. 그런데 이듬해 3월 세종기업에서 해직당했다. 그로부터 두 달 지난 2010년 5월. 박 의원은 생활이 어렵다는 그의 하소연에 심약해졌다.

"나도 이젠 자네 취직자리 알아볼 데가 없다. 당분간 월 200만 원을 지원할 테니 취업 자리를 스스로 해결하라"고 했다. 그 당분간이 2012년 여름까지 이어지자 박 의원도 지원을 끊었다. 이것이 간략하게 줄인 박상은 의원과 김영목의 관계이다.

그런데 2014년 장관훈이 구의원 공천에 불만을 품고 '타도 박상은'에 나서자 김영목도 여기 끼어들면서 월급대납이라는 희한한 정치자금법 위반을 걸고 나섰다.

처음에 김영목이 제기한 혐의는 박 의원이 세종기업에서 김영목의 월급을 받아 그 일부를 가로채고 있다는 고발이었다. 검찰이 조사한 것인지는 알 수 없지만, 확인해 보았더니 세종기업이 해직을 통보하고도 10월까지 7개월간 계속 급료가 나가는 것으로 하고, 그 월급은 회사가 압류하는 회계처리를 하고 있었다. 아마 비자금조성이 목적이었던 듯하다. 김영목은 자신은 해직당했는데 의료보험료가 계속 세종기업에서 나가고 있는 것을 확인하고, 박 의원에게서 받고 있는 돈이 세종기업에서 지급되고 있다고 생각했던 것 같다.

그러나 월급은 세종기업이 압류하고 있어서 박상은 의원과는 아무런 관계가 없음이 확인되자 고발 내용을 고쳤다. 그가 받은 6개월 15일의 월급은 '세종기업 직원 김영목'이 아니라 '박상은 국회의원 특보 김영목'에게 세종기업이 준 월급이라는 것이다.

검찰은 김영목의 고발과 세종기업 관계자에 대한 심문을 근거로 "세종기업이 김영목에게 준 6개월 15일의 급료 15,152,060원은 국회의원 박상은에게 세종기업이 바친 정치자금"이라고 했다. 이제 쟁점이 된 세종기업의 급료대납 여부의 사실에 다가가 보자.

김영목은 2009년 8월 10일 세종기업에 이력서를 제출하고 면접에
나갔다.

김영목은 8월 12일 세종기업을 방문, 면담했다고 했다. 세종기업 문
서에는 김영목에게 "신월성원자력발전소 현장주임(대리급), 합숙소 생
활, 연봉 3,000만 원 내지 3,400만 원, 8. 17. 부터 근무"라는 내용이
기록되어 있다.

며칠 지나 김영목은 다시 세종기업과 절충했던 것 같다. 세종기업의
문서에는 "비상근(월 4회 근무, 필요시 출근) 개발기획실장(부장급) 임기
6개월, 급여 월 250만 원"이라 기재되어 있다. 이어 "2009. 8. 17. 김영
목 개발기획실 실장 발령"으로 기록되어 있다.

이 기록은 김영목이 출근하기로 한 8월 17일께 세종기업 본사로 출
근해서 다시 면담하여 직급을 바꾼 것을 증명한다. 그는 "지방근무는
어렵다. 공사를 따오는 일을 하겠다. 거기 어울리는 직함을 달라고 해
서 '개발기획실장'이라는 직명을 주었고, 해야 할 일이 공사 수주(受注)
이니 매일 출근은 하지 않는다는 요구도 받아들였다는 기록이다. 주 1
회 부장회의에 참석하고 필요할 때는 수시로 출근하는 것이라고 회사
관계자는 말했다.

문제는 그 이후다. 김영목은 회사에 나오지 않았다. 회사는 월급을
지급했지만 김영목은 회사 일을 하지 않았다. 세종기업은 김영목에게
여러 차례 업무를 지시했고, 성과를 요구했다. 매주 1회, 회사에 나와
서 업무보고를 하라고 했다. 실적도 없고 회사에도 나오지 않자 세종
기업은 연말 김영목에게 사직을 권고하고 급여지급 중단을 통고했다.

김종호 회장은 검찰의 피의자 심문조서에서 "세종기업 대표이사인 제
동생 김종수와 전무이사 황유진은, 출근도 제대로 안 하는 사람에게
더 이상 급여를 지급할 수 없다고 판단하여 저와 사전 상의도 없이 김
영목에게 사직을 권고하고 급여지급을 보류했다"고 진술했다.

세종기업은 2010년 3월 10일, 김영목에게 마지막으로 급여를 지급
하고 그 이후는 끊었다. 그 경위에 관해 김종호는 "회사에서 인사관리
를 하는 사람들이 '이건 안 되는 일이니까 어떻게 하든지 빠른 시간
내에 중지시켜야 하겠다'고 하는데, 내가 부탁해서 6개월을 지급한 것
이라고 검찰에서 진술했다.

그러나 김영목은 세종기업 측의 주장을 부인했다. 그는 월급은 세종
기업에서 받고 일은 지구당에서 박 의원의 일을 하는 것이었다고 주장
했다.

검찰의 증거 조작 合作 의혹

검찰은 김영목의 진술을 기초로 세종기업 김종호 회장을 소환했다.
김영목은 참고인이지만 김종호 회장은 정치자금법 위반 혐의로 몰린
피의자 신분이었다. 김 회장은 동생인 김종수 사장에게 김영목을 추천
한 얘기를 했다.

"박상은 의원이 부탁하기에 일을 시키기 위해 채용한 것이지 근무
안하고 월급만 줄 생각은 하지도 않았다. 나는 그가 인천지역 공사 수
주로 저희 업체에 도움을 줄 수 있으리라고 기대했다. 나중엔 박 의원
의 힘을 빌려서라도 공사를 따오라는 말까지도 했다."

김 회장의 진술대로라면 위장취업도 아니고 정치자금도 아니다. 그러니 박상은 의원을 걸 수 없다. 검찰은 김영목의 말, 김영목이 제출한 자료를 근거로 해 김종호 회장이 거짓말을 하고 있다고 닦달했다. 김종호 회장은 진술을 바꾸지 않았다. 김종호는 무려 네 차례 검찰에 불려갔다. 그리고 네 번째 불려갔던 직후 검찰이 세종기업에 들이닥쳤다. 압수수색이다. 압수수색은 위력이 컸다. 세종기업의 이런 일 저런 일 등 이른바 약점이 드러났다.

그 무렵 세종기업은 건설업 불황의 여파로 워크아웃 중이었다. 은행이 요건 미달 판정을 하면 회사가 부도로 사라질 수도 있는 취약한 재정이었다. 그 취약한 재정이 불러온 트러블에도 휘말려 있었다.

① 회사는 재정위기 탈출을 위해 특수면허 하나를 300억 원에 팔았다. 그런데 전무가 그 특수면허에는 자신의 권리도 있다고 해서 그 돈의 일부를 청구하는 소송을 걸어놓고 있었다.

② 해외 인력송출이 주업인 이 기업은 해외 건설현장의 함바집도 운영했다. 함바는 절대로 적자 없는 돈벌이 사업이다. 사주인 사장 김종수는 함바업으로 번 돈을 독차지한 모양이다. 황 전무가 이의를 제기했다. 황 전무는 김 사장의 생질이다. 생질인데도 돈은 때로는 그런 관계를 뛰어넘는다. "이 함바업에는 내 공로가 적잖은데 외삼촌 혼자 독식하다니, 안 될 일이지요."이래서 황 전무는 함바집 이익의 분배를 요구하는 소송을 걸어놓고 있었다.

③ 인천 송도 유원지의 개발사업을 놓고 함께 일한 동업회사와 분쟁에 휘말렸다. 동업회사는 세종기업을 사기로 고소해서 법정 심판이 진행되고 있었다.

이런 먼지와 함께 김영목을 해직하고도 7개월 더 급료가 나간 것으로 해서 압류한 이른바 비자금 조성도 약점이다.

검찰의 세종기업 압수수색 다음에 온 것은 사주인 김종수 대표이사, 황유진 전무이사 등의 소환이다. 김종수도 1차 심문에서 김종호와 같은 진술을 했고, 그래서 심문도 길어지고 닦달도 심하게 받았다고 했다. 그리고 2차 심문을 받고 나온 뒤 형 김종호를 만나 이렇게 말했다고 했다. "형님, 김영목을 우리 회사에 취업시킨 것은 박상은 의원 특보를 돕는 의미도 있었다고 말했습니다. 저가 이렇게 말했으니 형님도 저와 말을 맞춰 주셔야겠습니다."

김종호 회장도 다시 불려나간 5차 심문과 6차 심문에서 진술을 바꿨다. 김영목의 세종기업 취업은 박상은 의원 특보에 대한 배려도 있었다고 한 발 물러선 것이다.

취업의 성격이 법정 증인의 중심 문제가 되었다.

(검사) 심문 ─ 증인은 경제특보로 근무하면서 급여만 세종기업으로부터 받기 위해 방문한 것인가요

(증인 김영목) 답 ─ 처음에는 그런 내용을 몰랐고 이력서를 가지고 가보라고 해서 간 것입니다.

문 ─ 처음 방문했을 때는 '신월성 원자력 발전공사' 현장에서 근무하는 것이었나요.

답 ─ 예.

문 ─ 피고인에게 보고했더니 뭐라던가요.

답 ─ 아무런 표현을 하지 않았습니다.

문 ─ 피고인이 증인을 이런 식으로 쓰려고 한 것이 아니라는 말을 하지 않았나요.

답 ─ 그것은 며칠 있다가 저에게 다시 가라고 하면서 "너를 이런

식으로 쓸 것이 아니었는데 거기서 착각했고 괘심하다"라고 이
야기 했습니다.

문 ─ 그 취지는 증인을 세종기업에 상근하면서 급여를 세종기업에
　　서 받게 할 의도가 아니었다는 취지인가요.

답 ─ 처음부터 급여는 다른 곳에서 받고 너는 내 일을 도와야 한다
　　고 했습니다.

문 ─ 2차 방문에서 세부적인 내용은 무엇인가요.

답 ─ "몰라 뵈서 미안하다. 우리 회사에서 근무하는 것이 아니라
　　이렇게 하는 것을 나중에 알았다. 미안하다"라고 했습니다. 처
　　음에 만났을 때 태도와 180도 다르게 저에게 정중하고 우호적
　　으로 대했습니다.

문 ─ 그 조건이 '필요시 출근, 비상근'으로 바뀐 것인가요.

답 ─ 예.

세종기업에는 출근하지 않았고, 자리도 없었다는 것, 그러다가 월급
이 끊어진 두 달 지나 박 의원한테서 월 200만 원의 활동비를 받았다
는 것 등 증언이 이어진 뒤 변호인 심문으로 옮아갔다.

(변호인) 심문 ─ 통상 의원의 지구당 사무실에는 급여 없이 스스로
　　의원특보라 칭하며 활동하는 사람이 많은가요.

(증인 김영목) 답 ─ 제가 그런 쪽은 문외한입니다.

문 ─ 특보단이 생기고 간사를 맡았다면서…

답 ─ 2009년에는 없었고 2010년에 10명 정도 있었습니다. 그 중에
　　명함을 만든 사람은 저를 제외하면 2명 정도로 알고 있습니다.

문 ─ 증인은 2008년 12월 '제가 할 수 있는 일을 달라며 300만 원

을 요구하자 박 의원이 흔쾌히 수락했다'고 말했었지요. 후원회 일을 도왔던 것으로 아는데, 통상 후원회 관련 업무는 자원봉사 형식으로 이루어지는 것 아닌가요.

답 ― 저는 민간기업에만 있었기 때문에 통상적인 것이 아닙니다.

문 ― 300만 원 받기로 한 것이 사실이라면 처음 8개월이나 약속된 급여를 받지 못했는데 가만히 있었는가요.

답 ― 가만히 있지 않았습니다. 그래서 반항도 하고 8월 초에 그만 두겠다고 하니까 세종기업이 대안으로 나온 것입니다.

문 ― 피고인이 증인에게 급여를 줄 이유가 있었나요.

답 ― 그것을 약정하고 온 것입니다.

문 ― 박 의원 말에 의하면 증인은 구직활동을 겸해 소일삼아 박 의원의 지역구 사무실에 나와 후원회 관련 업무 등을 도운 것에 불과하다고 하는데, 아닌가요.

답 ― 소일삼아 하는데 매일 같이 출근하지는 않겠지요.

문 ― 2010년 5월부터 2012년 8월까지 월 200만 원 활동비를 받았는데 300만 원을 약속한 급여가 왜 줄었나요.

답 ― 세종기업에서도 급여를 못 받고 있다고 하니까 "4~5월에 200만 원씩 활동비로 지급해 줄게"라고 이야기했습니다. 제가 근무할 때는 상하(上下) 주종(主從) 관계였기 때문에 제가 꼬박꼬박 이야기할 수 없어 말을 줄인 것입니다.

문 ― 활동비는 증인이 수입이 없어 힘들다고 하니까 지급하기 시작한 것 아닌가요.

문 ― 그런 내용을 주고받은 것 없습니다.

문 ― 8월에 그만두겠다고 하니까 이력서 가지고 세종기업에 가봐라 라고 하였다고 했는데, 그 이전에도 간 곳이 있다지요.

답 — 예 2월부터 회사 실명은 이야기 않겠지만 이력서를 가지고
　　갔더니 "우리 회사는 당신을 급여를 주고 쓸 여력이 없으니까
　　죄송합니다"라고 정중하게 저를 돌려보냈고, 저는 박 의원에게
　　보고했습니다. 2월부터 업체를 갔었고, 3월에도 갔습니다.

문 — 다른 업체도 취직을 시켜주지 못한다고 했는가요.

답 — 취직을 못 시켜준 것이 아니라 저에게 급여를 줄 여력이 없다
　　고 했습니다.

문 — 세종기업에 면접을 본 것인가요.

답 — 면접은 아니고 첫 번째로 갔을 때는 그런 이야기를 하고, 두
　　번째는 "못 알아봐서 죄송합니다"라고 하면서 태도가 바뀌었고,
　　면접이라기보다는 저를 상견례 하듯이 대했습니다.

문 — 세종기업이 채용하는 것이 아니라 단순히 박 의원에게 정치
　　자금으로 급여를 대납할 목적이라면 면접절차는 불필요한 것
　　아닌가요.

답 — 면접은 하지 않았습니다.

문 — 만날 필요가 있는가요.

답 — 저도 의문입니다.

문 — 증인이 작성한 문서에도 2009년 8월 12일 면접에서 '지방 현
　　장 근무, 관리과장 보조, 연 3,000~3,400만 원 급여'라고 기재해
　　있는데… 이 조건을 제시받은 것인가요.

답 — 제시받은 것이 아니라, 그렇게 이야기해서 박 의원에게 보고
　　한 것입니다.

문 — 이 문서에도 "비상근 개발기획실장 월 250만 원 급여"라고
　　되어 있는데…

답 — 예.

문 — 증인은 세종기업 측과 급여 등 근로조건에 관해서 이야기했
던 적이 있는가요 라는 질문에, 이력서 주고, 통장사본 주고, 신
분증 사본 주는 것 정도였지 급여 등에 관한 이야기 나눈 적 없
다고 진술한 사실이 있는가요.

답 — 예.

문 — 위 문서 내용이 사실이라면 증인이 이때까지 말한 내용과 다
르지 않은가요.

답 — 급여가 250만 원이라고 이야기하고 저는 얼마를 받을지 몰랐
습니다. 나중에 9월 10일 받아보니까 세종기업에서 90만 원이
들어왔습니다. 그래서 알아 봤더니 근무한 기간으로 해서 돈이
나온 것이고, 아까 이야기했을 때는 처음에 어떤 명칭으로 이렇
게 주는지도 기억을 더듬어서 그 당시에 한 것이고, 나중에 찾
고, 언제 찾고 한 그런 순위는 있었을 것입니다. 한참 전 이야기
라 언제 또 했느냐는 모르겠고, 두 번 간 것은 맞습니다.

문 — 두 번 내내 급여는 같지 않나요.

답 — 아닙니다. 완전히 달랐습니다.

문 — 급여는 두 번 모두 250만 원 아닌가요.

답 — 첫 번째는 급여 이야기는 나오지 않은 것 같습니다.

문 — 첫 번째 만남에서 증인이 작성한 내용에 급여가 있는데, 어떤
가요.

답 — 통례적인 얘기를 해준 것이고, 두 번째는 직급은 부장 직급인
데 급여는 대리급 급여를 준 것으로 알고 있습니다.

문 — 증인은 8월 12일 면접과 관련해 대리급 직원으로 관리과장
보조 업무를 권하길래, "저는 속으로 원치 않았지만, 네, 알겠습
니다. 라고 말하면서 세종기업 사무실을 나왔습니다"라고 진술

한 적이 있는가요.

답 ― 예.

문 ― 개발실장 직을 받은 2차 면접은 만족하고 수용한 것인가요.

답 ― 만족하지는 않았고 수용은 했습니다.

문 ― 급여보다는 직함과 업무가 맘에 들지 않았던 것으로 보이는데…

답 ― 저는 직함이 중요한 것이 아니라 실 수령액이 중요했기 때문에 불만이었습니다.

문 ― 두 번 다 같았는데요.

답 ― 저는 약자이고, 박 의원의 성격을 아는데, 불만을 표시하면 뭐 합니까, 한 푼도 안 받았는데, 그거라도 주면 감사하지요.

문 ― 세종기업 외에도 피고인 추천으로 성림이루넬 등 회사에 취업을 위한 면접을 본 사실이 있는가요.

답 ― 예 2, 3월에 두 곳에 갔습니다.

문 ― 왜 취업하지 않았나요.

답 ― 쓸 여력이 없다는 것이 아니라 급여를 줄 여력이 없다고 했습니다. 거기에 근무하지 않는다는 것은 그 사람들도 잘 알고 있었습니다.

변호인은 김종호 회장이 불러서 네 차례 회사에 갔었다고 진술한 내용을 확인시킨 뒤 이렇게 물었다:

문 ― 김종호 회장은, 제가 어느 날인가 피의자 심문 받을 때 김영목을 사무실로 불러서 박 의원 경제특보 명함과 세종기업 명함 가지고 다니며 박 의원 졸라서 공사를 따라고 하였는데 전혀 실적을 못 했습니다 라고 진술했는데, 그런 권고를 들은 바가 있는가요?

답 ― 그런 말을 듣지 않았고, 내가 기억나는 것은 공사 30억 원을 따오면 3천만 원 보너스에 법인카드 주겠으니 따오라 하였고, 일주일에 한 번씩 회사에 출근해서 간부회의에 참석해서 공사 따는 것에 대해서 박 의원 힘을 빌려서 협조 좀 해달라고 했습니다.

문 ― 증인의 말대로라면 일을 시키려고 한 것 아닌가요.

답 ― 저는 모르겠습니다. 하도 어이가 없어서 저는 그날도 하도 오라고 해서 아침에 가면 이상하니까 10시쯤에 갔다가 점심시간 전에 바쁘다고 하고 나온 것으로 기억합니다.

문 ― 김종호는 증인에게 일을 시킬 목적으로 채용했는데 증인이 나태하고 태만했던 것 아닌가요.

답 ― 저는 매우 부지런합니다. … 공사를 따오라고 한 것이 아니라 공사를 가져오면 … 대우건설에 수주가 있는데 대우건설 사장이 누구이고 전화번호를 주면서, 박 의원에게 전달해 달라고 해서 메모를 준 적은 있습니다.

문 ― 그게 공사 따오라는 얘기 아닌가요.

답 ― 저는 현대자동차에서 24년간 근무한 사람이기 때문에 공사를 딸 능력이 없습니다.

문 ― 4년 전 일을 뒤늦게 고발하는 이유는 무엇인가요.

답 ― 장관훈 부장이 양심선언이라고 해서 기자회견 했고, 장관훈이 상당히 어려움이 있었나 봅니다. 저에게 도와달라고 했습니다. 무엇을 도와주느냐 라고 했더니, "특보님이 많이 알고 있으니까 아는 비리를 밝혀 주십시오"라고 했고, 뉴시스 기자도 장관훈이 데리고 왔습니다. 그 친구가 압박을 당하니까 소신으로 도왔습니다.… 뉴시스 기사가 나기 전에 인천신문에 났었습니다. 인천신문에는 그만둔 사무국장이 기자를 데리고 와서 "이렇게 해야 되지 않겠느냐. 동생이 저렇게 코너에 몰렸는데 잘못된 것이다."라고 해서 기자에게 월급 대납 이야기를 했습니다.

문 ─ 2014년 1월 박 의원에게 금전적인 도움을 요청했다가 거절당한 사실이 있는가요.

답 ─ 의원사무실에 다른 일로 간 것이지 … 금전적인 것 요구한 적 없습니다.

변호인 심문이 끝나자 재판장이 심문했다.

(재판장) 문 ─ 증인은 월급도 제대로 주지 않았는데 피고인과 일했는가요.

(김영목) 답 ─ 제 개인적인 이야기인데, 제가 현대차를 그만두고 개인 사업을 4년 하고 리먼 브러더스 사건으로 생계 문제가 어려웠습니다. 제가 임대사업도 하고 있듯이, 투자 관련된 일을 많이 했습니다. 현재 부동산은 많이 있고 제가 집이 6~7채 있었는데, 그게 어렵기 때문에 최소 금액이 3백만 원이었습니다. 그래서 피고인에게 말했던 것이고, 그 당시에 피고인에게 말한 것이 아니라 기아자동차 사장에게 이야기했는데, 그 사장이 "기아자동차 상무를 해라"라고 했는데, 그것은 광주공장에서 근무해야 됩니다. 집사람과 상의하니 집사람이 "그렇지 않아도 당신 지방 근무 싫어하는데 지방 근무를 하려고 하느냐. 가까운 곳 인천이니까 가라"라고 해서 가족들과 진지하게 상의한 끝에 박 의원 사무실로 간 것입니다. 기아자동차는 현대자동차와 연봉은 똑 같은데 집과 차는 못주겠다고 했습니다. 급여가 2009년에

9,000만 원 정도였습니다. 저는 그것을 마다하고 지방에 가지 않고 박 의원에게 간 것입니다. 저는 정치의 꿈은 없었습니다.

문 ― 월급도 제대로 주지 않았고 기아자동차는 지방에 가면 월급은 제대로 나올 텐데 어떤가요.

답 ― 박 의원이 그런 사람인 줄 몰랐습니다.

문 ― 나중에는 알았는데 증인은 왜 그만두지 않았는가요.

답 ― 2~3월에 회사를 중간마다 해주는 노력을 보았습니다.

문 ― 증인은 그 노력을 믿고 기다린 것인가요.

답 ― 예. 기다렸다가 8월 초에 제가 이 달로 그만두겠습니다, 라고 했더니, 대안으로 세종기업이 나왔던 것입니다.

문 ― 증인은 세종기업 김종호로부터 회사에 나오라는 이야기를 들었는가요.

답 ― 처음부터 비상근이라고 했는데 9월 초에 자꾸 전화가 여러 번 왔습니다. 저에게 1주일에 한 번 출근해서 부장단 회의 같은 것은 해야 되지 않겠느냐고, 요일을 정해서 나오라고 했습니다. 그래서 제가 바빠서 나가지 못한다고 했습니다. 어쨌든 제가 세종기업에서 돈을 받고 있는 것을 알고 있으므로 "전화 왜 했어요. 제가 거기 직원입니까"라고 할 수는 없었습니다. 하도 오라고 해서 한 번 갔습니다. 전화는 여러 번 왔고 "일주일에 한 번씩 출근해라"라고 하거나, 해가 바뀐 뒤에도 대우기업 사장과 어떤 사장의 전화번호를 알려주면서, 공사를 따라고 하기도 했는데, 하나도 된 것이 없고 저는 하지 않았습니다.

문 ― 세종기업에서 출근하라고 전화가 왔다고 피고인에게 보고한 적이 있는가요.

답 ― 전혀 보고한 적이 없고, 출근하라고 한 적도 없습니다. 단지

김종호가 일주일에 한 번씩 부장단 회의에 참석하라고 했습니
다.

문 ― 그 사실은 피고인에게 보고하지 않았는가요.

답 ― 예.

김종호 회장도 증언대로 불려 나왔다. 김 회장은 검찰의 기소를 인
정하는 증언을 했다. 변호인은 검찰심문의 1~4회, 5~6회 진술이 다른
점을 따져 물었다

문 ― 처음에는 김영목에게 일을 시키려고 했는데 다음날부터 김영
목이 나오지 않아서 결국에는 참다가 몇 달만에 자른 것인가요

답 ― 제가 후회한 것이 한두 달 안에 김영목을 정리했어야 했다는
것입니다. 일을 하지 않는 사람에게 몇 개월 동안 봉급을 준 것
입니다

변호인이 월급대납을 인정한 검찰의 제 5회 피의자 심문조서를 제
시하고 물었다

문 ― 증인은 이 진술서를 제출한 경위를 묻는 질문에 '다시 생각해
보니까 전번 진술이 잘못된 것 같아서 다시 진술서를 작성한 것
입니다'라고 진술한 사실이 있는가요.

답 ― 예

문 ― 증인은 제4회 피의자 심문을 받을 때까지 '피고인이 지급해야
할 김영목의 급여를 대납한 것이 아니며 실제로 김영목에게 국
내 영업 업무를 맡겼으나 김영목이 업무를 태만히 한 것이다'
라는 취지로 일관되게 진술하였던 것으로 보이는데 맞는가요

답 ― 예

문 ― 위 진술서에 급여대납을 인정한 것은 세종기업에서 김영목에

게 급여를 지급한 경위는 별론으로 하고 세종기업이 근무를 태
만히 한 김영목에게 6개월 간 급여를 지급한 결과가 되어버렸
으므로 이를 급여대납이라고 생각할 수도 있겠다는 취지인 것
으로 보이는데 맞는가요

답 - 피고인이 합당한 사람을 보낸 것은 아닙니다. 저도 그 부분부
터 마음에 들지 않았고 체면을 위해서 김영목을 어떻게 하든지
아까 말한대로 일 시키면 좋은데 김영목은 결국 회사에 나오지
않는 사람이었습니다

문 - 김영목에게 일을 시키려고 했지만 나오지 않은 것인가요

답 - 제 희망사항이었습니다

문 - 처음부터 김영목은 일을 하지 않기로 한 후에 채용된 것인가
요, 아니면 김영목이 마음에 들지 않았지만 월급을 주니까 일을
시키려고 했는데 결과적으로 일을 안 했다는 것인가요

답 - 처음부터 김영목은 일할 사람이 아니었습니다

문 - 증인은 제4회 피의자 심문까지 사실관계에 대해 거짓 진술을
한 것인가요

답 - 예, 거짓말입니다

문 - 증인은 피의자 심문 1~4회와 피의자 심문 5회는 완전히 달라
지는데, 증인은 1~4회에는 거짓 진술한 것인가요

답 - 결국에는 제가 부족해서 그렇게 하면 될 줄 알았는데 진실을
이야기하지 않을 수 없었습니다. 정황상 회사에 누를 끼친 것을
볼 때 제가 잘못해 놓고 아니라고 하면 똑같은 입장이 되니까
… 제 입장을 생각해 보면 변호인도 이해할 것입니다.

변호인은 여기서 질문을 멈췄다. 그러자 재판장이 심문했다.

　재판장 ― 증인의 피의자 검찰 심문 1~4회의 진술은 잘못된 것이고 5회부터 진술이 사실이라는 취지인가요?

　답 ― 예.

검찰과 김영목이 제시한 또 하나의 증거는 김영목의 특보역할 기록이다.

검찰은 김영목이 세종기업으로부터 월급을 받던 기간인 2008년 9월부터 11월 사이 김영목 명의로 작성했다는 사랑의 김장나누기 행사, 노인의 날 행사 등 자료를 근거로, 세종기업 급료를 받으면서 박 의원의 경제특보 활동을 했다고 주장했다.

이에 대해 당시 지구당 당원협의회에서 근무했던 가준호와 유명임은 이렇게 말했다

"김영목은 사무실에 나와 주로 자신의 증권투자 일을 보았습니다. 그러다가 이런 지역 모임에 참여하는 일은 있습니다. 그렇지만 이 행사들은 지구당 일이 아닙니다. 예를 들어 김장나누기 행사는 인천 동구노인복지관이 주관한 행사입니다. 동구노인복지관은 이 행사를 하면서 우리 지구당 사무실에 초청장과 함께 박상은 의원의 참석 여부를 알려 달라는 공문을 보냅니다. 김영목은 이 초청장에 의거해 행사에 관한 것을 요약 정리하는 문서를 만든 것입니다. 김영목은 세종기업 공사 수주가 일이어서 회사에 나가는 것보다 공사를 따기 위한 외부활동이 주 업무였다고 생각됩니다. 그는 의원님의 힘을 빌려 인천의 업체나 관급공사를 수주할 것을 기대한 듯합니다."

김영목이 당 활동의 증거라며 제시한 문건 중에, 세종기업에서 급료를 받던 6개월 기간의 당 활동이라며 제시한 문건은 단 7건이다. 2009년 1월에서 8월까지는 1월의 1건, 2월의 2건뿐이고, 3월부터 8월까지는 단 1건도 없다.

그러니까 취업을 부탁한 직후 당원협의회 사무실에 나와 당무에 약간의 관심을 보이다가 취직자리 얘기가 없자 4월부터 4개월 간 그도 손을 놓았다는 것을 보여준다. 그가 다시 관심을 보인 것은 세종기업 취업 후이다. 특히 한 차례 있었던 경영자협의회 모임에 대한 그의 기록은 공사 수주를 위한 흔적으로 볼 수 있다는 지구당 사무실 관계자의 증언이 훨씬 설득력이 있다.

김영목이 지구당 사무실에 들락거린 2009년 무렵, 지구당 사무실엔 5급 비서관으로 등록되어 국회사무처로부터 급료를 받으며 지구당협의회 사무국장을 맡고 있던 김홍일 비서관, 그리고 국회사무처에 등록되지 않고 정치자금 계좌에서 활동비를 지급받는 가준호와 인턴 직원 유명임 등 셋이었다. 지구당 사무실엔 많은 이들이 드나들며 일을 거들기도 했지만 유급직원은 셋이었다. 그 전에도 그랬고 그 이후에도 유급직원은 3명을 초과한 일이 없다.

김영목이 도왔다고 말하는 후원회는 유급직원은 없고 당원협의회 여직원이 겸직한다. 후원회 사무국장이란 직책은 있지만 월급은 받지 않는다.

당시 김영목과 마찬가지로 취직자리 부탁을 하고 지구당 사무실에서 소일하며 특보라는 직함으로 지역사무소의 업무를 돕던 김필주도 있었다. 지역사무소 유급 직원이던 가준호는 사실확인서에서 김필주는 김영목보다 더 많은 시간 사무실에 머물면서 때로 사무실 일을 도왔지만 급료를 지급하지 않았다고 진술했다.

김영목을 인터뷰한 인천신문의 박정환, 유승희 두 기자는 법원에 제
출한 사실 확인서에서 "김영목은 세종기업 측에서 자신에게 출근 도장
을 찍고 일을 하든지, 공사를 수주하든지 하라고 채근하였다는 말도
했다"고 기술했다.

더 놀라운 것은 검찰이 법원에 낸 김영목 관계 문서에는 위장취업이
아닌 실제 취업을 확인할 문서들이 첨부되어 있는 점. 그리고 검찰과
합작했을 의혹이 짙은 증거조작 문서가 있는데도 아무도 주목하지 않
았다는 점이다.

세종기업의 2009. 8. 10일자 기안지(기안자: 문지현)에 김영목의 직
급, 연봉, 근무처, 채용일자를 명시하여 대리부터 사장까지 결재를 받
았다. 이 문서엔 근무처는 신월성 1, 2호기(대우)현장, 채용일은 2009.
8. 17.이며 이력서가 첨부되어 있었다.

2009년 8월 19일자 김영목 사령장이 있고 세종기업 박봉철 사장이
결재한 사령장과 함께 '김영목 채용 건'을 현장 및 전 직원이 공람할
수 있도록 하라는 내용도 첨부되어 있다. 김영목 인사기록 카드도 있
었다.

김영목이 세종기업에 제출한 이력서엔 '이강건설에 근무 중' 이라고
명시되어 있었고 첨부한 건설기술자 경력증명서에도 (근무기간 2006.
9. 18~2007. 3. 31. / 2007. 4. 2~2009. 8. 31) 이라고 기록하고 있었다.
이것은 김영목이 2009년 8월까지 이강건설에 근무하고 있었다는 증명
서로 2009년 1월부터 300만원을 받기로 하고 박상은 의원의 지구당
사무실에 근무하기 시작했다는 김영목의 주장이 거짓임을 말해주는
증거다.

김영목이 박 의원한테 주었다고 하고 박 의원은 모르는 일이라는 이

른바 「세종기업 취업 보고 서신」도 2009년에 작성한 문서가 아니라 2014년 박 의원을 고발하면서 김영목이 급조한 것이 뚜렷했다. 보고서 라는 게 아래 사진에서 보듯 '세종기업(주)'로 된 세종기업의 김영목 인사기록 형식이다. 그 문서 첫 페이지 하단에 '2009. 08. 12일 자 방 문' 두 번째 페이지 하단에는 '09. 08. 19일 자 방문'이라고 기재하고 있다. 다시 그 아래에 "PS : 오늘부터 법인체 2~3곳씩 방문하여 유대관 계 돈독히 하며 유권자 관리하겠습니다. 의원님 깊으신 背戾에 송구하 고 감사합니다. 연일 계속된 과중한 업무에 의원님 건강이 걱정됩니다. 의원님 큰 일 하시도록 보필하겠습니다" 라고 쓰고 있다.

진짜 놀라운 것은 기록된 내용이다. 문서 첫 페이지 세종기업 대표 이사 김종호의 이름에 주민번호가 적혀있다. 신월성 1, 2호 공사는 110 억 원, 그리고 직원 수 14명, 현장 채용인원 80명이라고 쓰고 있다. 더 기이한 건 두 번째 페이지, 근무일은 2009. 08. 17부터 2010. 02. 16라 고 기재되어 있다. 취업하던 때 퇴직날짜까지 정확하게 기록하고 있다.

김영목 주장대로면, 세종기업 간부들을 면접하고 돌아와 박 의원에 게 세종기업에서 취업형식으로 월급대납을 하게 되었음을 알린 보고 서다.

거기 대표이사 주민번호가 왜 들어갔을까. 김영목이 처음 만난 대표 이사 김종호의 주민번호는 어떻게 알았을까. 대체 면접을 본 사람한테 공사 수주금액이니 현장의 인원 등을 보고할까.

이 문서는 김영목이 세종기업의 문서들을 검열했다는 증거다. 그가 무슨 자격으로 검열을 하겠는가. 한마디로 2014년 6월, 검찰이 세종기 업을 압수수색한 후 압류한 김영목 발령 카드 등 세종기업의 문서들을 김영목이 모두 보았다는 것을 말해준다. 검찰이 갖고 있는 세종기업 문서들을 참조하면서 김영목이 작성한 증거조작 문서다. 김영목과 검찰이 '증거조작을 합작한 중대한 범죄의 흔적'이다. 검찰과 김영목의 합작이 아니라면 최소한 검찰의 누군가는 증거조작을 도운 것이 분명한 것, 보고서가 아니라 '증거조작 범죄문건'이다.

세종기업 면접을 보고 채용되었으면 채용되었다는 것과 언제부터 나간다는 것을 알리면 된다. 말이나 전화로 보고할 일이다. 굳이 문서로 한다 해도 공문도 아니고 사적인 서신이다. 그런데 이 보고서는 세종기업이 제시한 채용 조건들은 모두 기재하고 있다.

어디 그 뿐인가. 사적인 서신은 받은 사람이 갖고 있는 것이지 보낸 사람이 갖고 있는 것이 아니다. 두 장을 만들어 보관하는 공문이 아니니까…. 그런데 이 서신은 보낸 김영목이 지니고 있었다면서 검찰에 제출한 증거고 검찰이 법원에 증거자료로 제출한 문서다.

채용되었음을 알리는 보고서의 내용도 기상천외지만 거기 법인체 방문하며 유권자 관리하겠다는 다짐도 써 넣는 일은 더욱 기괴하다. 기이하게도 충성다짐의 글에 있는 배려라는 한자다. 문맥으로 보면 배려는 한자로 配慮라야 하는데 背戾라고 했다. 背反(배반)하겠다는 생각을 그때부터 지니고 있었다는 얘기를 하느라 이런 背戾를 쓴 것은 아닐 테고… 이무튼 뜻이 전연 다른 엉뚱한 한자도 예사롭지 않다.

방문날짜도 김영목이 제 편리한대로 고쳐 썼다. 세종기업"기안용지에는 8월 10자에 김영목 채용에 관한 문서를 기안, 결재를 받고 있는데 그는 8월 12일 처음 방문 했다고 쓰고 있다.

세종기업 1차 면집 때 그를 안내했던 이강학은 법정 증언에서 김영목을 세종기업에 데려가 김종호 회장한테 소개한 것은 8월이 아닌 7월 말로 기억한다면서 이렇게 말했다.

"박 의원이 김영목이 세종기업 위치도 잘 모르니까 시간이 되면 데리고 가 김종호 회장에게 소개시켜주라는 연락을 받았습니다. 김종호 회장은 전에 어떤 일을 했는지, 기술자 자격증은 있는지 물어보았고 김영목은 현대자동차에 근무했고 기술자는 아니라고 대답했습니다. 김 회장은 그 자리에서 '기술자는 아니니 관리부서에서 일을 해야 하겠네요' 라면서 '중동에도 나갈 수 있었으면 좋겠는데 …' 라는 말도 했는데 김영목은 국내근무를 원한다고 했습니다. 면접을 마치고 나오면서 김영목은 현대자동차 소장을 할 때 굉장히 많이 탔다고 하면서 250만 원이 적다고 하던 말이 기억에 남아 있습니다"

김영목이 박 의원한테 제출했다는 이 기괴한 '보고 서신'은 가짜를 진짜로 위장하기 위해 세종기업 문서를 보면서 작성한 모양인데 회장 주민번호까지 베껴 쓰는 바람에 도리어 가짜임을 드러낸 데다 검찰의 합작 내지 협조를 드러내고 말았다. 이런 유치한 조작 문서를 '월급대납'의 증거로 검찰이 제시하고 변호인조차 사후에 날조한 흔적이 너무도 뚜렷한 이 문서에 대한 지적이 없었다는 것도 불가사의의 하나다. 재판부도 이 문서들은 거들떠보지도 않았던 것일까

재판부는 박상은 의원의 말과 세종기업이 제시한 자료, 그리고 김영목의 신문 인터뷰 발언들보다 검찰과 김영목, 그리고 김종호의 법정증언만을 받아들이는 판결문을 내놓았다.

기 안 용 지

문서번호	본(경)-090349	결	담당	대리	과장	본부심	본부장	사장
기안일자	2009. 08. 10.	재						
기안자	문지현							
구 분	■ 대우품의 □ 보고	협조			성유			
제 목	직원 채용 件							

본사 직원 채용과 관련하여 아래와 같이 기안하오니 검토 후 재가 바랍니다.

— 아 래 —

성명	생년월	연봉	근무처	채용일
대리 김영록	1959.06		신월성1,2호기 (대우) 현장	09.08.17

* 첨부 : 이력서 1부. 끝.

양식번호: SJ-OMP-004-06(1)　　　　　　　　　　　세종기업주식회사

세종기업(주)

대표이사 김종호 501022-1******

사업자NO   136-81-17283

인천 계양 작전 901-3 세종빌딩

담당중역 :경영지원 창 유전 전무

인력채용 의 견 : 김 영목 590617-1******

근무처 : 비상근 (월 4회 근무, 필요시출근)
직책 :   개발기획실장 (부장급)
임기 ;   6개월(재연장가능)
역할 :   수주 및 기업정보 협조
급여 :   월 250만원(1500만원)
근무 일 : 2009.08.17 부터 - 2010.02.16

2009.08.19일 자 방문

PS :오늘부터 법인체 2-3곳씩 방문하여 유대관계 돈독이하며 유
    권자 관리 하겠습니다.
    의원님 깊으신 배룻에 송구하고 감사합니다.
    연일 계속된 과중한 업무에 의원님 건강이 걱정됩니다.
    의원님 큰 일하시도록 보필하겠습니다.

세종기업(주)

대표이사 김종호 501022-1*******

인천 계양 작전 901-3 세종빌딩

담당중역 :경영지원 황 유진 전무

인력채용 의 견 : 김 영목 590617-1******

현장: 신 월성 원자력 발전소 공사   시행사: 대우건설(주)

하청업체: 세종기업(주) 外 5개업체

시행기간 : 2009.07.17 - 2011.10월 완공예정

공사 수주액 : 약 110억

소요 인력 : 파견 직원 15 명 . 현지 채용(기능기술직) 80명 가량

직책 : 주임 (대리 역 활)

현장소장(상무 급 :송 동윤). 관리과장(임 병용)의 기술직

역할 : 관리 과장 보조

급여 : 년3000~3400만원(보너스400%포함, 현지 근무수당포함)

숙소 임원급(가족동반 시 숙소제공)의 합숙소생활(빌라2개동)

근무 시행일: 2009.08.17 부터

2009.08.12 일 자 방문

판사의 판결문, 판단 아닌 주장

『피고인(박상은)은 2009년 1월 경 김영목을 경제특보로 임명하여 지구당 사무실에 근무하게 하였고, 김영목은 피고인의 지시에 따라 지역구 내에 있는 주요 기업체 임원들을 구성원으로 하는 경영자협의회를 조직하여 2012년 11월 경까지 사이에 협의회를 정기적으로 개최했으며, 후원금 모금 및 경영자협의회와 관련된 각종 행사를 준비하는 업무를 담당하였다….

2009년 1월 22일 중·동구 경영자협의회 상견례 및 간담회 개최에 관한 공문에 '국회의원 박성은 사무소 김영목'이라고 기재되어 있다.

김영목은 세종기업으로부터 급여지급이 중단된 이후 2010년 5월 20일부터 2012년 8월 20일까지 피고인의 정치자금 계좌에서 월 200만 원씩을 지급받았다.

이 경위로 보면 "처음 일할 때부터 월급 300만 원을 받기로 하였다"는 취지의 김영목 법정진술은 신빙성이 있고, 피고인은 "세종기업에 취직한 김영목이 불성실하게 근무하여 해고되었고 그 후에 김영목을 채용하였다"는 취지로 주장하나, 불성실함을 이유로 해고된 김영목을 피고인이 2010년 3월경 이후 별다른 절차도 거치지 아니하고 채용하였다는 것은 쉽게 납득하기 어렵다.

위와 같은 사정 등을 종합하여 보면, 세종기업이 피고인의 경제특보 김영목에게 급여 15,152,080원을 지급한 행위는 국회의원으로서 정치활동을 하는 피고인의 정치활동에 소요되는 비용을 부담한 행위로서, 피고인은 같은 금액 상당의 정치자금을 기부받았다고 인정할 수 있다.』

제2심은 분위기도 1심과는 달랐다고 한다. 세월호 분위기의 영향이 줄어들고, 그래서 사려 깊은 재판에 기대를 갖게 했다. 실제로 2심은 많은 것을 무죄로 판결했다. 그런데 김영목의 취업 쟁점은 김영목의 손을 들어주었다.

『김영목은 검찰에서 2009년 8월경까지 별다른 급여를 받지 못한 채로 근무하다가 피고인에게 더 이상 일할 수 없다고 하자 피고인이 세종기업을 찾아가 보라고 하였다. 이후 세종기업으로부터 급여가 끊긴 지 한 두 달 정도 지나 경제적으로 힘이 들어서 피고인에게 힘이 든다고 말했더니 활동비로 200만 원을 주겠다고 하였다. 김영목의 주된 업무는 기업체 간담회 개최로서, 개최한 간담회에는 피고인과 함께 김영목이 경제특보로서 참가하였는데, 이러한 기업체 간담회는 김영목이 경제특보로 근무할 때만 개최되었고 김영목이 그만둔 이후에는 그러한 모임이 없어졌다. 이에 의하면, 피고인은 김영목의 경제특보로서의 역할과 업무내용이 일정한 급여를 지급할 정도에 이른다고 스스로 인정하고 김영목의 요청에 따라 세종기업으로 하여금 그에 상응하는 급여를 지급하도록 하였던 것으로 판단된다.』

2심법원의 판결문이다. 재판부의 판단을 수긍할 수 있을까?

판결문엔 사실 왜곡도 있다

김영목은 박 의원을 찾아가던 때 기아자동차 상무로 9천만 원 연봉을 제안 받았지만 보수가 그 3분의 1밖에 안 되는 박상은 의원의 지구당 사무실에서 일하기로 했다고 진술했다.

그런데 세종기업에 취업할 때까지 8개월 동안 박상은 의원의 사무실에서 급료를 받은 적도 없다. 그 기간에 그는 박 의원이 주선하는 업체들에 이력서도 보내고 면접도 봤다. 그러니 9천만 원 연봉을 마다하고 3천만 원 연봉을 선택했다는 말은 거짓말이다. 당연히 재판부는 김영목 증언의 진실성을 확인하기 위해 기아자동차 회사가 스카우트 제안을 한 일이 있는지 확인해 보아야만 했다. 그런데 이런 것도 하지 않았다.

2심 재판부는 "불성실함을 이유로 해고된 김영목을 박상은 의원이 2010년 3월경 이후 별다른 절차도 거치지 아니하고 채용하였다는 것은 쉽게 납득하기 어렵다"고 하였다. 박 의원은 김영목이 경제적으로 어렵다고 해서 200만 원을 주기로 했다고 말했고, 김영목도 경제적으로 어렵다는 말을 박 의원에게 했다고 스스로 말했다. 어려운 후배를 돕는 일은, 도와줄 것인지 말 것인지를 결정하면 되는 것이지 그것을 결정하기 위해서 알아봐야 할 것은 아무것도 없다. 월급 900만 원을 걷어차고 300만 원 월급을 택했다는 김영목의 거짓말은 납득하면서, 선거 운동원이었던 후배의 어려움을 배려한 박 의원의 결정은 납득할 수 없다는 판사의 사고(思考)는 참으로 납득하기 어렵다.

재판부의 판단에는 분명한 오류도 있다. 그 하나는 "김영목은 피고인의 지시에 따라 지역구 내에 있는 주요 기업체 임원들을 구성원으로 하는 경영자협의회를 조직하여…"라는 대목이다. 경영자협의회는 인천상공회의소 신하단체다. 중·동구뿐 아니라 인천의 다른 구에도 경영자협의회가 있다. 이 협의회는 박상은 의원이 인천상공회의소 부회장을 지낸 경력이 있기 때문에 인천 중·동구 경영자협의회는 회의 때면 초청장을 박 의원에게 보낸다.

경영자협의회는 한 명의 국회의원이 조직할 권한도 없고 능력도 없다. 국회의원도 아니고 국회가 급료를 주는 법정 직책도 아닌 '자칭 의원특보' 김영목이 무슨 권력으로 기업 임직원들을 멤버로 하는 '경영자협의회'를 조직한다는 말인가? 도대체 인천에 있는 기업들이 특정 정당 소속인 국회의원과 합동하는 협의회에 참여한다는 말인가? 그랬다면 인천의 다른 정당이, 인천의 시민단체가, 이것을 용납했겠는가? 기업은 정치후원금도 기업 이름으로는 내지 못하는 것이 한국의 정치자금법이다. 상식적으로도 이런 일은 있을 수 없다는 것을 알 수 있다.

그런데 재판부는 판결문에서 '박 의원의 지시를 받고 김영목이 조직한 것'으로 기록하고 있다. 더욱이 2심 재판부는 "기업체 간담회는 김영목이 경제특보로 근무할 때에만 개최되었고, 김영목이 그만 둔 이후에는 그러한 모임이 없어졌다."고 기술하고 있다. 이 판결문은 대법원의 유죄 판단에도 결정적인 영향을 주고 있다. 그런데 변호인의 변론에서조차 이 부문의 오류에 대한 언급이 없다. 이 재판의 불가사의(不可思議)의 하나이다.

세종기업은 2014년 5월 월급을 대납했다는 뉴시스 보도에 대해 항의하고 공문을 보냈다. "김영목은 2009년 당사에 채용되어 2010년 2월까지 급여를 지급했으며, 그 후 퇴직했다. 인사담당자가 퇴직하면서 착오로 건강보험 상실신고가 늦어져서 2010년 10월까지 건강보험료가 납부되다가 10월 31일자로 보험 상실을 신고했다." 인사총무팀 차장 하태구가 작성하고 대표이사 김종수 명의로 뉴시스에 보낸 정정보도 요구서다. 재판부는 세종기업과 뉴시스가 확인한 이 문서에는 눈길조차 주지 않았다.

세종기업은 영세한 기업이다. 월 250만 원을 국회의원에게 바쳐 얻을 이익이 없는 회사이다. 더욱이 건설업에 불황이 닥치면서 2009년 워크아웃 되고 600명이던 종업원을 절반인 300명으로 줄였다는 것도 법정 증언에 수록되어 있다.

그뿐만이 아니다. 세종기업 사주는 회장 김종호가 아니라 대표이사 사장 김종수다. 박상은 의원은 사주인 김종수 사장과는 일면식도 없다. 김종호는 동생 덕에 월급을 받는 회장이다. 그는 법정에서 동생이 사주여서 회장으로 부르고 명함도 회장이지만, 법적 직책은 감사라고 했다. 그런 월급 회장이 동생은 알지도 못하는 국회의원을 직접 돕는 것도 아니고 의원의 특보 월급을 떠맡자고 제안하는 게 가당키나 한가? 이 대목을, 검찰은 그렇다 치더라도, 재판부와 변호인마저 지적하지 않았다는 것도 이 재판의 세 번째 흠결이다.

가장 확실하고 결정적인 증거는 면접이다. 기업이 국회의원 특보 월급을 주기로 작정했다면 이력서 하나면 된다. 도대체 회사 일도 안 할 위장취업자 면접은 왜 하는가? 두 차례 면접 때마다 실무자가 기록한 채용에 관한 기록은 그것이 취업을 위한 것임을 생생하게 증명하고 있다. 판사마저 이 명백한 증거를 외면한 것도 수수께끼 중의 수수께끼다.

세종기업만이 아니다. 다른 기업에도 이력서도 보내고 면접도 했다. 면접을 본 회사들이 모두 "거기서 일 안 한다는 것 알고 있었다"고 하는 김영목의 말을 믿을 사람이 있을까?

또 하나 더 있다. 세종기업은 워크아웃 중이었다. 한 푼이 아쉬운 회사, 건설회사의 중요 원자재보다 더 귀한 자산이라 할 특수면허까지 팔아야 했던 유동성 위기였다. 그런 회사가 아무 이익도 없는 국회의원 자칭 특보의 월급을 대납한다고? 박상은이 세종기업을 위해 한 일은 아무것도 없다는 점에도 눈을 감았다는 것 역시 이 재판의 빈틈이다.

신고 보상금이 부른 배덕(背德)

김영목은 은혜를 원수로 갚은 배덕(背德)의 인물이다. 검찰이야 세월호 폭풍에 허겁지겁 했다고 치더라도, 재판부까지 이런 점에 눈을 돌리지 아니한 것은 우리를 슬프게 한다. 이런 모든 의문들보다 더한 미스터리는, 두 사람 사이는 아무런 원한도 없는데 왜 김영목이 박상은 의원을 정치자금법 위반으로 몰았는가, 하는 점이다.

박상은 의원은 이렇게 말했다.

"김영목이 세종기업에서 해고당한 시기가 곧 대통령 선거가 있고 잇달아 국회의원 선거를 앞둔 때여서… 또 그는 지구당에서 일하는 사람들 중 학력이 가장 높은데다 고교 동문들 연락에 적임이고, 경제적으로 어렵다고 해서… '너 나이도 있고 내가 더는 널 추천할데가 없다. 당분간 내가 도와줄 테니 취업은 네가 스스로 해결하라'

고 했다. 이것이 그에게 200만 원 활동비를 지급하기로 한 사연이
다.

그리고 2012년 4월 선거를 치르고 그해 8월, 내가 그를 불러서
'네가 여기 더 있는 것은 너한테도 맞지 않고 내게도 부담이다'라
면서 지구당 나오는 걸 그만두라고 했다. 그 뒤 아무 소식이 없었
다.

그런데 1년 반쯤 지난 2013년 연말 고성원 보좌관이 그를 의원
회관 사무실로 데려왔다. 그는 내게 돈이 필요하다면서 도움을 청
했다. 내가 차갑게 잘랐다. '일할 생각은 안 하고…'라며 나무라고,
'다시는 이런 일로 나를 찾지 마라'고 했다. 이후 그는 나에게 더는
도움을 받지 못한다는 것을 알았을 것이지만…"

관계 단절은 설명되지만 김영목이 모해(謀害)에 나선 데 대한 풀이로
는 미흡하다. 그 미흡함을 인천 중·동구 옹진군당 부위원장 이정옥이
말했다:

"2009년 봄 김영목을 처음 만났다. 박상은 의원과 학교 동창이고
측근이라고 자신을 소개했다. 2002년 인천시장 선거 때부터 도왔
다고 했다. 2008년 국회의원 선거 때 나는 김영목을 보지 못했지만,
시장 선거 때부터 도왔다니 측근 실세구나 생각했다. 우리는 '박 의
원'이라고 호칭하는데 그는 '영감'으로 호칭했다. 우리와 다른 특별
한 친분의 과시였다. 그는 술을 좋아했다. 나를 포함해 지방선거 지
망생 등 박 의원 주변 사람들은 그를 측근 실력자로 알고 술대접도
하는 등 깍듯이 모셨다. 그랬지만 얼마 안 돼 나는 그가 '무능한 실
업자'라는 것을 알았다. 그는 지구당 사무실에서 만나는 사람들을
이용했다.

그가 박 의원을 배신한 것은 장관훈의 농간이다. 장관훈은 그에게 박 의원의 정치자금법 위반이 확정되면 수억 원의 보상금을 받는다고 부추겼다. 우리 지구당 사무실에서 2012년 선거 때 저녁 한 끼 대접받았다가 140만 원 벌과금을 부과 받은 사건이 수억 원의 보상금을 믿게 만들었다.

그는 보상금에 집착해 있었다. 증언 도중 모순된 증언을 추궁받으면 얼굴을 붉히고 소리치며 횡설수설해서 재판관으로부터 흥분하지 말고 차분하게 말하라는 주의를 받기도 했다. 그는 증언을 마치고 나와서는 장관훈 등 자기편 사람들이 모인데서 '내가 제대로 말을 못한 것 같다, 괜찮을까' 라고 걱정하는 모습도 보였다. 정치자금법 위반이 확정되면 엄청난 보상금을 받는다는 환상에 매달려 있던 치사함이 눈에 선했다."

보상금에 현혹된 배은망덕이라는 이정옥의 말을 김영목이 스스로 증명했다. 김영목은 2016년 1월 인천을 관할하는 중부지방고용노동청에 임금착취를 되돌려 받게 해달라는 진정서를 냈다. 진정서는 『이 경위로 보면 "처음 일 할 때부터 월급 300만 원을 받기로 하였다"는 취지의 김영목 법정진술은 신빙성이 있고…』라는 2심 판결문을 근거로 해 급료라고는 없었던 처음 8개월의 300만 원 곱하기 8을 비롯해 세종기업서 250만 원을 받았으니 모자라는 월 50만원 6개월, 세종기업 급료가 끊어진 이후 무급이던 2개월 그리고 활동비 명목으로 200만 원만 받은 30개월 기간 착취당한 100만 원 곱하기 30 등 도합 6천600만 원에 배상도 포함하는 급료를 받게 해달라는 내용이었다.

진정서를 낸 사연은 이랬다

김영목은 대법원 판결 후 보상금이 없자 검찰에 갔다. 왜 보상금이 없느냐는 항의방문이다. 검찰은 선거관리위원회에 가보라고 했다. 선관위에 가서도 기대했던 답을 얻지 못하고 다시 검찰에 갔다. 검찰은 노동청에 진정서를 내라고 했다. 판결문에 근거해 진정서를 내라는 것도 검찰이 가르쳐준 것, 이래서 1월 진정서를 낸 것이다.

김영목은 지인(知人)에게 이렇게 말했다고 한다 .

"내가 그들에게 당신들은 포상도 받고 승진도 했는데 나는 뭐냐. 당신들은 보상금 3억 원이 나온다고 말하지 않았느냐고 따졌다. 선관위에서 보상금이라며 내놓는데 내가 불우이웃돕기나 하라며 안 받고 나와 다시 검찰에 갔더니 노동청에 말해 줄 테니 진정서를 내라고 했다. 검찰 말대로 진정서를 내긴 하지만… 검찰 선관위 모두 보상금 3억 원이 나온다고 했던 말을 녹음 안 해둔 것이 후회된다"

노동청은 김영목의 진정사건을 조사했는데 박 의원과 고용을 계약했다는 실체는 어디에도 없었다. 고용계약을 확인할 수 없다고 했다. 김영목은 판결을 근거로 제시했다. 노동계약에 관한 자료를 제시하라고 했으나 판결문만을 되풀이할 뿐이었다. 노동청은 고용계약을 확인할 수 없으므로 조사를 더 할 것이 없어 진정서 처리를 종결하겠다고 했다. 김영목은 승복하지 않았다. 그리고 검찰에서 전화가 왔다. 김영목이 납득할 수 있는 성의 있는 처리를 부탁하는 전화다. 조사했으나 고용계약은 없고 김영목이 4년 가까이 근무했다는데 일한 내용은 한두 달 일한 것으로도 부족한 자원봉사 수준이다. 이래서 김영목을 불러 자료와 증거를 보완해 제출하라면서 6개월의 시간을 주었다 그랬지만 김영목은 아무것도 제출하지 못했다.

결국 김영목이 마지막으로 대질심문이라도 해달라고 했다. 노동청 사무관이 박상은 의원에게 전화를 걸어왔다. 그리고 이런 과정을 설명하면서 검찰과의 관계도 있어 진정인이 원하는 대질을 거쳐야 이 진정사건을 종결할 수 있으니 노동청에 출두해달라는 전화였다.

박 의원은 7월 노동청에 나갔다. 담당 사무관이 김영목에게 물었다. 의원님과 고용에 관한 계약문서가 있는가. 문서가 없다면 증인이라도 있는가. 그는 답을 못했다. 다시 누구와 계약한 것인가를 물었다. 그러자 김영목은 후원회와 고용계역을 한 것이라고 했다. 후원회 누구와 계약했느냐니까 그 이름을 제시하지 못하고 후원회를 실질적으로 지배하는 것은 박상은 국회의원이라는 등 횡설수설했다.

그리고 3주쯤 지난 8월 노동청이 박상은에게 서류를 보내왔다. 김영목이 근로계약을 채결했거나 근로를 제공하였다고 볼 수 있는 증거가 불충분하므로 진정사건의 내사를 종결하였음을 알려드린다는 공문이다. 검찰이 기소하고 3심까지 세 명의 판사가 내린 박상은 유죄판결을 노동청 사무관은 뒤집었다. 근로계약도 근로를 제공했다는 증거도 없다는 노동청의 진정사건 종결통고 공문을 본 내 친구가 말했다.

"노동청 사무관보다 못한 대법관이 있는 나라로군."

위대한 여정, 새로운 도약

고용노동부

중부지방고용노동청

수신 국회의원 박상은 귀하 (우22313 인천광역시 중구 제물량로 175, 4층 (사동))
(경유)
제목 사건처리결과 회신(피진정인)

    1. 김영목이 2016. 1. 21. 귀하를 상대로 제기한 진정사건 관련입니다.

    2. 위 사건을 조사한 결과, 귀하와 진정인 김영목 간의 근로시간 및 임금 등 근로조건을 정한 근로계약을 체결하였거나, 진정인 김영목이 임금을 목적으로 사용종속 관계 하에서 근로를 제공하였다고 볼 수 있는 증거가 불충분하므로 동 진정사건에 대해 내사종결(법적용제외)하였음을 알려드립니다. 끝.

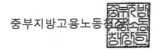

중부지방고용노동청장

근로감독관   임순화   근로개선지도 전결 2016. 8. 1.
                      1과 과장   정경섭

협조자

시행 근로개선지도1과-10937 (2016. 8. 1.)   접수

우 21559   인천광역시 남동구 문화서로62번길 39 (구월동,중부지방고용노동청) / http://www.moel.go.kr/jungbu/

전화번호 032-460-4644   팩스번호 0505-130-0356 / yimssun@korea.kr   / 비공개(6)

청년 일자리, 노동시장 개혁이 열어갑니다.

박상은 이사장이 준 월급은 박상은 의원이 받은 불법정치자금?

"김홍일의 경력, 피고인(박상은 의원)과의 관계 등에 비추어 김홍일은 2012년 7월경부터 국회의원인 피고인에 종속된 위치에서 후원회 업무를 담당함으로써 피고인의 정치활동을 보조하는 역할을 한 것으로 보이며, 김홍일을 한국학술연구원 사무국장으로 채용하는 형식을 취한 것은 피고인이 연구원의 이사장으로서 연구원을 위하여 김홍일을 직원으로 근무하게 하기보다는 단지 피고인의 정치활동을 보조하는 김홍일에게 월급을 주기 위한 목적이었던 것으로 보인다."

검찰이 박상은 의원에게 덮어씌운 정치자금법 위반죄의 또 다른 하나의 이른바 '월급대납' 건이다. 김홍일은 대한제당 경력 20년, 영업부장을 끝으로 2003년 퇴직한 인물이다.

김홍일은 2008년 국회의원 선거 때 박상은 후보 선거캠프에 참여했다. 그는 선거 후인 2008년 12월부터 2009년 10월까지 박상은 국회의원 4급 비서관으로 등록되어 국회에서 급료를 받으며 박 의원 지역구인 인천 중·동·옹진군구 당원협의회 사무국장과 후원회 회계책임자 직을 겸임했다. 지구당 사무국장이라는 자리는 지역구를 생활기반으로 한 지역민이 맡는다. 생활기반이 서울인 김홍일에게는 맞지 않는 자리다. 그래서 11월 후임자가 선임되면서 사무국장 자리를 물러났다. 박의원 말로는 B형간염 환자여서 국회 신체검사에서 두 번이나 떨어져서 비서관 등록도 넘겼다고 했다. 이래서 그는 2009년 10월부터 2010년 10월까지는 후원회 회계책임자만 맡았다

후원회는 일이 없고 그러니 일정한 보수도 없다. 김홍일은 보좌관이나 비서관 할 나이를 넘어선 60대이다. 국회의원 박상은 사무실에서 유급 직원으로 일할 니이가 아니다. 그의 아내는 대구에 있는 한 대학의 교수다. 그는 일도 없이 인천에서 무위도식하느니 처와 함께 지내겠다면서 대구로 내려갔다.

그랬는데 2012년 6월 다시 서울로 왔다. 박상은 의원 후원회 감사를 맡고 있던 박동식이 서울에 와서 연구원 사무국장 하면서 다른 취업자리를 물색해 보자고 해서였다. 김홍일이 원하는 자리는 공공기업이다. 그 무렵 후원회 회계책임자가 공석이었다. 회계책임자는 선관위에 보낼 보고서에 서명을 맡고 있어 공석으로 둘 수가 없다. 그래서 박감사는 김홍일을 부른 것이다. "대구에 내려가 있으면 당신 취직은 물건너간 것과 마찬가지다. 곁에 있어야 박 의원이 부담을 느끼지 않겠냐"고 했다. 그래서 올라온 것이다.

박 의원은 알아볼 데라고는 공기업인데 그게 어렵다고 했다. 공기업 자리에는 대통령 선거에 기여했던 당료들도 줄을 서서 대기하고 있는데 박 대통령 측근도 아닌 비박계 박상은 의원에게 공기업 취업 주선은 어림없는 일이었다. 마침 한국학술연구원 사무국장이 사표를 내고 떠나 공석이 되었다. 박 의원은 우선 연구원에 가 있으라고 했다. 문제는 이 대목이다.

　재판의 쟁점은 박상은 의원 후원회 회계책임자인 김홍일의 연구원 취업이 단지 월급을 주기 위한 것인지 실제로 연구원 일을 했는지가 문제가 되었다. 검찰은 김홍일은 연구원 일은 하지 않고 후원회에 상근했다고 했다. 김홍일은 법정 증언에서 연구원 일도 했다면서 이렇게 말했다.

　(김홍일) 답 － 연구원 사무국장으로서 이사장을 보좌하면서 광고, 후원금, 기부금 모집 업무를 서포트하였습니다. 광고주 모집을 위하여 노력은 했으나 성과는 없었습니다.

　(검사) 문 － 다른 직원들과 업무협의를 한 일은 없다고 말하는데….

　답 － 다른 직원들과 업무관계로 교류할 일이 없습니다. 다른 직원들은 부하도 아니고 직속 상사도 아닙니다. 제가 하는 일은 이사장의 업무 서포트입니다.

　문 － 광고 유치를 위해 어떤 기업과 접촉했는지요?

　답 － 대한제당 오리콤 한진 등 여러 기업들입니다.

　문 － 무슨 일을 하였느냐는 질문에 특별히 한 일은 없다고 진술한 사실이 있는지요?

　답 － 의미의 차이인 것 같습니다. 저는 대한제당에서 영업만 20년 일했습니다. 그랬기 때문에 직원이라면 목표를 달성해야 된다고 생각했고, 제가 노력은 했지만 실적이 없기 때문에 그런 의미로 특별히 한 일은 없다고 한 것입니다.

　문 － 광고주 모집이나 기부금 모금 업무를 보좌하였다고 말했는데, 구체적으로 어떻게 보좌하고 도우는 것인가요?

　답 － 이사장이 이런 것 됐으니까 가서 만나보고 실무적인 일을 마무리하라고 하면 제가 전화하거나 찾아가서 일을 매듭짓고 보고를 합니다.

문 ― 엄저버지에 대한제당 오리콤 한진 등 기업의 광고가 있는데, 게재된 광고와 관련해서 구체적으로 증인이 어떤 회사의 담당자에게 전화해서 도와준 것이 무엇인가요?

답 ― 이사장이 누구를 만나라고 하면 가서 만나는 것입니다.

문 ― 누구를 만났는가요?

답 ― 예를 들면 대한제당의 경우 조용문 상무나 이추헌 사장을 만난 것으로 기억합니다.

문 ― 대한제당 이외에는 없는가요?

답 ― 오리콤도 방상길 회장을 찾아간 기억이 있습니다, 회장께 연락하고 회장이 만나보라는 실무자를 만나 일을 마무리하는 것입니다.

연구원 일을 실제로 했느냐, 하지 않았느냐를 두고 거의 비슷한 질문과 답변이 지루하게 이어졌다. 연구원에 출근도 하지 않았다는 검찰의 주장에 대하여 김홍일은 "연구원에 채용된 이후 2012년 7월 중순 연구원에 3회 갔고 그 이후에는 가지 않고 2014년 7월까지 인천의 후원회 사무실에 상근한 것은 사실"이라면서 "그러나 연구소는 상근해야 할 일은 없었다"고 말했다.

법원 기록으로는 다른 증언들도 출근하지 않았다는 점은 인정한 것으로 기록되어 있다. 연구원 부원장 이충묵은 "김홍일이 연구원에 출근한 사실이 없고, 연구원에서 담당한 업무도 없었으며, 근무하는 자리도 없었다."는 취지로 진술했다고 검찰조서에 기록되어 있다. 연구원 직원 허윤서도 연구원에서 세미나 또는 행사가 있을 때 가끔 방문해서 일을 조금 도와주는 정도였다."는 취지로 진술하였다.

이충묵의 증언은 더욱 검찰의 주장을 뒷받침했다. "김홍일 이전에 근무한 사무국장들은 부원장인 나의 업무를 보조하는 일을 하였고, 광고 모집 업무에는 관여하지 않았으며, 광고 업무는 유지연 직원이 담당하였다"고 진술한 것. 이에 대해 직원 허윤서는 "사무국장은 광고주 모집 등 영업하는 자리였는데, 김홍일의 전임자인 이영기 사무국장은 연구원에 상근하면서 이 일을 했다"고 둘의 진술이 엇갈리기도 했다.

김홍일이 연구원에 거의 출근하지 않았다는 것은 사실로 확인되었다. 김홍일은 출근은 하지 않았지만 연구원 일은 했다는 것이고, 검찰은 아무 일도 하지 않았다는 주장이다. 어느 쪽이 옳은 것인가?

한국학술연구원. ― 이름은 한국으로 시작되지만 그런 거창한 연구소가 아니다. 정부보조를 받는 준 정부기구도 아니고, 공공(公共)기관도 아니다. 1968년 연세대학교 김명회 교수가 설립한 작은 연구소다. 교수들이 공동연구도 하고 학술연구 발표의 자리를 만들어 주는 세미나도 하고 학술정보도 공유하자는 취지로 만들었다. 거기에다 거창한 꿈, 가난했던 교수들로서는 분에 넘치는 욕망 하나를 추가했다. 1년에 네 번 내놓는 영문 계간지 『KOREA OBSERVER』의 발행이다.

60년대의 한국, 가난, 전쟁, 고아, 그래서 밀가루, 옥수수 그리고 헌옷가지도 절실하게 원하는 후진국으로만 알려졌던 게 한국이다. 그 한국을 세계 사람들에게 역사가 있고, 문화가 있고, 교육도 있고, 근대화를 향한 질주도 시작했다는 것을 알리자는 욕망이다. 그래서 머리글자가 한국이다.

80년 무렵으로 기억했다. 이 연구소 원장을 맡고 있던 김 교수가 박상은을 찾아왔다. 연구소 사무실 임대료, 세미나 비용, 그리고 계간지 발행을 위한 지출은 물가를 따라 오르는데, 광고도 점점 어려워지고 각계의 지원도 도리어 줄어들고 있다고 했다. 연구소를 유지하는 일이 너무 힘들다면서 도움을 청한 것이다.

김 교수는 박상은이 존경하는 은사이다. 박상은은 대한제당의 설원봉 회장과 의논했다. 처음에는 사무실을 마련해 주고, 둘이 돈도 내고, 연결되는 선후배들에게 후원금을 얻어 지원하는 정도였다. 그러다가 97년, 이 연구원을 대한제당 기업이익의 사회환원 차원에서 키우기로 했다.

당시 김 교수는 2억 원 정도가 연간예산이라고 했다. 1억 원은 대한제당이 내고 1억 원은 박상은이 광고후원 등 일을 맡아 감당하기로 했다. 당시 박상은은 대한제당의 이사였다. 그러나 광고든, 협찬이든, 헌금(獻金)이든, 그런 것은 오래 지속되는 것이 아니다. 지원받을 수 있는 기간에 기금마련 등 자립기반을 구축해야 한다. 그런데 김 교수는 그 일을 못했다.

이래서 지원은 '구멍 난 독에 물 붓기'였다. 이거 어쩌지 다시 둘이 이 문제로 고민했다. 설 회장이 대한제당의 사회공헌 사업의 하나로 생각하자고 했다. '빈 독 물 붓기'를 계속했다. 해가 거듭되고 2009년 김 교수도 타계하면서 어느새 지원이 아니라 대한제당이 책임을 지고 경영해야 하는 연구소가 되어버렸다.

2010년에 설원봉 회장이 타계하고, 연구소는 박상은 의원 혼자서 감당해야 하는 연구소가 되었다. 그가 국회의원에 당선되고도 계속 유지한 유일한 직책이 한국학술연구원 이사장이었다. 그랬지만 연구원 이사장이라는 직책은 그에게는 무거운 짐이었다.

연구원의 수입원은 계간지 『KOREA OBSERVER』의 판매 및 광고 수입이어야 한다. 계간지도 잡지다. 잡지도 신문과 마찬가지로 광고로 살아간다. 방송은 수입원의 거의 전부라고 할 큰 몫이 광고다. 신문 잡지도 구독료는 원가 미달이다. 그 미달 분을 광고가 채워주어야 한다. 그런데 한국의 광고는 심한 불균형이다. 광고를 필요로 하는 언론매체는 성장(?)을 거듭해서 포화상태인 빨간 선을 넘은지 오래인데, 광고 총액은 불경기로 줄어들고 있다. 이 심한 불균형을 재촉하는 데엔 정부의 방송정책도 한 몫을 했다.

이른바 종합편성 채널을 허가하던 때 이명박 정부는 국내 광고비 총액을 부풀렸다. 방송통신위원회는 한국 기업들의 연간 광고비 총액을 근거로 제시했다. 그러면서 광고비가 이 정도 규모면 KBS 제2방송국 정도의 종합편성채널 4개가 신설되어도 광고 수급은 균형을 유지한다고 하였다. 그때 제시한 총액은 부풀린 것은 아니었을지 모른다. 경제 대국인 한국의 기업들이 새로 탄생하는 방송국 4개쯤은 먹여 살릴 수 있다고 방송위원회는 말했다.

그런데 여기에 속임수가 있었다. 광고 총액은 맞다고 해도 국내용 광고비로 하면 맞지 않는다. 단적인 예를 들면, 삼성의 광고비 중 60% 이상이 해외광고이다. CBS, BBC, NHK, 뉴욕 타임스, 르몽드도 삼성의 광고 매체다. 올림픽경기, 월드컵 경기 등 스포츠 국제대회가 열리는 구장(球場)도 삼성의 광고매체다. 우리는 해외에서 열린 축구경기장, 야구경기장, 수영경기장에 크게 나붙은 삼성의 광고들도 보았다. 어디 삼성만인가. 현대그룹, LG, SK 등 국내 대기업들은 모두 해외에 광고비를 쏟아 붓고 있다. 한국 대기업들의 광고비 총액에서 절반 가까이는 해외광고비다. 한국의 방송통신위원회는 이런 해외광고비를 외면했다.

지금 한국 언론들은 광고전쟁을 하고 있다. 신문, 방송만이 아니다. 인터넷신문, 각 지역신문, 인터넷 방송 등 1천을 헤아리는 매체에다 이른바 SNS도 이 시장에 뛰어들었다. 이 시장에서 방송이 왕이다. 방송이 가져가고, 신문이 가져가고, 주간지, 월간지 순서로 가져간다. 『KOREA OBSERVER』는 월간지도 못 되고 계간지이다. 그것도 한 글이 아니고 영문이다. 광고시장에서 평가하는 『KOREA OBSERVER』의 매체력은 제로에 가깝다. 광고전쟁에서 게임이 안 된다. 광고도 헌금도 줄어들면서 연구원은 오그라들었다.

김홍일이 맡았던 2012년 한국학술연구원 사무국장이라는 자리는 돈, 권력, 재미와 담을 쌓은 지 오래인 자리였다. 우선 사무국장이라지만 상근 직원도 2~3명 뿐, 연구원에 사무라는 게 별로 없다. 사무는 경리 담당 한 사람 몫도 미달이다. 사무국장의 일은 재정이다. 광고 영업과 각계의 지원을 끌어오는 것이 연구원이 바라는 사무국장의 기능이다. 이런 일이 가능할까?

사무국장 월급은 250만 원이다. 이런 일을 할 경력이나 능력이 있는 사람에겐 이 정도 월급으로는 어림도 없다. 우선 광고를 얻기 위해 허리를 90도 꺾을 용의가 있어도 찾아갈 광고시장이 없다.

그러면 왜 김홍일을 연구원 사무국장으로 썼는가? 연구원의 잡지 『KOREA OBSERVER』를 들고 사무국장이 찾아갈 광고시장은 이제는 없다. 연구원 사무국장이 찾아갈 수 있는 유일한 한 곳이 대한제당 그룹이다. 그것도 사무국장이면 아무나 다 가서 그 일을 해낼 수 있는 것도 아니다. 대한제당 출신, 다시 말해서 '제당 OB'라야 가서 말을 붙이고, 이번엔 너희 부서가 협찬을 해달라고 말을 열 수가 있다. 그래도 성공률은 그리 높지 않다. 그게 『KOREA OBSERVER』가 한국에서 갖는 형편없는 매체력이다.

검찰의 말로는, 김홍일이 연구원 사무국장이 되고도 연구원보다 인천 지구당 사무실로 가서 박 의원을 만났지, 연구원엔 잘 나가지 않았다고 말한다. 참 꼼꼼히도 탐정했다. 그래 맞다.

『KOREA OBSERVER』의 재정은 이사장 박상은이 혼자 떠맡고 있다. 광고는 시장으로 가서 시장의 논리로 접근하는 것이 아니다. 한국의 역사, 한국의 문화, 한국의 학문을 알리는 영문 잡지 하나는 그래도 있어야 하지 않겠느냐는 논리로 접근해야 한다. 광고 섭외가 아니라 협찬이고 후원 부탁이다. 그러자면 그 사람이 나를 알고 나도 그 사람을 아는 사이라야만 한다. 박상은에게는 '마당발'이라는 별명도 있다. 그 마당발로 뛰어서 『KOREA OBSERVER』지(誌) 재정을 마련해서 연구소의 명맥을 유지한다.

김홍일은 박상은이 후원받기로 약속된 기업을 알려주면 거기 찾아가서 지원을 받아온다. 또 이번엔 대한제당그룹의 어느 회사에 가서 누굴 만날 것인가를 박상은 이사장한테서 들어야 한다. 그러니 연구원 출근을 거의 안 하는 연구원 이사장 박상은을 찾아서 인천사무실로 가는 것이 사무국장의 일이다. 인천의 후원회 사무실에 상근하는 것이 연구원 일도 하는 것이라는 김홍일의 얘기는 이런 상황을 말한 것이다.

실제로 한 달에 며칠 사무실에 나간 것인가와 연구소를 위한 일의 양과는 상관관계가 일치하지 않는 것이 이 연구원이다. 우선 이사장이 한 달에 한두 번 나온다. 그렇다면 이사장도 일을 안 하는 것일까.

검찰은 박 의원이 국회 일만 하면서 이 연구원 명의로 승용차를 리스해서 사용한 것도 정치자금법 위반으로 걸었다. 이 문제를 다루던 법정에서 박상은 이사장은 이렇게 말했다.

"한 달에 한 번 정도 사무실에 나간다거나 하는 것은 별 의미가 없습니다. 광고주들의 관혼상제가 있습니다. 회사에 행사가 있으면 참석해서 측사도 해야 합니다. 저널이라서 외국에서 교수들이 오기도 합니다.

그럴 때면 자동차를 비행장에 내보내야 하고, 식사접대 때도 자동차를 보내 안내해야 합니다. 학술연구재단이므로 학술관계 회의가 있으면 참석해야 합니다. 단순히 밖에서 보는 것보단 일이 많습니다."

정치, 풍물

이제 국회의원 후원회를 살펴볼 차례다. 국회의원 후원회는 회장, 감사, 회계책임자, 직원으로 구성된다. 사무소에는 유급 사무직원을 2인까지 둘 수 있다고 법은 규정하고 있다. 국회의원의 후원금은 선거가 없는 해에는 1억5천만 원이 한계다. 국회의원의 후원금 규모는 대체로 1억 원 내외가 다수다. 1억 원 규모일 경우, 후원금 중 절반은 국회의원의 지역구 사무소 임대료 등 유지비로 나간다. 거기에 2명의 유급직원을 둘 경우 '후원회'는 '국회의원의 후원회'가 아니라 '후원회의 후원회'가 된다.

그래서 의원들 대부분은 지구당 사무실의 경리담당자가 후원회 회계실무를 맡는다. 회장, 감사, 회계책임자는 유급직이 아니다. 직원마저 지구당 직원이 겸직하면 후원회에 유급직원은 없다. 경리 1명을 둔 케이스마저 아주 특별한 예외다. 1년에 대기업 중간 간부 1인의 연봉 정도인 1억5천만 원을 한계로 해놓고 회장, 감사, 회계책임자, 직원 등 갖출 것 다 갖추게 해놓은 법은 현실과 이렇게 거리가 있다.

국회의원 후원회 회계책임자는 1년에 1~2회 정도 후원금 지출 내역을 집계하여 선거관리위원회에 보고만 하는 자리이다. 박상은 국회의원의 인천 중·동구·옹진군 지구당협의회 사무국장이던 김덕구는 법정 증언에서 이렇게 말했다.

"김홍일 사무국장이 후원회 업무를 담당하고 있지만 회계업무를 잘 몰라서 지구당협의회 경리직원인 유명임이 후원회와 지구당 사무실 회계업무를 모두 처리했다."

부연하면, 선거관리위원회에 보낼 회계보고서도 경리 직원이 작성하고, 김홍일은 그 문서에 서명만 하는 것이 일이었다는 증언이다. 김홍일도 후원회 회계책임자로서 업무를 처리하는 데 통상 하루에 얼마의 시간이 소요되는가를 묻는 질문에 "하루라고 말씀드리기는 뭐하고, 한 달에 3~4시간 정도입니다"라고 증언했다. 이런 자리에 월급을 준다고?

김홍일은 2008년 12월부터 2009년 10월까지 지역사무소 사무국장과 후원회 회계책임자를 겸직했을 때에만 지역사무소 사무국장 급료를 받았고, 사무국장 자리를 김덕구에게 넘기고 후원회 회계책임자 직만 맡았던 2009년 11월부터 2010년 10월까지는 급료를 받지 않았다. 2010년 10월부터 2012년 7월까지 후원회 회계책임자를 맡았던 이철수도 급료를 받지 않았다. 그런데도 1심 재판부는 김홍일의 연구원 월급은 연구원 사무국장으로서가 아니라 박상은 국회의원 후원회 회계책임자로서 받은 급료로 판결했다.

● 피고인은 김홍일, 김혜림, 김영목 등을 통하여 후원회를 사실상 지배 장악하고 있었던 것으로 보이고, 김홍일의 경력, 피고인과의 관계 등에 비추어 보면, 김홍일은 2012년 7월경부터 국회의원인 피고인에 종속된 위치에서 후원회 업무를 담당함으로써 피고인의 정치 활동을 보조하는 역할을 한 것으로 보인다.
● 피고인이 김홍일을 한국학술연구원 사무국장으로 채용하는 형식을 취한 것은 피고인이 연구원의 이사장으로 연구원을 위하여 김홍일

을 직원으로 근무하게 하기보다는 단지 피고인의 정치활동을 보조하는 김홍일에게 월급을 주기 위한 목적이었던 것으로 보인다.

● 한국학술연구원이 김홍일에게 급여 62,500,000원을 지급한 행위는 국회의원으로서 정치활동을 하는 피고인의 정치활동에 소요되는 비용을 부담한 행위로서, 피고인은 같은 금액 상당의 정치자금을 연구원으로부터 기부받았다고 인정된다.

2심 재판부도 1심을 수용했다

● 김홍일의 근무형태는 다른 회계책임자의 경우와 차이가 있다. 김홍일은 후원회 회계책임자들 중 유일한 상근자였으므로 후원회의 전반적인 업무를 총괄하였다.

● 김홍일은 연구원의 다른 사무국장과 달리 출근 자체를 하지 않았고, 연구원에 관한 기본 정보도 갖고 있지 않았으며, 연구원의 광고 수주 업무에 일부 관여하였다 하더라도 이는 업체들과의 연락에 관한 피고인의 지시사항을 수행하는 정도에 불과하였던 것으로 판단된다.

● 김홍일이 비서, 사무국장, 회계책임자 등으로 계속 근무한 것은 피고인이 대학 후배이자 대한제당에서 함께 근무한 인연이 있는 김홍일을 자신의 정치활동의 보조 인력으로 계속 기용한 데 기인한 것으로, 김홍일은 후원회 상근직원으로 근무하면서 후원회 업무뿐만 아니라 피고인의 다른 정치활동에 관하여도 피고인이 지시하는 업무를 수행하였다.

● 피고인이 지급받은 급여는 한국학술연구원이 피고인에게 정치자금으로 기부한 경우에 해당한다고 인정할 수 있다.

이 판결은 정치자금법과 후원회법에 충실했다고 평가할 수 있을까? 검찰, 법원 모두 김홍일은 박상은에 종속되어 정치보조를 했다고 했다. 별로 틀린 말이 아닐 수도 있다. 김홍일이 원한 것은 공기업의 임원이다. 나이는 60대, 내세울 최종 직책은 대한제당 영업부장이다. 2003년에 퇴직했으니 10년 넘게 실직상태로 지낸 셈이다. 공기업의 임원! 어림없는 환상이다. 김홍일이 자신을 알았다면(知己) 취업은 헛된 꿈이라는 것 쯤은 알 법한데 그것도 몰랐던 모양이다.

"2012년 4월 총선을 마친 후 대구로 내려가 쉬고 있었더니 박상은 의원이 취직을 시켜준다며 올라오라고 했다. 그래서 올라왔더니 박 의원이 '지금 당장 공사 같은 곳에 들어가기는 어렵다. 우선 연구원에 가서 기다리고 있으라'고 하였다. 그래서 2012년 7월부터 연구원으로부터 급여를 받게 되었다."

김홍일의 검찰 진술의 한 대목이다. 그의 검찰 진술이나 법정 증언 등을 보면 쟁점이 무엇이며 어떤 증언을 해야 하는지도 몰랐다는 것을 볼 수 있다. 정확히 말해서 멍청한 데가 보인다. 정치 보조! 그런 일을 아무나 하는 것도, 할 수 있는 것도 아니다. 한마디로 종속되는 입장이 아니라 독립적인 입장도 있어야 제대로 할 수 있는 것이 정치보조역이다. 그는 정치보조역도 적임이 아니다.

검사와 판사의 말 그대로 박상은에 종속된 김홍일이 할 수 있었고 한 일은 심부름이다. 학술연구원에서 그가 감당할 수 있는 일은 없었다. 사무는 일거리가 없고, 세미나 등의 주제 논의와 주제발표자 섭외, 토론자 섭외 등의 준비, 『KOREA OBSERVER』지(誌)의 교정이나 편집 같은 것도 그에게는 맞지 않는 옷이다. 그래서 그가 한 일은 이사장 심부름이다. 심부름이니 그의 포스트는 연구원의 데스크가 아니라 박상은 이사장의 곁이다. 그런데도 검찰에서 이사장 곁이 제 자리라는 조리 있는 반론도 못한 김홍일이다.

자격이 미흡한 김홍일을 사무국장으로 쓴 것이 박상은 이사장의 과오라고 말해야 할까? 글쎄… 법정 증언에서 검찰을 편든 부원장 이충묵의 얘기가 생각난다. 그는 부(副)자를 떼 달라고 이사장에게 청했다고 한다. 원장으로 격을 높이면 방도 따로 주고, 승용차도 주어야 하는데, 그것을 감당할 재정 형편이 아니라고 했단다. 그것이 불만이었고, 그래서 법정에서 반 박상은, 반 김홍일 편에 섰다. 결과는! 지금 연구소 자산은 사무실 보증금 8백만 원뿐, 그리고 3백만 원짜리 월세살이라고 한다.

김홍일은 박상은 국회의원 후원회 회계책임자였다지만, 지구당 당원협의회 사무국장이던 김덕구의 증언처럼 '김홍일은 회계도 몰라 당원협의회 경리 김혜림이 회계업무를 다 했다.' 김홍일이 한 일은 김혜림이 작성한 회계문서에 회계책임자 서명을 하는 것 정도였다. 그의 법정 증언 그대로 후원회 일은 한 달에 3시간 정도 일거리다.

지구당 사무실 구석진 곳에 놓아준 그의 의자에 앉아서 그가 행한 주된 일은 후원회 일이 아니라 대학동창의 연락, 대한제당과의 소통 등, 박상은 의원의 비정치적 일들을 했다고 헤아리기 어렵지 않다. 연구원이 준 월급은 연구원 일도 포함된 박상은 국회의원 심부름, 학술연구원 박상은 이사장의 심부름이다. 대학동창들의 근황을 챙기고, 연락도 하고, 제당과 소통하는 일은 국회의원 박상은의 일이기보다 학술원 이사장 박상은의 심부름 성격이 더 많다. 그런 측면에서 보면, 그의 심부름에서 후원회 일은 거의 제로다.

박상은 의원에게 김홍일은 무엇이었을까. 정치 주변, 어느 측면은 삭막하다. 이익이 바탕이고, 이해가 충돌하고, 이익이 사라지면 떠나거나 자칫 적이 되기도 한다. 김홍일은 박상은에게는 30년 정을 쌓은 후배이다. 그래서 편하다. 편한 상대, 그게 김홍일이 아니었을까?

박상은 국회의원 후원회도 깔끔하다고 할까 박상은다운 면이 보인다. 우선 회장은 고향 친구다. 감사, 회계책임자 모두 대한제당 OB다. 회장은 건강이 좋지 않아 감사 박동식이 사실상 회장역도 맡고 있었다. 김홍일의 전임 이철수 역시 대한제당 OB이고 대한제당 협력업체를 운영하고 있다. 이철수는 2001년 무렵 건강이 나빠져서 회계책임자 자리조차 감당하기 어렵다고 한 것을 박동식이 마땅한 후임자가 없다면서 눌러 앉혔다. 그러다 장기 요양이 필요하다는 진단을 보고서야 이철수를 놓아주고 역시 대한제당의 OB 김홍일을 불러들였다. 후원회 이름으로 다른 짓은 절대로 하지 않을 사람들, 정치자금의 잡음은 없을 그런 후원회 구성이 아니었을까. 구성에서 그런 면이 보인다.

한국학술연구원은 작고 초라한 연구소이다. 국회의원에게 정치자금을 줄 능력도, 정치자금을 바쳐서 얻을 이익도 없다. 어쨌거나 이 사안의 당사자들에게 정치자금법 위반 혐의를 걸 수도 있다는 것을 이 멤버들이 상상이라도 했을까? 한국학술연구원엔 기금도 없다, 그러니 이자소득도 없다. 정부 보조, 당연히 없다. 연구소의 재정은 유력 후원자였던 설원봉 회장이 타계한 뒤 박상은 이사장의 몫이 되었다. 혼자 감당해야 하는 짐이다. 박상은 이사장이 벌어오는 돈으로 월급도 주고 세미나도 한다. 박상은 국회의원이 연구소에 김홍일의 급료를 떠넘겼다면 그것은 박상은 의원이 박상은 이사장에게 떠넘긴 것이 되는 셈이다.

박상은은 연구원 이사장이면서 동시에 원장 일도 맡고 있다. 그렇지만 월급도 활동비도 받지 않는다. 그런데 한국학술연구원 이사장 박상

은이 벌어서 김홍일에게 준 급료가 국회의원 박상은이 받은 불법정치
지금이 되어 국회의원직을 박탈하는 구실이 된다? 이런 희한한 법률이
과연 있기나 한 것인가. 엄격하기로 유명한 한국의 정치자금법이지만
이런 케이스를 법으로 다스리라는 것이 한국의 현행 정치자금법일까?
결코 아니다, 라고 나는 단언한다.

동일한 혐의 14인 중 1인만 기소한 검찰

"피고인은 해운조합 회장 김시전으로부터 정치자금 300만 원을 받으면서 영수증을 교부하지 않았다. 이로써 정치자금법에 정하지 아니한 방법으로 300만 원의 정치자금을 받았다."

1심에서 대법원까지 유지된 판결이다.

해운조합은 국내 연안(沿岸)을 운항하는 여객선과 화물선 선주들의 단체다. 그렇지만 국회와는 거리가 멀다. 그들이 국회에 올 일도 별로 없고 국회가 그들을 찾은 일도 없었다. 마치 버스조합이 국회에 별 볼일 없는 것과 비슷하다. 그래서 국회의원들은 해운조합은 알아도 거기에 근무하는 사람들은 잘 알지 못한다. 박상은 의원도 해운조합에는 차 한 잔 나눈 사람도 없다고 했다. 그런데 검찰이 해운조합의 선거후원금을 받았다고 걸고 나오니, 정말이지 느닷없는 일이라고 했다.

그 사연은 이랬다.

해운조합은 2012년 3월 14일 회장단도 참석한 2012년 제1회 이사회 후 이사장과 회장단의 비공식적인 모임과 간부진의 협의를 거쳐 국회의원 후보들에게 후원금을 전달한다는 방침이 정해졌다고 했다. 검찰의 기록에는 후원할 의원 후보로 대충 15명을 선정했다고 되어 있다. 검찰은 박상은 의원도 그들이 정한 15인 후보 중의 1인으로 300만 원의 후원금을 받았다고 주장했다. 박 의원은 수수 사실을 완강하게 부인했다, 사실에 다가가 보자.

박상은 후보에게 후원금을 주었다고 말하는 사람은 해운조합의 이인수 이사장과 김시전 회장 두 사람이었다. 처음에는 둘 다 박상은 의원에게 후원금을 준 사실은 없다고 말했다. 그러다가 검찰의 거듭된 심문에서 돈을 전달했다고 말을 바꿨다, 이사장 이인수의 검찰 심문은 이렇게 기록하고 있다.

(검사) 문 ─ 최근 언론에 자주 보도되는 바와 같이 피의자나 해운조합 차원에서 조합 재산으로 정치권이나 정부기관 공무원들에게 해운조합이나 해운업계의 이익을 위해 후원금이나 기타 선물, 접대 등 금품과 향응을 제공한 사실이 있는가요?

(이인수) 답 ─ 지금 오래된 일이고 해서 자세히 기억나지 않고 기억을 더듬어 봐야 할 것 같습니다. 제가 최근 언론을 자주 보다보니까 박상은 의원 이름이 자주 등장하는데, 저도 기억을 더듬어 보니 2012년 총선 전에 해운사(海運社)를 운영하고 정책과 밀접한 관련이 있는 회장 부회장 등 회장단에서 제안해서 박상은 국회의원 후보자에게 후원금 3백만 원을 준 사실은 있습니다.

문 ─ 피의자는 그동안 조합 자금으로 정치인 등에게 후원금 등을 준 사실이 없거나 기억이 나지 않는다고 하다가 박상은 의원에게 후원금을 준 사실에 대해 기억난다고 하면서 진술하는 이유는 무엇인가요?

답 ─ ….

그러나 그는 돈을 준 사람은 김시전 회장이라고 주장했다. 김시전 회장은 되풀이 되는 심문에서도 기억이 없다고 하다가, 이인수 이사장이 돈은 회장 당신이 전달했다고 말한다는 집요한 검사의 추궁에, 이 사장이 그렇게 말한다니 그런 것도 같다고 한발 물러섰다. 그러나 돈을 준 사람은 자신이 아니라 이인수 이사장이라고 이렇게 말했다.

"예, 저는 박상은 의원을 처음 만났습니다. 그래서 이인수 이사장에게 당신이 전하시오, 그렇게 말했을 것입니다."

두 사람의 진술이 엇갈리자 대질심문을 했다. 대질심문에서 이인수는 이렇게 말했다.

"당시 회장단 회의를 마치고 제가 보관하고 있던 박상은 의원에게 전달할 후원금 봉투를 제 방에서 김시전 회장에게 전달한 것으로 기억하고 있습니다."

김시전은 대질심문에서 개소식 날 부회장 3명 등 다섯 사람이 봉고차로 박 의원 선거사무실에 갔다고 진술했다. 그러면서 그는, 나는 기억이 흐리지만 이사장이 그렇게 말하는 것이 맞는 것 같다면서, 자신이 전달했다는 이인수의 주장도 받아들였다. 검찰은 이 둘의 주장을 증거라고 했고, 재판부도 시종 검찰의 증거를 인정했다. 바른 판단일까?

우선 김시전은 돈을 전달하던 때 누가 있었는지 등 당시의 상황에 대해 제대로 진술하지 못했다. 더욱이 만난 장소가 4층 사무실인데 1층이라고 진술했다. 그는 박 의원 선거사무실은 4층이었다고 여러 차례 지적해도, 김시전은 시종일관 "내가 돈을 전달한 장소는 1층 사무실"이라고 이렇게 진술했다. "지금 기억으로는 1층 같은데 … 엘리베이터를 탄 기억은 없습니다."

검찰의 심문기록에도 허점이 많았다. 검찰 조서는 해운조합 회장단이 박 의원 선거사무실에 간 날을 이사회와 회장단 회의가 있던 3월 14일로 기록했다. 그런데 이 기록대로면 공천도 받지 아니한 후보자에게 후원금을 전달한 것으로 된다.

새누리당의 19대 국회의원 공천은 박근혜 대통령 취임 직후 치러진 선거이다. 친이와 친박계 간의 경쟁에다 현역의원 25% 컷 오프 등 기준까지 만들어져 많은 친이계 의원들이 공천에서 탈락했다. 박 의원도 친이계로 분류되어 공천탈락설이 나도는 등 공천이 불확실했고, 현역이었음에도 경선을 거쳐야 했다. 이 때문에 공천은 가장 늦은 3월 19일에야 확정되어 발표되었다.

선거사무소 개소식은 3월 21일 인천 중구 사동 한일빌딩 선거사무소에서 가졌다. 재판 과정에서 이 사실이 밝혀지자 검찰은 돈을 전달한 날을 3월 14일로 표기했던 공소장을 3월 21일로 바꿨다.

여기에 치명적인 모순이 있다. 이사장 이인수는 "회장단 회의를 마치고 제 방에서 박상은 의원에게 전달할 봉투를 김시전 회장에 주고 함께 갔다…"고 했고, 여기에 근거해서 3월 14일로 기록했다. 이사회와 회장단 회의가 열렸던 날은 3월 14일이다.

그러나 김시전 회장의 말대로 개소식 날이면 3월 21일이다. 김 회장은 이사장 이인수와 부회장 3명 등 5명이 봉고차로 개소식에 참석했다고 진술했다. 당시 동행했다는 다른 부회장들의 법정 증언에서도 해운조합 관계자들이 간 날을 개소식 날로 기억했다. 이것은 "제 방에서 봉투를 김시전 회장에게 주었다"는 이인수의 증언이 사실과 다르다는 증거들 중의 하나이다.

부회장들의 법정 증언도 갈렸다.

판결문에는 돈을 전달했다는 뉘앙스의 증언들만 수록되어 있다. 부회장 고성원은 "모친상을 당해 이사회엔 나가지 못했고, 나중에 후원금을 주기로 한 사실을 들었고, 다른 부회장한테서 박 의원 선거사무소에 들러 300만 원을 전해 주었다는 말을 들었다"고 했다.

부회장 박성진도 김시전, 이인수 그리고 이용섭 부회장 등과 함께 박상은 후보 선거무소에 같이 들어갔다가 김시전 회장이 돈을 전해 주었고 자기들은 먼저 나왔다고 했다. 먼저 나왔다는 것은 돈을 전해주는 것을 보지 않았다는 얘기이다. 그런데도 그는 돈을 전했다고 증언한 것으로 2심 판결문은 기록하고 있다.

변호인의 증인 심문에선 반대되는 증언도 있다.

부회장 이용섭은 이인수 이사장의 증언을 확실하게 부정했다

(이용섭) 답 ― 김시전, 이인수 이사장 등과 함께 박상은 후보자 사무실을 방문하였을 당시 후보자에게 현금을 전해 준다는 목적으로 간 것이 아니라 단순히 인사차 간 것이었습니다. 그때는 사무실을 개소하고 공천도 막 끝나서 그런 시기로 압니다. 그래서 사람들이, 불특정 다수가, 사무실에 많이 왔다 갔다 하고 그런 시기였습니다.

(변호인) 문 ― 김시전 회장도 주었다고 말하고 있어요.

답 ― 처음에는 자기도 기억이 안 난다고 그러더니 나중에 이인수가 "회장님 드렸다"고 자꾸 해서, "자기가 그 분위기로 주었다고 할 수 밖에 없었다"고 저한테는 그렇게 이야기를 했습니다.

2012년 당시 해운조합 경영본부 기획운영처장으로 국회 업무를 총괄했던 고덕진은 검찰 심문에서 후원금 얘기가 있었던 사실은 인정하면서 이렇게 증언했다.

문 ― 이인수 이사장 등이 후원금을 지급한 국회의원 후보자는 누구
였나요.

답 ― 제일 먼저 저희 조합이 소재하고 있는 강서 지역구 후보였던
모 의원에게 기재경 사업본부장이 그 의원과 친분이 있었고 또한
농림수산위로 배정될 수 있으니까 후원금을 지원하자고 하여 지
급하였고, 이인수 이사장과 고시 동기인 인천지역구 후보자인 모
의원, 인천 부평갑 후보자이며 조합의 전 이사장이던 정유섭 의원
에게 지급하였습니다.

　또한 부산 지역구 후보자인 모 의원에게, 여수 지역구 후보자인
모 의원에게, 제주 지역구 후보자인 모 의원에게, 완도 지역구 후
보자인 모 의원에게 각각 전달하였으나, 대구 지역구 후보자인 모
의원은 국토해양부 차관이었으나 출마를 위해 물러났으며 이인수
이사장과는 고시 동기여서 나중에 이인수 이사장이 전달한다고
하였는데 실제로 전달하였는지는 모릅니다. 인천 지역구 후보인
박상은 의원과 김시전 회장 자신의 거주 지역 의원이자 딸의 친구
라고 평소에 말을 한 부산 지역구 후보인 모 의원은 후원금을 주
었는지는 기억이 희미하며 후원 대상에 포함된 모 의원은 단일화
가 이루어져 후원금을 지급하지 않았던 것으로 기억합니다. 또한
이인수 이사장이 당시 사이가 좋지 않은 해운조합 전 이사장인 정
유섭 의원에게도 후원금을 줄 필요가 있냐고 하였으나 결국에는
지급한 것으로 알고 있습니다.

문 ― 후원금은 300만원씩 주었다는 것인가요.

답 ― 네. 그리고 나중에 전달되지 아니한 후보자가 있었는데 총선
직전 사무실에서 이인수 이사장이 사내 전화로 전달되지 아니한
후원금을 자신이 알아서 지급하겠다며 전액 달라고 하기에 제가

재무팀장 정영철로부터 돈을 받아 전달했습니다.

〈고덕진은 모두 이름을 밝혔으나 검찰이 법원에 낸 심문조서에는 박상은 정유섭 두 의원을 빼고는 모두 '모'로 표기해 실명을 감춰주었다. 고덕진이 말하는 의원들, 강서을은 김성태 의원, 이인수 이사장과 고시 동기라는 인천의 모 의원은 박남춘 의원이다. 더불어민주당 소속인 박 의원은 해수부 총무과장 그리고 노무현 청와대 비서실의 인사수석도 지낸 해운관료 출신이다.

부산 지역구 후보자는 부산 영도구의 이재균으로 해양수산부 차관 출신이다. 여수 지역구는 여수시장을 지낸 주승용 의원으로 민주당 소속이다. 완도 지역구 역시 행정관료 출신인 민주당 소속 김영록 의원이다. 제주 지역구 후보자는 김우남 의원이다. 이인수 이사장과 고시동기로 극회의원 출마를 위해 국토해양부 차관에서 물러났다는 대구 지역구는 김희국 의원이다. 김시전 해운조합 회장의 따님 친구라는 부산 지역구는 연재구 출신 김희정 의원이다.

고덕진이 말하는 여섯 의원은 자금 전달을 한 후 전달했다고 국회 담당 책임자인 고덕진 기획운영처장에게 통보한 의원 명단이다. 이들 중 박남훈 이재균 김희국 정유섭 등 네 명의 의원은 모두 해양수산부 고위직을 지냈고 해운 및 수산부문을 담당하는 국토해양위원회와 농수산위원회에 소속되어 있었다.

이인수의 수사 뒷얘기에 의하면 해운조합 이인수 이사장은 재임기간 골프에 엄청난 공금을 썼는데 이들 해운관료 출신 국회의원들은 이 골프 접대의 단골이기도 했다는 것. 그 얘기와 함께 학맥 얘기가 나온다. 특별수사팀장 송인택 차장검사, 이인수 해운조합 이사장 그리고 해운관료 출신의원이 학맥으로 연결된다는 것, 그리고 그 학맥이 이러쿵 저러쿵 수사방향에 영향을 주었다는 얘기다.

그건 어쨌건 이인수 골프친구 의원들은 선거후원금을 받았다는 확실한 증언이 있는데도 깔아뭉개고 골프는커녕 해운조합 사람과 차 한 잔 같이 마신 일도 없는 박상은 의원에게, 그나마 일면식도 없고 그날 처음 만난 해운조합 회장이 후원금을 전달했다고 검찰은 기소했고 법은 유죄판결을 했다.

해운조합 관계자들은 모두 세월호 침몰사건 직후인 2014년 4월 하순께부터 검찰의 수사를 받고 있었다. 이인수는 해운조합 이사장직 임기를 마친 후 인천항만공사 항만위원장으로 자리를 옮겨 있었으나 해운조합 재직 때의 업무로 검찰에 연행되어 조사를 받고 비리가 드러나 구속되었다.

"인천지검 해운비리 특별수사팀은 해운조합 재직 당시 조합비 등 수억 원을 횡령한 혐의(업무상 횡령, 업무방해)로 이인수 인천항만공사 항만위원장(60. 전 한국해운조합 이사장)을 구속기소했다고 6일 밝혔다.

검찰에 따르면 이 위원장은 해운조합 법인카드 1억 원과 부서 운영비 7천200만 원을 개인적인 용도로 사용하고, 출장비 명목으로 3천800만 원을 빼돌리는 등 총 2억6천200만 원을 횡령한 혐의를 받고 있다. (중략)

이 위원장은 해양수산부 해운물류본부장과 부산지방해양수산청장 등의 요직을 두루 거친 뒤 2010년 해운조합 18대 이사장에 임명되는 등 해수부 고위 관료 출신으로 민간 협회 등에 포진한 '해피아'(해양수산부+마피아) 중 한 명이다."

경기일보의 7월 7일자 보도이다. 이 보도대로 그는 6월 16일 구속영장이 발부되고 구속 기소되었다. 그가 박상은 의원에게 후원금을 준 기억이 없다고 진술하다가 "…언론에 이름이 자주 등장하는데, 저도 기억을 더듬어 보니까 …"라며 진술을 바꾼 것은 구속된 후인 6월 23일로 검찰조서에 기록되어 있다.

김시전 회장도 검찰의 조사를 받고 있었다. 특히 김 회장은 화물선에 대한 정부의 유가(油價) 보조를 더 받기 위해 자신의 화물선 유류구입 톤수를 부풀린 것이 드러나 기소되어 선고받은 8개월 징역형의 집행유예 기간 중이기도 했다. 검찰은 후원금 지급에 대한 강도 높은 추궁을 되풀이했고, 두 피의자는 극도로 위축된 상태에서 검찰의 추궁을 시인한 정황을 헤아리기 어렵지 않다.

후원금을 주었다고 진술하는 것은 이 두 사람뿐이고, 비리에 연루되지 않아서 조사에 시달리지 않은 부회장들은 모두 후원금을 준 기억은 없거나 모른다고 진술하고 있는 것도 이런 헤아림을 뒷받침하고 있다.

검찰심문 기록에서는 전달을 확인한 후보자는 6명이라는 것, 그리고 후원금 전달 주역은 이사장이라는 것도 확인되었다.

해운조합에서 조합장은 선주의 1인으로 조합을 대표하지만 업무를 챙기지 않는다. 해수부 등 정부 관계기관과 국회업무 등 조합의 대외업무 역시 이인수 이사장이 담당하여 직접 수행하고, 지휘 · 감독 · 통제한다. 국회의원 선거 때 후원금을 전하기로 한다면 주역은 이인수 이사장이다. 다른 임원이 전달하는 경우란 후보자와 특별한 관계가 있을 경우뿐이다.

우선 김시전 회장은 박상은 의원과 일면식도 없었다. 이인수는 박상은 의원과 면식이 없고, 김시전 회장이 박상은과 친분이 있는 사이라면 이인수가 봉투를 김시전에게 넘길 수도 있었을 것으로 생각할 수도 있다. 그런데 그 반대다. 당시 이인수는 해양수산부가 국회상임위원회에 나가 업무보고를 하던 때 해운조합을 대표해서 상임위에 출석하므로 박상은과 안면(顔面)은 있었지만, 회장 김시전은 박상은과 일면식도 없었다. 이인수가 후원금을 회장더러 전달하라면서 봉투를 넘길 이유가 도무지 없다.

그뿐 아니다. 김시전은 '돈은 김시전 회장이 주었다'는 진술을 받아들이면서도 돈을 전달한 사무실은 1층이라고 진술했다. 박상은 의원의 선거사무실은 4층이었다고 여러 차례 지적해 주어도 김시전은 시종일관 "내가 돈을 전달한 장소는 1층 사무실"이라고 진술했다.

김시전이 선거사무소를 1층으로 기억하는 것은 비슷한 시기 개소식을 했던 부평갑구 정유섭 의원의 선거사무소와 혼동한 것으로 짐작되었다. 정유섭 의원은 해운조합 이사장 출신이어서 김시전 회장과 친분이 있는 사이다. 정 의원의 선거사무실은 1층에 자리해 있다. 따라서 이인수가 지니고 있던 봉투를 김시전 회장에게 전달하라면서 건네준 일이 있다면 정윤섭 의원 선거사무실을 가던 때였으리라는 추리가 가능하다. 김시전 회장이 내가 돈을 전한 사무실은 1층이라고 완강하게 주장한 것은 300만 원 후원금 전달은 단 한 차례였고, 그것은 이사장 출신으로서 자신과 친분이 두터웠던 정윤섭 의원 선거사무소에 간 때라는 풀이가 상식적이고 합리적인 판단 아닌가?

해운조합의 자금을 선거 후원금으로 내는 것은 불법이다. 그래서 2012년 해운조합이 마련한 후원금은 회장단 이사 등이 출장 또는 순시 명목으로 돈을 타내서 마련한 돈이다. 돈을 마련한 것은 편법이지만, 이를 합법적으로 쓰려면 김시전 회장이건 이인수 이사장이건 후원금은 개인으로 내고 영수증을 받아야 한다. 물론 영수증을 받아도 그건 개인으로서 후원금을 낸 것이기 때문에 조합에 낼 필요가 없다.

그렇지만 이런 방식으로 하여 조합이 영수증을 확인한다면 돈이 제대로 전달되었는지 확인할 수 있다. 그런데 조합이건 협회건 이런 방식으로 후원금 전달을 확인하는 케이스는 거의 없다. 그러니까 해운조합의 후원금은 영수증을 받지 않는 돈이다. 영수증을 받지 않으니 안 주고도 준 것으로 해도 아무도 모른 채 넘어간다. 검찰 조사대로라면 이인수 이사장의 탐욕이 돈을 전달하지 않고 전달한 것으로 했을 가능성도 높다. 그런데도 검찰은 이 부분 역시 조사하지 않았다. 검찰의 심문기록은 준 기억이 없다는 이인수를 주었다고 말하도록 이끌고 강요한 흔적만 있을 뿐이다.

검찰은 해운조합이 후원금을 전달하기로 한 국회의원 후보는 15명이라고 기록했고, 언론매체들도 이런 검찰 발표를 보도했다. 15명 중 1인은 단일화로 출마를 포기하여 명단에서 빠졌다. 그러니까 검찰 기록상으로는 받은 사람은 14명이다. 그런데 투표 직전까지 전달하지 못한 후보가 3~4명 있었다. 이인수 이사장이 투표 직전 전달하겠다면서 돈은 받아갔지만 전달하지 않았을 가능성이 높으므로 받은 사람은 6명 내지 10명으로 줄어든다. 그런데 이 부분도 검찰은 완전히 외면했다.

검찰은 박상은 의원에 대한 것만 집중 추궁하여 기소하면서 다른 13명에 대해서는 아무것도 하지 않았다. 입건은커녕 조사조차 하지 않았다. 혐의에서는 14명 모두가 동일한데, 다른 13인에 대해선 조사조차 하지 않으면서 유독 한 사람만 기소하는 것을 정당한 '기소권 행사'라고 할 수 있는가?

더욱이 주었다는 진술도 처음에는 부인하다 구속된 후 번복 진술하고, 그나마 두 사람의 진술에서 전달했다는 날자가 명백하게 다른 것 등 허위로 의심할 증거도 보인다. 그렇다면 보다 정확한 사실을 알기 위해서라도 다른 13명에 대해서도 조사해야 사실에 더 가까이 다가갈 수 있을 텐데도 검찰은 사실에 다가가기 위해서 할 수 있고 해야 할 최소한의 일도 하지 않고 진술의 모순을 덮은 채 기소하고 있다. 이것은 박상은 의원이 법의 보호를 받을 수 있는 기본적 권리를 유린한 처사이기도 하다.

정치자금은 비밀스레 전달할 필요 없다는 이상한 판결문

후원금 봉투를 건네지 않았을 객관적 정황도 더 있다. 그날 선거사무소 개소식은 5층을 잠시 빌려 그곳에서 식을 하고 4층 사무실은 일시 집기들을 구석자리에 밀어놓고 다과를 나누며 담소하는 자리로 했다. 김시전이 돈을 전달했다는 4층 방은 선거사무실로 들어서면 바로 보이는 개방된 자리다. 탕비실과 화장실 앞이어서 사무실 테이블 곁으로 사람들이 많이 지나다니는 길목이기도 했다. 특히 그날은 개소식날이어서 파티션 등 칸막이조차 하지 않은 상태였다고 했다.

개소식 날은 온종일 사람들로 붐빈다. 당원과 지지자들, 공천경쟁을 했던 예비후보들뿐만 아니라 신문 방송 인터넷 신문의 기자들, 민주당 등 총선에서 경쟁할 상대후보들의 운동원들까지 개소식을 살피기 위해 축하객들 틈에 끼어 있다. 그뿐이 아니었다.

그날은 선거관리위원회 감시원 4명까지 지켜보고 있었다. 당시 선거관리위원회는 장관훈이 박상은 의원을 선거법 위반으로 고발한 사안을 조사한 뒤 박상은 의원의 선거법 위반 혐의를 검찰에 고발하고 특별관리라는 명목으로 개소식을 지켜보고 있었다.

선거사무소에는 선관위 직원 4명이 선거관리위원회 로고가 새겨져 있는 유니폼을 착용하고 캠코더까지 휴대하고 선거법 위반 사례가 발생하는지를 감시하고 있었다. 그날 감시를 나왔던 선관위 직원 정인휘는 법원에 제출한 사실 확인서에서 "본인은 2012년 3월 21일 오후 5시경까지 피고인의 선거사무소에 있었고, 선거감시단원임을 알 수 있는 단복을 입고 있었다"고 증언하고 있다,

선거사무소 관계자들을 개소식에 온 많은 이들의 눈에다 선거관리위원회 감시단까지 지켜보고 있던 상황이었다. 받지도 않았겠지만 만약 주려던 사람이 있었다고 해도 봉투 같은 것은 꺼낼 수 없는 분위기였다고 했다.

1심 재판부는 개소식 날이어서 칸막이 파티션을 일시 치웠지만 오후엔 한 개는 설치해 있어 봉투를 전달할 수 있을 만치 차단되어 있었다고 했다. 2심재판부는 더 기이한 논리를 폈다.

"300만 원의 현금을 정치자금으로 기부하는 것은 1인당 기부한도 내 금원으로 정치자금법에 위반하는 행위가 되지 않고, 다만 정치자금 영수증을 교부하지 아니하였기 때문에 불법정치자금에 해당하게 되는 것이다. 그러므로 피고인으로서는 위 금원을 비밀스럽게 받아야만 하는 것도 아니었다. 300만 원을 전달하였다고 주장하는 장소가 다른 사람의 시선을 피할 수 없는 공개된 장소이기 때문에 김시전 등의 진술이 신빙성이 없다는 취지의 피고인 주장은 그대로 받아들일 수 없다."

앞서 말한 대로 해운조합의 자금은 편법으로 마련한 돈이다. 그래서 은밀하게 전달한다. 전달자도 수수자도 모두 다른 사람의 눈을 꺼리는 돈이다. 2심재판부의 유죄판결을 위해 갖다 댄 논리는 참으로 어처구니가 없다.

당시 박상은 의원의 선거사무실은 선거법 노이로제라고 할 정도로 선거법을 의식했다. 연이은 두 사건 탓이다. 그 하나는 이른바 과태료 부과 사건이고, 다른 하나는 과태료 대납설이다. 대한제당 임원 한 분이 3월 11일 박상은의 지구당 사무실에 들렀다가 직원들에게 법인카드로 저녁을 샀다. 이것을 공천 경쟁자가 고발하는 바람에 선관위가 조사에 착수하고, 식사대접을 받은 이들이 선거법 위반으로 과태료 각 139만 원을 부과당했다. 사단은 여기서 끝나지 않았다. 이른바 과태료 대납설이다. 장관훈 등이 대납을 고발했다. 또 다른 하나는 구의원 공천에서 불리한 순번을 주었다고 해서 반발한 장관훈의 정치지금법 위반 혐의 고발이다. 선관위가 조사에 나서고 검찰도 내사에 들어가 있었다. 경인일보, 뉴 데일리 등 일부 미디어는 이 사건을 보도하면서 박상은 의원은 이런 사건 탓에 공천이 취소될지도 모른다는 뉘앙스의 보도까지 했었다.

선거일이 다가오고 있는데 선거법 위반 혐의로 어수선해지면서 선거사무실은 긴장했다. 선거사무소 직원이 유의해야 할 사항을 체크하고 직원 모두 유의하도록 당부했다고 한다.

점심 등 식사는 선거비용 계좌에서 지급하는 지정식당만을 이용한다. 선거사무소를 방문하는 유권자에게 식사를 제공하는 것도, 그들로부터 식사대접을 받는 것도 금기다. 후원금을 내겠다는 분에게는 후원회 계좌번호가 기재되어 있는 명함을 건네고 은행계좌에 임금해 주도록 부탁하라는 등 선거법을 엄수하라는 지침이 지구당 직원들에게 내려져 있었다.

박 의원은 법정 증언에서 해운조합의 선거후원금을 터무니없다고 일축했다.

(검사) 문 ― 해운조합 회장단 이사장 방문을 받고 봉투를 받은 사실

이 있는가요?

(피고 박상은) 답 ― 없습니다.

문 ― 만난 사실은 있는가요?

답 ― 그것도 2년 전 일이어서인지 기억이 나지 않습니다. 검찰 수사
기록을 보니 왔다고 하는데, 선거기간에는 바쁘므로 왔다 하더라
도 정확히 기억하기 어렵습니다.

문 ― 친분이 있는가요?

답 ― 없습니다.

그리고 이어지는 심문에서 선거사무실 벽도 유리로 투명하게 한 것
은 선거사무실에서 은밀한 일이 이뤄질 수 없도록 하려는 것이 목적이
었다면서, 친분도 없는 사람들로부터 현금을 받지 않는 것은 상식 아
니냐고 반문했다.

새누리당 인천 중·동·옹진군구당 부위원장 이정옥은 1심 법정 방청
석에서 겪었던 일을 이렇게 증언했다.

"해운조합의 후원금에 관해 법정 증언할 때였다. 해운조합 김시
전 회장이 증언하고 있을 때 해운조합 이인수 이사장이 법정 문을
살며시 밀치고 귀를 기울이고 있었다. 증언 때 같은 사안에 대한
증언자는 법정 밖으로 나가 있어야 한다. 김시전이 증언 후 나와서
나란히 의지에 앉게 되었다.

내가 '박상은 의원은 후원금을 받지 않았다는 것을 회장님은 알
고 있지 않는가. 그런데 왜 애매하게 말하느냐'고 물었다. 그러자
그가 말했다. '박상은 의원께는 죄송한데 … 나는 끝까지 안 주었
다고 했지만 이인수 이사장이 검찰조사에서도 줬다고 다 해놔서 어
쩔 수 없이 나도 그냥 주었다고 할 수 밖에 없었다.'

내가 정색을 하고 말했다. '한 분의 정치생명이 걸린 일인데 사실을 분명하게 말씀하셔야지 그러시면 안 되지요.'

그러자 그가 말했다. '박 의원은 백그라운드가 좋은 분이니 이런 정도는 넘어갈 수 있지 않겠소? 의원님께 잘 말씀해 주시오.'

1심 재판 때는 다른 큰 문제가 많다고 생각했기 때문에 해운조합 300만원 후원금을 그리 심각하게 생각하지 않고 그 정도로 넘겼는데, 지금 생각하니 그때 그분께 적극적으로 얘기 안 한 것이 후회된다. 당시 이인수가 사실을 말하고 있었다면 김시전의 증언을 들으려고 귀를 쫑긋 세울 이유가 없다. 거짓을 말했기에 김시전이 검찰에서 진술한대로 입을 맞춰 주는가를 들으려고 했던 것 아닌가. 횡령 등의 죄로 구속상태인 이인수가 검찰의 강요로 거짓말을 하고 있는 것이 우리 눈에도 보이는데, 재판부까지 이를 외면하다니 정말 안타깝고 분하다."

조합은 기업과 다르다. 조합의 후원금은 후보자는 기억하지 않는다. 조합 누구의 후원금으로 기억할 것이다. 그래서 조합의 후원금은 후보자와 친분 있는 사람이 전달을 담당한다. 그런데 전달되기보다 전달되지 않는 것이 더 많지 않을까? 왜냐고? 누구도 전달했는지를 확인하지도 않고 확인할 수도 없다. 전달할 담당자가 정해지고 재무담당자가 돈을 건네면 그것으로 조합으로선 처리 종결이다. 전달하고 안 하고는 전달자의 마음먹기다. 특히 선거 후원금은 수많은 사람들이 참여한다. 수많은 사람들 중의 하나인 선거후원금 전달자. 특별히 친한 사이가 아니라면, 제 돈도 아니고 조합 돈이라는 것은 후보자도 아는데, 조합도 자신도 별로 생색도 나지 않는다는 데 생각이 미치면 전달할 마음이 사라지기 마련 아닐까.

후원금은 은밀히 낸다. 단 둘이다. 그런데 회장단이 떼 지어 와서 전달했다고? 세상에 그런 바보 같은 전달을 한다는 것인가? 조합의 선거 후원금은 불법이다. 드러나면 당선 무효가 될 위험한 돈이다. 이런 돈을, 돈을 주었다고 증언할 수 있는 여러 명이 와서 전달한다는 것인가? 여럿이 와서 다른 사람은 먼저 일어서고 한 사람이 남아서 봉투를 전한다고? 그것은 모두 있는 자리에서 주는 것과 마찬가지다. 뒤에 문제가 되면 돈을 전달했다고 증언할 수 있는 사람이 여럿인데 그 돈을 후보자가 받는단 말인가? 이게 정상적이고 상식적인 판단이다. 그런데 검찰은 그런 상식마저 외면했다.

조합이나 협회는 비자금이 없다. 그래서 은밀한 로비 자금은 없다. 정치인들은 조합이나 협회의 로비자금은 애초부터 기대하지 않는다. 조합이나 협회의 돈은 기업을 아는 정치인은 절대로 받지 않는다. 왜냐고? 그 돈은 만들 때 이미 여러 사람들이 아는 돈이기 때문이다.

조합이나 협회의 로비는 공개적이다. 그들 업체 전체의 이익은 국가 이익이나 공익과 마찬가지라는 논리가 도출된다. 그들은 명분을 앞세운 로비를 한다. 그래서 로비자금도 회원들에게 공개적으로 거둔다. 그렇게 하는 것이 조합이고 협회다.

"형사재판에서 범죄사실의 인정은 법관으로 하여금 합리적인 의심을 할 여지가 없을 정도의 확신을 가지게 하는 증명력을 가진 엄격한 증거에 의하여야 하는 것이므로, 검사의 입증이 확신을 가지게 하는 정도에 이르지 못한 경우에는 비록 피고인의 주장이나 변명이 모순되거나 석연치 않은 면이 있는 등 유죄의 의심이 간다고 하더라도, 피고인의 이익으로 판단하여야 한다. 금원의 수수 여부가 쟁점이 된 사건에서 금원 수수자로 지목된 피고인이 수수사실을 부인하고 있고, 수수를 뒷받침할 금융자료 등 객관적 물증이 없는 경우, 금원을 제공하였다는 사람의 진술만으로 유죄를 인정하기 위해서는 그 사람의 진술이 증거능력이 있어야 함은 물론 합리적인 의심을 배제할 만한 신빙성이 있어야 한다. 신빙성 여부를 판단할 때는 그 진술 내용 자체의 합리성, 객관성, 전후의 일관성뿐만 아니라 그의 인간됨, 그 진술로 얻게 되는 이해관계 유무, 특히 그에게 어떤 범죄의 혐의가 있고 그 혐의에 대한 수사가 진행 중인 경우에는 이를 이용한 협박이나 회유 등의 의심이 있어 그 진술의 증거능력이 부정되는 정도에까지 이르지 않는 경우에도 그로 인한 궁박한 처지에서 벗어나려는 노력이 진술에 영향을 미칠 수 있는지 여부 등도 살펴보아야 한다."(대법원 2002. 6. 11. 선고 2000도5701 판결 등 참조)

2심을 담당했던 서울고법 재판부가 장관훈의 소위 급여착취 주장을 배척하면서 인용한 대법원 판결문의 한 구절이다. 이것은 장관훈 재판 못잖게 해운조합 선거후원금에 적용해야 할 대법원의 지침이다. 이인수가 형사 피의자로 구속된 상태에서 그의 처음 진술을 번복하고 후원금을 주었다고 한 진술은 궁박한 처지 정도가 아니라 협박을 의심할 수 있는 상황이었으니 말이다. 김시전 역시 집행유예 중인 궁색한 처지였다.

어쨌거나 같은 혐의의 14인, 더욱이 실무자가 전달되었다고 확인하는 4명의 해운관료 출신조차 그대로 두고, 주지 않았을 정황이 더 많은 박상은 단 1인만을 기소하고 유죄로 판결하는 법을 누가 정당하다고 할 것인가!

월급의 일부를 후원금으로 낸 비서관의 공천 전술

박상은 의원에게 깊은 상처를 준 것은 직원의 급료를 착취했다는 보도로 인한 치명적인 명예 손상이다. '비서의 월급착취', 고발자는 장관훈이다.

장관훈은 박상은의 지역구인 인천 중·동·옹진군지구당 조직부장 겸 비서관을 지낸 인물이다. 그는 2014년 지방선거에서 인천 중구 구의원 선거에 입후보하는 과정에서 지구당 위원장인 박상은 의원과 결별했다.

장관훈은 2006년 이래 한나라당 당원이다. 그는 검찰에서 그의 이력을 이렇게 말했다.

"1994년 군 복무를 마치고 제대한 후 노점상을 했다. 노점상으로 돈을 벌어 2004년 무렵 인천 월미도에 횟집을 개업하여 운영했다. 한나라당에는 2006년에 입당했다. 입당 얼마 후 인천 중구·동구·옹진군 청년위원회 부위원장이 되고, 다음해인 2007년에는 인천 중구·동구·옹진군 당원협의회 운영위원, 2008년엔 한나라당 중앙당 청년위원회 운영위원으로 임명되었다."

장관훈은 전라남도 해남 출신이다. 그는 군대에서 제대한 뒤 고향을 떠나 자리를 잡은 곳이 인천이다. 월미도 그의 횟집 이름도 '땅끝마을 해남횟집'이다.

박상은이 장관훈을 처음 만난 것은 2008년 3월 인천 중구·동구·옹진군 지구 국회의원 후보로 한나라당 공천을 받았을 때이다. 공천을 받고 지구당협의회 사무실을 찾아가서 인사도 하고 지구당협의회 간부와 당원들을 만났다. 그때 장관훈도 만난 것 같다고 기억한다. 장관훈의 말로는, 선거가 끝난 이틀 후 박 당선자가 신거운동 팀들과 함께 횟집에 왔었고, 그 자리에서 지역구 청년위원회 위원장을 맡겼다고 했다.

장관훈은 2012년 국회의원 선거 때는 반(反) 박상은 진영에 섰다. 당시 8명이 난립했다가 3명으로 압축되어 경선을 치렀다. 이때 장관훈은 3명 경쟁자 중의 한 사람인 김정용 예비후보 진영의 중심 멤버로 활동했다. 3월 하순, 박상은 의원이 공천자로 결정된 뒤 장관훈은 바로 박상은 캠프로 옮겨왔다고 법정 증언에서 말했다.

(검사) 문 ─ 증인이 피고인의 비서로 채용되어 피고인의 지역구 사무실에 근무한 사실이 있는가요?

(장관훈) 답 ─ 2008년부터는 계속 개인적으로 청년위원장 직을 맡아서 도와줬고, 2012년에는 후보자 3명이 경선을 치르게 되었습니다. 경선을 한 후에 박 의원의 공천이 확정되었고, 그 다음날 바로 선거사무소 개소식을 하는데, 아침에 저에게 전화해서 "너 아직도 안 오고 뭐하고 있느냐, 빨리 와서 일을 해야지"라는 소리를 들어서, "예, 지금 안 그래도 1층에서 화분을 나르고 있습니다"라고 답변했습니다. 그때부터 사무실에 올라가서 김덕구와 선거사무원 캠프를 정리하고 국장이 시키는 일, 유세 일정을 제가 거의 짜서 움직였습니다.

그러나 이 부분에서 수석부위원장 이광태의 증언이 갈린다.

"김정용 캠프에서 박 의원에 대한 인신공격성 루머를 가장 많이 퍼 뜨렸다. 그 주역이 장관훈이라고들 했는데 공천전이 끝나자마자 박 의원이 선거 캠프로 복귀하라고 했겠는가?"

국회의원 비서관으로 등록되고 지구당 조지부장을 맡게 된 과정에 대해서도 증언이 갈린다.

(검사) 문 ─ 피고인의 비서로 근무한 것은 어떤가요?

(장관훈) 답 ─ 선거운동 끝나고 비서로 들어오라고 했는데 제가 그 때는 사업장이 바쁜 관계로 "예"라고 대답만 하고 피했고 가게에 가서 일만 했습니다. 몇 개월 뒤인 8월쯤에 사무실에서 회의가 있다고 오라고 해서 갔었는데, 그때 저도 선거가 끝나고 박 의원을 처음 만나게 되었습니다. 그 자리에서 박 의원이 "대통령 선거도 얼마 안 남았는데 빨리 들어와야지"라고 했고, 그때 국회 비서로 등록하라고 해서 9월부터 진행하게 되었습니다.

이광태 수석부위원장은 이 부분도 사실과 거리가 있다고 했다. 당시 비서관을 겸직하는 조직부장 최인성이 있었는데 장관훈한테 비서관을 하라고 했겠느냐는 것.

"선거 당시 비서 겸 조직부장이 최인성이었는데 김덕구 사무국장 과 의견이 맞지 않아 자주 다투었습니다. 최 비서가 8월 말에 그만 두고 장관훈은 9월에 조직부장 겸 비서관으로 등록하게 되는데, 그 때 박 의원이 당 간부들의 의견을 물은 일이 있습니다. 그때 나는 '경선 때 비방 루머를 만들어 퍼드린 당사자를 비서로 데려오는 건 좀…'하고 반대했습니다. 최인성과 사이가 나빴던 김덕구가 최인성 과는 더는 일을 같이 못하겠다고 해서 바꾸게 된 것이지, 박 의원이 기용한 것은 아닙니다."

박 의원도 당 사무실은 멤버들의 화합이 중요하다고 생각해서 사무국장이던 김덕구의 추천을 받아들였다고 기억했다. 그러면서 이렇게 부연했다.

"장관훈을 비서 겸 조직부장으로 기용했는데 1년도 안 된 2013년 4월 지구당 협의회 일을 그만두겠다고 했다. 아마 그 무렵이라고 기억하는데, 그가 4천만 원을 빌리고 싶어 했다. 비서한테 돈을 빌려준다는 건 내 상식으론 금기다. 빌려준다는 건 상환이 전제된다. 상환키로 한 돈을 상환하지 못하면 사이가 멀어지기 일쑤다. 비서가 특별한 사정이 있어 급전을 필요로 하면 빌려주는 것이 아니라 도움을 주어야 한다. 그런 일이 있고 얼마 후 장관훈이 사표를 냈다. 그는 횟집이 장사가 안 돼 어렵다면서 횟집에 전념해야겠다고 했다."

장관훈도 검찰에서 "비서로 일하면서 '땅끝마을 해남 횟집'의 경제적 사정이 안 좋아지면서 7천만 원의 빚을 져 우선적으로 사업장을 관리하기 위하여 비서직 사표를 냈다"고 했다.

그로부터 반년 지난 2014년 1월 장관훈은 6·4지방선거에서 인천 중구 '나'선거구에 새누리당 소속으로 구의원 후보로 나서기 위해 공천을 신청했다. 구의원 공천은 해당 지구의 정원 모두를 공천할 수 있다. 인천 중구 '나'지구는 '가 번'에서 '다 번'까지 3명 추천이 가능했다. 공천 심사결과 그는 '다 번'후보로 추천되었다. '1-가'번 김영훈, '1-나'번 김태기, '1-다'번 장관훈이었다.

공천이 발표된 3월 16일 이후 장관훈은 박 의원을 비방하고 다녔다.

인터넷 카페 등 SNS에는 박 의원이 비서관의 월급을 착취하고 공천도 돈으로 흥정했다는 등 비방하는 글이 떠돈다고 했다. 그러더니 4월 28일 장관훈은 인천시청 기자실에 나가 "박상은 의원, 비서 급여 착취 및 불법정치자금 유용에 관한 양심선언"이라는 제목의 보도 자료를 배포했다.

박상은 의원 비서관으로 일한 8개월 중 월급 절반을 후원금으로 내도록 강요당해 후원회 계좌에 입금했다. 비서관을 그만둔 뒤에도 후임자 등록이 늦어져 자신의 계좌에 입금된 비서관 월급을 고스란히 박 의원에게 바쳤다고 그는 주장했다.

"여론조사에서 2위를 했고 따라서 최소한 '나'번은 받아야 하는데 '다'번으로 밀렸다. 부당하다"고 주장하면서, 지구당 위원장인 박상은 의원이 공천 헌금을 받고 이런 부당한 공천을 한 의혹이 있다는 주장도 했다.

이광태 인천 중·동구 수석부위원장은 법정증언에서 그 과정을 이렇게 말했다.

"공천에서 '다번'을 받은 것은 나중 문제고, 그 이전부터 그는 이번 지방선거에서 공천을 받지 못하면 가만있지 않겠다는 이야기를 하고 다녔습니다. 월급을 후원금으로 바쳤다는 이야기도 그때 하고 다녔습니다. 3월 동구청장 후보 경선을 하던 날, 재능대학교 앞 커피숍에 박 의원과 함께 있었는데, 박 의원이 전화를 받더니 '나는 그런 일을 한 적이 없다. 잘 모르겠다.' 그러면서 전화를 끊었습니다. 공천 헌금을 강요당했다는 장관훈의 말을 확인하는 어느 기자의 전화였지요. 박 의원은 김홍일을 부르더니 장관훈의 헌금 내역을 확인해 금액을 보고하라고 했습니다.

박 의원은 연말인지 연초인지 그 무렵 장관훈이 월급 절반을 후

원금으로 냈다는 글을 인터넷에 올렸다는 말이 떠돌아 김홍일(후원
회 회계책임자)을 불러 확인했더니, 그런 사실이 있다고 해서 처음
으로 알았다고 했습니다. 그랬는데 다음 날 뉴시스가 장관훈 후원
금 강제헌납이라는 요지의 보도를 했습니다. 그런데 거기에 비서관
사표를 낸 이후 근 1년 치 월급도 현금으로 찾아 박 의원에게 전달
했다는 내용이 담겨 있었습니다. 박 의원은 터무니없는 얘기라고
했습니다."

해양수산부도 새누리당 공천에 영향력 행사?

비서관을 사임했는데도 월급이 계속 장관훈의 계좌에 입금된 것이
문제였다. 왜 이런 일이 일어났을까? 장관훈이 사임한 뒤 박 의원은 이
태재를 인턴으로 데려왔다. 이태재는 인천해양고교 교장의 아들이다.
대학을 갓 졸업한 신참이지만 장관훈이 비상근으로 일은 계속키로 했
기 때문에, 인턴으로 두 달 정도 일을 배우게 한 뒤 비서관으로 등재할
계획이었다. 그런데 이태재는 한 달 좀 지나 다른 데 취업했다면서 떠
났다. 다시 데려온 것이 김영훈이다. 김영훈은 법무사 사무실에서 하던
일이 있어 당장 올 수 없고 9월부터 일하도록 하겠다고 했다. 박 의원
은 그렇게 알고 있었다.
김영훈은 10월 말, 법무사 사무실 일을 정리하고 11월부터 상근을
시작했다. 그런데 김영훈이 비서관 등록을 하지 않았다. 지방선거에 나
서게 되면 비서관 사표를 내야 한다고 그는 말했다.
국회의원 비서관은 국회의원이 임·면권을 갖고 있다. 그래서 비서관

은 국회사무처에 사표를 내는 것이 아니고 후임자가 등재를 하면 교체되고 급료도 계좌가 바뀐다. 박 의원은 5월부터 8월까지는 장관훈이 급료를 받았겠지만, 9월부터는 김영훈으로 교체된 것으로 알고 있었다. 현금으로 전액을 전했다는 급료도 5월에서 9월까지의 급료로 알고 있었다. 김영훈이 등록을 안 해서 2014년 4월까지 급료가 장관훈 계좌로 입금되고 있었다는 것을 그때까지도 모르고 있었다. 수석부위원장 이광태의 이어진 증언.

"내가 장관훈을 만나 얘기를 했습니다. '네가 후원금을 스스로 낸 것은 인정하지만, 월급 반납은 아니라고 한다.' 그것을 그도 인정해서, '그러면 사실확인서를 써줄 수 있느냐?' 그러니까 '그것을 해줄 수는 있습니다. 그런데 만약 써주면 박 의원이 민형사상의 책임을 물을 텐데…'라고 해서, '그것은 내가 박 의원을 만나 책임을 묻지 않겠다는 확인서를 받아오겠다'고 말하고 바로 확인서를 받아와 장 후보에게 갔습니다. 그런데 성사되지 않았습니다."

장관훈이 양심선언에 이어 김영목 등에게 기자를 데려가서 박 의원의 이른바 월급 대납을 폭로한 것도 이때다. 김영목은 대납이 아니라 세종기업에서 월급을 받아 그 일부를 박 의원이 가로챘다고 주장하는 등 사건화를 시도했지만, 언론에선 공천 후유증으로 보아 주목하지 않았다.

장관훈은 5월 21일 서울중앙지검에 박 의원을 정치자금법 위반, 선거법 위반, 사기 및 허위사실 유포 등 죄목을 걸어 고발장을 냈다. 허위사실 유포란 급여의 현금 반환은 거짓말이라고 밝힌 박 의원의 언론 해명을 말한다. 그런데 얼마 후 소송 내용 중 급여 반환 부분의 허위사실 유포와 사기죄 고발을 취하했다.

그는 법정 증언에서 이 부분에 대한 심문에 이렇게 답변했다.

(검사) 문 ─ 급여반환 건으로 인한 사기 부분과 언론을 상대로 하여 반환받지 않았다는 것을 허위사실 유포라고 한데 대한 고발 내용을 취하한다는 취하서를 제출한 이유는 무엇인가요?

(장관훈) 답 ─ 고발장을 낼 때 정확히 알아보고 한 것이 아니어서…

문 ─ 급여 반환과 관련한 사기 부분이 죄가 안 된다고 생각했는지요?

답 ─ 아닙니다. 제가 생각했을 때는 임금 착취이고, 그게 아니라면 국가에 대한 사기행위로 판단했던 것입니다.

문 ─ 그런데 왜 취하했는지요?

답 ─ 제가 아는 변호인과 상의했는데 같은 맥락의 문제에서는 한 가지를 선택해야 될 것 같다는 이야기를 들어서 고민하다가 취하했습니다.

문 ─ 허위사실 유포에 대한 것은?

답 ─ 제가 직접 들은 것이 아니어서 취하했습니다.

이 증언은 거짓말이다. 장관훈은 6월 8일 인천지검의 심문을 받는다. 검찰의 조력자였으니까 심문이기보다 협의였겠지.

문 ─ 박상은 의원이 허위사실을 공표하였다는 고발 사실은 구체적으로 언제 어떤 방법으로 허위사실을 공표하였다는 것인가요.

답 ─ 2014.4.14.자 뉴시스 기사에 의하면 "본인은 비서관이나 보좌관에게 후원금을 받지 않는다. 지방선거 공천 탈락자가 악의적으로 퍼뜨린 내용일 뿐"이라 했고, 4.15.자 기호일보 뉴스에 의하면 박 의원측은 "장관훈이 기초의원 '다'번을 받은 사실에 앙심을 품고 거짓으로 문제를 일으키고 있는 것"이라고 답변하였고 2014.4.14.

자 불만닷컴 기사에 의하면 "나는 비서관이나 보좌관에게 후원금을 받지 않는다. 지방선거 공천탈락자가 악의적으로 퍼뜨린 말일 것"이라고 답변하였고 2014.4.28.자 인천신문 기사에 의하면 "사실무근이며 있을 수 없는 일이다. 다만 사표수리가 늦어진 것 뿐"이라고 답변하였는데 위 사실이 모두 허위사실을 공표한 것입니다,

문 - 박상은 의원이 기자들의 질의에 답변한 것은 진술인이 당선되지 않도록 하기 위한 것 보다는 자신의 범행을 부인하기 위해 답변한 것으로 보이는데 어떤가요.

답 - 제 입장에서는 저에 대한 허위사실이 보도되어 고발한 것입니다.

문 -박 의원은 금품을 받지 않았다는 취지로 답변한 것인데 진술인의 공천과 관련하여 금품수수가 없었다는 것은 오히려 진술인에게 불리한 사실이 아니어서 박 의원이 진술인을 낙선시키기 위해 허위사실을 공표했다고 보기는 어려울 것 같은데요.

답 - 예, 지금 생각해보니 그런 것 같습니다. 허위사실 공표 부분은 고발사실에서 제외해도 될 것 같습니다.

문 - 참고로 더 할 말이 있나요.

답 - 최근 박 의원 비서 중 1명으로부터 제가 고발한 사건 때문에 박상은 의원실이 내부적으로 검토한 자료를 건네받았습니다 ㄱ 자료를 제출하겠습니다.

문 - 그 외 할 말이 있는가요.

답 - 제가 잘못한 부분에 대해서 깊은 반성을 하고 있습니다. 죄에 대해서는 용서를 구하겠습니다. 죄송합니다.

이 심문기록은 고발 사안 중 '허위사실 유포'를 빼라는 권고는 장관
훈의 지인(知人) 변호사가 아니라 인천지검 검사였다는 것을 말해 준다.
이것은 비서직을 물러난 뒤에 나온 급료를 현금으로 전달했다는 것을
거짓이라고 말한 박상은 의원의 말이 허위가 아니라는 것을 특별수사
팀 검사는 알고 있었다는 흔적이다.

장관훈은 지구당 수석부위원장 및 새누리당 법률 자문단의 변호사
와 이 사건관계로 만났을 때 현금 전달은 사실이 아니라는 확인서를
쓰는 문제도 고려했었다는 증언도 있다.

장관훈이 비서 겸 조직부장이던 9개월 중 5개월 기간 월급 일부를
후원금으로 내면서 꼬박꼬박 후원회 계좌에 입금한 것은 후원금을 냈
다는 것을 은행기록으로 남겨 구의원 공천 때 박상은 의원이 돕지 않
을 수 없게 만들기 위한 장관훈 나름의 공천전술이었다. 그런데 퇴직
이후 비서관 등록교체가 지연되어 장관훈에게 입금된 월급 전액을 박
의원에게 주었다면 그것 역시 증거로 남는 방법을 선택해야 일관성 있
는 행동이다. 그러니 흔적도 남지 않는 현금전달을 했다는 주장은 허
위다. 우리 같은 비전문가 눈에도 보이는데 수사가 전문인 검사가 이
런 걸 헤아리는 것은 어렵지 않았을 것이다.

그런데 검찰은 현금 전달은 없었다는 박 의원 주장을 허위로 몰아
무고(誣告)라고 고발하는 건 빼면서 현금 전달도 있었다고 기소했고 1
심 판사도 여기 손을 들어 주었고 2심에서야 비로소 허위라는 것을 판
결로 확인한다, 그 과정을 간추린다.

장관훈의 이른바 양심선언에 대해 중앙선거관리위원회도 조사에 나
서고, 장관훈도 지구당 사무실 앞에서 1인 피켓 시위도 했다. 그랬지만
새누리당의 지방선거 공천 후유증 정도의 작은 사건이었다.

장관훈에게 나타난 기적 같은 원군은 김인수의 돈 가방 절취사건이

다. 김인수가 12일 오후 장관훈에게 전화를 걸어왔다. 둘 사이 어떤 대화가 오갔는지 알려진 것이 없다. 김인수는 장관훈이 돈 가방을 들고 인천지검 앞에 나오라고 했고, 갔더니 726호 검사실 전화번호를 주어 거기 전화해서 검사실로 갔다고 했다.

이 사건 후 인천 중구청장 공천신청을 했다가 떨어진 전 보좌관 고성원, 1월에 해임당한 지구당 사무국장 김덕구, 그리고 김영목 등이 어울렸다. 검찰은 이들 4인조가 만들어 제공하는 이른바 박상은의 비리 혐의를 몽땅 수사선상에 올리고 압수수색을 시작했다. 언론도 포문을 열었다.

"6월 19일 검찰에 따르면 인천지검 해운비리 특별수사팀(팀장 송인택 1차장)은 박 의원의 수행비서 겸 운전기사 김모(38)씨 등 의원실에서 일했던 4명으로부터 '박 의원이 6·4지방선거를 앞두고 공천헌금을 받았다'는 구체적인 진술을 확보한 것으로 알려졌다. 박 의원이 지난 3월부터 두 달간 지방선거 공천신청자에게 공천헌금 수천만 원을 수수했다는 것이다. 2008년 국회에 처음 입성한 재선 의원인 박 의원은 해운업계와 해양수산부 등에 대한 영향력을 앞세워 지역구인 인천 중·동구·옹진군 기초의원 후보 공천에 깊숙이 관여해 왔다는 게 지역 정·관계의 분석이다.

박 의원은 2005년 대한민국 해양연맹 부총재를 지냈고, 현재 국토교통위원회 위원과 국회 연구단체인 '바다와 경제 국회포럼'의 대표를 맡고 있는 등 정치권에서의 주요 경력을 해양수산업 관련 분야에서 쌓아왔다. 박 의원은 해운업계 이해를 반영한 해운법 개정을 주도하기도 했다. … (중략) … 검찰의 칼날이 박 의원과 직간접적으로 연결된 기업과 단체로 뻗치면서 인천지역의 기업들 사이에선 긴장감이 감돌고 있다. 인천항의 한 항만업체 관계자는 '인천

항의 모래 채취 업체 등이 압수수색을 당한 뒤에 다음 순서가 어디일지가 관심'이라며 '박 의원에게 직원들 명의로 거액의 후원금을 건넨 지역 기업들이 마음을 졸이고 있다는 이야기가 돌고 있다'고 말했다. 실제로 박 의원에게 각종 인허가 관련 청탁 대가로 거액의 후원금을 건넨 기업들에 대한 제보가 검찰에도 접수된 것으로 전해졌다."

〈"박상은 의원이 공천 헌금 받았다" 진술 확보〉라는 제목의 한국일보 6월 20일자 기사이다. 이 기사는 박상은 의원에 대한 해피아 낙인(烙印)을 보여준다. 이것은 신문의 낙인이 아니라 검찰의 낙인이다. 그렇지만 이 기사는 여의도에 나도는 소위 '찌라시'보다 더 거짓에다 수준 미달의 기사이다. 공천헌금 수천만 원을 받아 챙겼다는 기사에서 "…해운업계와 해양수산부에 대한 영향력을 앞세워 지역구인 인천 중·동구, 옹진군 기초의원 후보 공천에 깊숙이 관여해 왔다는 게 지역 정관계의 분석이다."라고 썼다.

구의원 공천은 인천시당이 주관한다. 지구당 위원장은 공천에 관해 의견을 공천심사위원회에 보낸다. 지구당 위원장의 의견은 크게 반영된다. 지구당 위원장이 사실상 공천권을 지녔다는 말은 무리는 아니다. 그렇지만 공천헌금 같은 것은 없는 것이 정상이다.

지구당 위원장인 국회의원의 입장에서 보면, 구의원 공천 경쟁자들은 비서 출신도 있고, '특보'라는 이름으로 지구당에 와서 일을 거든 사람들도 있고, 지역 자영업자 등 유지도 있다. 모두 국회의원 선거 때 열심히 뛰며 도와준 열성당원들이다. 그런 사람들에게 수천만 원을 받아 챙기다니, 가당키나 한가.

더 한심한 건 다음 대목이다. 대체 새누리당에서 구의원 공천을 하

는데 해운업계와 해양수산부에 대한 영향력이 무슨 소용인가? 지방 정
· 관계 분석이라니, 인천 정계, 인천 관계(官界)라는 것이 있기나 한가?
인천의 어느 정계, 인천의 어떤 관계(官界)가 이런 얼토당토않은 분석을
해서 한국일보 기자에게 전해 주었다는 말인가? 기자 자신이 정계고
관계다. 새빨간 거짓말이다. 거짓말일수록 진짜처럼 포장해야 하는데
그것조차 맹탕이다. 한국일보엔 이런 수준 미달의 기사를 고쳐 쓰는
데스크도 없단 말인가?

자기 지역구에 있는 기업들로부터 받아 챙겼다는 보도 역시 말이 안
된다. 지역구 기업들은 유권자 집단, 어느 면에선 박 의원에게는 요새
유행어로 '갑'이다. 갑한테 후원금을 강요해? 상식을 벗어난 기사 아닌
가. 세월호 폭풍 속에서 언론의 선동기사가 활개치던 때 '기레기'라는
말이 등장했다. '기자 쓰레기'의 준말이다. 바로 이 기사는 '기레기'의
단면을 드러낸다.

"검찰의 칼날이… '박상은 의원과 직간접으로 연결된 기업과 단체들
사이에 긴장감이 감돌고 있다.' '직원들 명의로 후원금을 준 기업, 인
· 허가 청탁을 대가로 거액의 후원금을 낸 기업들에 대한 제보가 검찰
에 접수되고 있다.'"이것도 인천 정 · 관계가 소식통인가?

이른바 해운비리특별수사팀 역시 이런 언론과 비슷했다. 수사팀은
이들 4인조가 제공하는 시나리오를 모두 수사해서 기소했다. 이른바
장관훈의 고발 역시 "장관훈을 기초의원 선거후보자로 추천하는 일과
관련하여 합계 31,618,230원의 정치자금을 교부받았다."고 수사 결론
을 내리고 기소했다. 그 사실을 법정 증언을 통해 다가가 본다.

장관훈의 1심 법정 증언:
(검사) 문 ― 증인이 운영하는 횟집의 규모와 수입은 어느 정도 되는

가요?

(장관훈) 답 ― 규모는 1, 2층으로 되어 있어 100여 평 정도 되고,
수입은 1년에 한 6억 원 정도 되고 있습니다. … 세액과 인건비
를 제외하면 저에게는 1억 5천만 원 정도가 남습니다.

문 ― 횟집을 운영하고 있음에도 비서로 근무한 이유는 무엇인가요?

답 ― 제가 지방선거에 뜻이 있었고 박 의원을 당시에 많이 도와줬
었습니다. 박 의원한테서 비서 자리 제안을 받았고, 저 또한 일을
배워야 했으며, 시키는 일을 제가 거부할 수 있는 입장이 아니었
기 때문에 하게 되었습니다.

문 ― 비서로 채용되어 어떤 업무를 담당했는가요?

답 ― 조직부장 업무를 담당했습니다.

문 ― 급여 중 일부를 후원회에 기부한 사실이 있는가요? 이유는 무
엇인가요?

답 ― 처음에는 급여가 나오는 것을 주방장 월급으로 쓰면 된다고
했는데, 그냥 주면 안 될 것 같아서 제가 후원회 계좌에 넣기 시
작했습니다.

검사는 비서기간 9개월 중 5개월 기간 급여 중의 일부를 후원회에
기부한 내역, 그리고 비서직에서 물러난 뒤 급여 전액을 현금으로 피
고인에게 반환한 내역을 정리한 장관훈의 제출 자료를 확인시킨 뒤 심
문을 이어갔다.

(검사) 문 ― 2013년 1월부터 3월까지는 급여를 반환하지 않다가 4
월 및 6월에 반환하였는데 그 이유는 무엇인가요?

(장광훈) 답 ― 2012년 대통령 선거가 지나고 나서 제가 연말 정산을
하다보니까 빚을 많이 지게 되었습니다, 그래서 마이너스 통장을

받아서 거래처에 수금해 줬고, 겨울철에는 저의 사업장이 비수기라서 힘든 입장이었습니다. 6월 5일에 내게 된 것은 제가 4월에 나가면서 대출받아서 나머지를 정리하면서 지급하게 된 것입니다.

이 부분은 변호인의 추궁도 있었다

(변호인) 문 ― 6월에 3~4월 급여 중 일부를 내는 몫은 후원금 계좌에 넣고, 사표를 낸 이후인 5월 급여는 봉투에 넣어 직접 담아 주었다고 이야기하는데, 왜 쪼개서 낸 것인가요?

(장광훈) 답 ― 쪼갠 것이 아니라 제가 5월에 나가면서 박 의원에게 말을 한 후 열흘 정도 만나지 못했고, 저도 밀린 게 있으니까 빨리 청산하고 싶었지만 돈이 없어서 사실 못했습니다. 2013년 6월 5일에 돈을 찾아서 그 전까지 청산해야 되는 부분은 후원금으로 정산해 주고⋯ 5월 급여는 4월 말에 그만둔 상황이기 때문에 5월 20일경에 "의원님 월급은 어떻게 할까요"라고 말을 했는데 "야 인마, 네가 일 안 하니까 그냥 가져오면 되지"라고 해서 저도 내심 서운한 마음으로 곧바로 갖다 주면서 처리한 것입니다.

다시 검사의 심문:

(검사) 문 ― 피고인으로부터 반환 요청을 받지 않았음에도 기초의원 공천을 받기 위해 자발적으로 후원금을 기부한 것은 아닌가요?

(장광훈) 답 ― 절대 아닙니다. 처음에 들어올 때와 이야기는 달랐지만 제가 기초의원에 나가는 것을 희망하고 있었고, 그것을(월급을 말함) 꺾어서 일부 가져가고 일부를 반환하라고 하는데 제가

그것을 거역할 수 있는 입장이 아니었습니다. 제가 개인적으로 피해는 보지만 그것은 감수하고 밀고 나가겠다고 생각하고 시작했던 것입니다.

문 — 공천을 받을 수 있도록 해줄 테니 그 대가로 급여 중 일부를 반환하라고 명시적으로 말했는가요?

답 — 명시적으로 이야기하지는 않았지만 평상시에도 기초의원에 나가려면 일을 와서 배워야 하고 급여 부분을 내라고 강조했었습니다. 선거에 나가면 돈이 많이 깨진다는 이야기를 많이 들었기 때문에 제가 거역할 수 있는 입장이 아니었습니다.

변호인의 심문,

(변호인) 문 — 2014년 4월 상근비서를 그만두었지만 후임자를 뽑지 않았고 증인은 비상근으로 피고인의 비서, 조직부장 업무를 계속할 때에는 일주일에 며칠 가량 지구당 사무실에 나와서 어떤 일을 했는가요?

(장광훈) 답 — 처음부터 제가 9월에 출근할 때에도 주말에는 제가 바쁘니까 가게 일을 치중해서 보라고 했는데, 실질적으로 근무를 시작하니까 박 의원이 주로 주말에 많이 내려오기 때문에 주말에 거의 출근을 해야 했고, 4월에는 그런 면담을 했는데 "꼭 네가 들어가야 하나?"라고 해서 제가 사정이 이렇다고 하면서 빚을 졌다고 했더니 "주말에는 가게 업무를 보고 평일에 와서 도와주면 되지 않겠느냐"고 해서 도왔습니다. 5월에도 가게 일을 하면서도 일주일에 두세 번은 항상 나와서 사무실 돌아가는 것을 보고 행사가 있을 때는 가게 문을 닫으면서까지 전념해서 도왔습니다.

문 ― 증인은 2013년 5월 이후 급여 2,925,360원을 5월 5일 전액 현금으로 인출하여 박 의원이 지구당 사무실에 방문하였을 때에 박 의원에게 직접 전해준 것을 비롯하여 그때부터 2014년 4월 1일까지의 급여 중 총 8회에 걸쳐 합계 23,828,230원을 현금으로 인출하여 박 의원에게 주었는가요?

답 ― 예.

문 ― 증인이 제출한 자료에 의하면 2013년 11월 급여는 반환하지 않았는데 그 이유는 무엇인가요?

답 ― 11월에 김영훈이 출근한다고 해서 저는 옮겨지는 줄 알았는데 김영훈의 출근도 며칠 늦었고 등록을 하지 않았습니다. 급여가 나오기 전인 15일경에 엘리베이터에서 박 의원에게 "급여는 어떻게 할까요?"라고 했더니, 김영훈이 들어오는 것을 알고 "그건 네가 써라"고 해서 그때부터는 급여를 인출해서 전달을 하지 않았습니다.

문 ― 증인의 말에 따르면 후임이 없을 때도 다 돌려받았는데 후임이 왔으니 후임에게 월급이 나가가야 하는데 … 다 가지라고 한 것은 좀 이상한데…

답 ― 박 의원은 김영훈으로 명의가 옮겨진 것으로 알고… 그냥 나온 것이 한 달 치인데 별로 안 된다고 생각한 것 같습니다. 저는 사업자로 내는 세금이 있고 급여 부분에 대한 세금도 저에게 밀어졌습니다. 그래서 11월 20일 전에 박 의원에게 그 말을 했더니 그냥 저에게 쓰라고 했고, 12월 초에 저를 불러서 1백만 원을 주어서 받았는데 그것을 제가 어떻게 하기가 뭣해서 겨울옷을 사서 준 적이 있습니다.

문 ― 12월 급여 및 1월 급여는 지역구 사무국장인 김덕구를 통해 반환하였다고 하지 않았나요?

답 — 예.

문 — 12월 급여와 1월 급여를 직접 전달하지 않고 김덕구를 통해 전달한 이유는 무엇인가요?

답 — 11월에 김영훈이 들어오면서 등록을 바꿀 줄 알았는데 바꾸지 않았습니다. 12월에는 바꿀 것이라고 생각했는데 그때도 바꾸지 않았고, 김덕구 국장이 연락이 와서 김영훈이 이야기했다고 전해 주었는데(월급 이야기인 듯) 제가 김덕구와 같은 지역구에 있어서 제가 찾아서 직접 준다는 것도 안 되는 것이고… 어떻게 처리하는지 몰랐기 때문에 김덕구 국장에게 갖다 주면서 "김영훈이 급여인데, 아직까지 변경하지 않아서 저에게 돈이 들어왔습니다." 라고 했습니다.

문 — 직접 전달하다가 이때는 귀하가 왜 직접 박상은 의원에게 드리지 않았나요?

답 — 김영훈 앞으로 비서직을 넘긴 줄 알고 있는데 제가 갖다드리면 김덕구 국장과 김영훈이 박상은 의원에게 혼이 나기 때문에 그랬습니다.

문 — 그 이후의 급여는 어떻게 하였는가요?

답 — 2월 급여는 찾아서 제가 지방선거에 나간다고 면담하러 갔었는데 거기에서 격한 말이 오갔습니다. "지방선거 나가지 마라, 너는 안 된다"라는 소리와 함께 욕을 먹었습니다. 그때 제 주머니에 돈을 넣고 갔었는데, 당황한 나머지 주지 못하고 나왔고, 급여가 나온 것은 통장에 있고 그때 찾아 놓은 것은 아직까지 제가 보관하고 있습니다.

문 — 3~4월 분은 왜 반납하지 않았나요?

답 ― 선거기간 중인데 저에게 경선에 나가지 말라고 해서 기분이
   안 좋은 상황인데 제가 찾아가서 박 의원에게 급여가 나왔다고
   줄 상황이 아니었고, 만날 시간도 없었습니다.

문 ― 횡령한 것 아닌가요?

답 ― 그때 당시에도 비상근 근무로 되어 있었기 때문에 횡령이라고
   생각하지 않습니다.

2심이 확인하는 장관훈의 거짓말

1심은 장관훈의 진술과 검찰의 기소를 모두 받아들였다. 다만 검찰
의 기소 중에서 그 돈들이 공천헌금이라는 점은 배척했다.

그러나 2심 법원은 1심 판결을 모두 뒤집고 무죄로 판결했다.
  ― 원심은 장관훈이 피고인의 후원회 계좌로 송금한 7,790,000원
및 현금으로 교부하였다는 23,828,230원, 합계 31,618,230원 관련
공소사실에 관하여 위 합계 금원을 후보자 추천 관련 자금으로 수
수하였다는 점을 무죄로 판단한 반면, 위 현금 23,828,230원은 탈
법 방법으로 기부받았다는 점을 유죄로 인정하였다.
  그러나 피고인은 장관훈으로부터 위 현금 23,828,230원을 받은
사실이 없고, 이에 관한 장관훈의 진술은 신빙성이 없다. 다만 장관
훈이 피고인의 지역구 당원협의회 사무국장인 김덕구에게 2회 가
량 급여 반환 명목의 금원을 지급하여 김덕구가 이를 장관훈의 후
임인 김영훈의 급여로 사용한 것으로 보이기는 하지만, 이는 장관

훈이 사직서를 제출한 다음 국회에 대한 사직신고가 지체되는 동안 장관훈 명의로 지급된 급여를 장관훈이 반환한 것으로서 정치자금을 기부한 것이 아니고, 피고인은 그 당시 이러한 사정을 알지도 못하였을 뿐만 아니라, 장관훈에게도 김영훈이 받아야 할 급여를 반환한다는 인식이 있었을 뿐 피고인에게 정치자금을 기부한다는 인식이 있었다고 할 수 없다.

원심은 장관훈이 피고인에게 현금으로 23,828,230원을 지급함으로써 정치자금법에 의하지 아니한 방법으로 정치자금을 기부하였다는 탈법 방법에 의한 정치자금 수수로 인한 정치자금법 위반의 점을 유죄로 인정하였다. 원심은 피고인은 장관훈으로부터 23,827,230원을 교부받은 사실이 없다는 피고인과 변호인의 주장에 대하여 장관훈 진술의 주요한 부분이 구체적이고 일관성이 있으며 김덕구의 진술과도 상당부분 일치하여 신빙성이 있다고 판단하여 배척하였다.

장관훈은 2014. 4. 28. 선거관리위원회 1차 문답에서 "6월 5일에 현금으로 직접 준다고 사무국장에게 얘기하고 사무실에서 직접 전달했다. 목격한 사람은 없다. 6월 20일 들어온 월급은 6월 21일에 찾아서 6월 26일에 직접 주었다. 사무실에서 줬는지 차에서 줬는지는 잘 기억이 나지 않는다. 사무실에서 두 번, 차에서 세 번 줬다. 2013년 7월경에는 제물포에 있는 백령면옥에서 식사 후 박 의원이 서울에 갈 때 주었다. 당시 돈 봉투를 정책홍보물에 끼워서 차량 뒷자리에서 주었다.

장관훈은 2014년 5월 14일 2차 문답에서 5월 급여는 6월 5일 찾아서 김덕구 사무국장에게 '5월 급여 갖다 드린다'고 보고한 후 박 의원 방에 들어가 주었다. 6월 급여는 6월 21일 찾아서 6월 26일 박 의원이 서울로 올라갈 때 자동차 뒷문을 열고 주었다. 7월 급여도 7월 30일 찾아서 31일 박 의원과 김덕구 등 약 6~7명이 제물포 백령면옥에 가서 점심식사를 하였고 식사 후 박 의원이 서울로 간다고 차량에 탑승하였는데 주변에 다른 사람들이 있어 당 홍보지에 봉투를 끼워서 주었다. 8월 급여는 8월 23일 당 사무실에서 주었다. 9월 급여도 9월 24일 찾아서 서울로 가는 차량 뒷문을 열고 주었다. 10월 급여는 11월 1일 당 사무실에서 주었다. 12월 급여는 12월 24일 김덕구 국장에게 주어 김 국장에게 전달하도록 했다. 김덕구로 하여금 전달하게 한 이유는 당시 후임 비서 김영훈 앞으로 비서직을 넘긴 줄 알고 있는데 내가 직접 박 의원에게 전달하면 김덕구와 김영훈이 박 의원에게 혼이 나기 때문에 김영훈이 급여를 찾아서 김덕구가 받아서 전달한 것으로 보이게 하기 위해서였다. 2014년 1월 급여는 김덕구가 1월에 또 급여가 들어오자 이번에는 박 의원에게 보고하고 마무리하자고 하였다는 취지로 진술하였다.

위와 같은 진술 등을 살펴보면, 장관훈의 진술은 일관성이 떨어질 뿐 아니라 사후에 확인되는 객관적인 사정과도 일치하지 않는 부분이 다수 발견되는 등 이를 그대로 믿기 어렵다

① 장관훈은 2014년 6·4 지방선거를 앞두고 실시된 인천 중구 '나' 선거구 새누리당 후보 공천 과정에서 갖게 된 불만을 계기로 2014년 5월 21일 피고인을 정치자금법 위반 등으로 고발하였으므로 장관훈의 진술은 우선 피고인에 대하여 좋지 않은 감정을 가진 상태에서 이루어진 것으로 보인다.

② 장관훈은 2013년 7월 급여를 7월 30일 14시 33분경 인출하였고 이를 31일 인천 제물포의 '백령면옥'이라는 식당에서 피고인과 김덕구 등 6, 7명이 점심식사 후 서울로 가기 위해 차량에 탑승

한 피고인에게 전달하였다고 진술하였다. 그런데 피고인 일정표
에는 7월 31일 12시에 이인선 인천지방경찰청장과 '소청도'라는
음식점에서 오찬을 한 것으로 기재되어 있다. 이에 대하여 피고
인은 경찰청장의 수행비서 박승우의 사실확인서와 법인카드 결
재 전자전표, 경찰청장 부속실 실장 김동석의 사실확인서, 음식
점 '소청도' 업주의 확인서 등이 있어 장관훈의 이 부분 진술은
사실과 부합되지 않는 것으로 판단된다.

③ 2013년 8월 급여를 인출한 시간은 2013년 8월 23일 15:43:59이
고 피고인의 차량은 8월 23일 16:09:37에 인천톨게이트를 통과
한 것으로 확인되므로, 장관훈이 급여를 인출한 당일 사무실에서
피고인에게 전달하였을 경우 급여 인출과 피고인의 차량이 톨게
이트를 통과하기까지의 시간 간격은 25분 38초 정도이다. 당시
의 현장 검증에 의하면, 농협 신포동 지점 입구에서 피고인 지구
당 엘리베이터까지 걸리는 시간은 걸어서 50초, 뛰어서 33초, 정
도로 측정되었고, 엘리베이터 탑승 후 피고인 사무실까지 올라가
는 데에 걸리는 시간은 40초 정도로 측정되었다. 여기에 급여 인
출 후 은행 직원으로부터 봉투와 테이프를 받아 붙이고 '8월 급
여'라고 기재하는 데 걸릴 것으로 예상되는 시간 약 1~2분 및 장
관훈이 김덕구에게 보고하고 피고인의 방에 들어가 전달하는 데
걸릴 것으로 예상되는 시간 약 1~2분, 그리고 피고인이 이를 받
아 사무실에서 내려와서 차량에 탑승하기까지의 시간 약 1~2분,
이후 인천 톨게이트까지 도달하는 시간(피고인 지역구 사무소에서
인천톨게이트까지의 거리는 약 16.7km로서 검사가 2015년 8월 16일
18:04경 네이버 실시간 교통정보로 확인한 차량 이동시간은 약 21분
이다)을 더하여 보면 장관훈의 주장과 같이 8월 23일에 전달하는

것이 물리적으로 불가능하다고 단정할 것까지는 아니지만 이는 거의 모든 상황을 최단시간으로 상정하여야 가능할 것으로 보이므로 현실적으로 위와 같은 상황이 발생하였다는 검사의 주장을 받아들이기 어렵다.

④ 2013년 10월 급여에 관하여 장관훈은 당 법정 등에서 "2013. 11. 1. 피고인이 급하게 올라간다고 해서 14:51경 급여를 찾자마자 주었다는 취지로 진술하였다. 그런데 2013년 11월 1일은 정기국회 국정감사가 개최된 날이고, 피고인이 소속된 국토교통위원회는 같은 날 국회 의사당 내 회의실에서 국토교통부 등 3개 기관을 대상으로 10:20부터 22:49분까지 국정감사를 실시하였는데, 당시 상임위원회별로 국정감사 모니터링을 실시하였던 '법률소비자연맹'의 모니터링 결과에 의하면, 피고인은 국정감사를 시작할 때부터 마칠 때까지 점심식사 및 저녁식사 정회시간을 제외한 이외에는 자리를 지키고 있었던 것으로 보인다. 그러므로 장관훈의 이 부분 진술도 객관적인 사실과 부합하지 않는다.

⑤ 그 밖에 장관훈은 2013년 12월 급여를 전달했다는 날짜에 관하여 12월 25일이라고 하다가 24일로 정정하기도 하고 2013년 8월과 9월의 급여 전달 시기에 대하여서도 찾은 당일에 전달했다거나 며칠 뒤에 전달하였다는 등으로 구체적인 부분에서 일관되지 않는 진술을 하였다. 장관훈이 찾은 금원을 피고인에 전달했다는 부분에 대한 직접적인 증거는 사실상 장관훈의 진술이 유일하다고 할 수 있는데, 이러한 장관훈의 진술의 여러 부분에 관하여 객관적으로 부합하지 않는 사정들이 밝혀진 이상 장관훈의 진술의 신빙성은 전체적으로 허물어졌다고 볼 수밖에 없다.

김덕구의 진술은 장관훈의 진술에 대한 합리적인 의심을 해소할 근거가 되기에는 부족하다. 또한 장관훈이 김덕구를 통해 전달하였다는 2013년 12월 급여 및 2014년 1월 급여는 피고인에 대한 구체적인 보고 없이 지역사무소에서 사용되었을 가능성을 배제할 수 없다. 실제로 김영훈은 2014년 1월 200만 원을 김덕구로부터 받았다고 진술하고 있으며, 장관훈도 선거관리위원회 1차 문답에서 "김영훈씨가 2013년 11월경에 조직부장 겸 비서관 자격(미등록)으로 왔고, 국장님이 김영훈에게 월급을 주려고 그랬는지 나한테 급여 들어왔냐고 물어봐서 제가 찾아서 국장님께 전달했다. 2014년 1월에는 영훈이가 전화를 하여 사무실 운영이 힘들다. 니가 돈을 주어야 내가 돈을 받는다고 해서 그런가보다 했다"고 진술한 바 있으므로, 이에 의하면 피고인에게 이 부분에 관하여 불법정치자금 수수의 고의가 있었다고 단정하기도 어렵다.

장관훈이 피고인에게 정치자금을 기부하였다는 사실이 인정되지 아니하므로 정치자금법 위반의 점 및 공직선거법 위반의 점은 후보자를 추천하는 일과 관련된 것인지에 관하여 살펴볼 필요 없이 이를 유죄로 인정할 수 없다.

한편 장관훈이 상근비서로 근무하면서 받은 급여 중 7,790,000원을 피고인의 후원회 계좌에 입금한 사실과 관련하여 위 7,790,000원이 후보자를 추천하는 일과 관련하여 수수된 것인지 여부를 살펴본다.

피고인과 장관훈 사이에는 공천에 관한 명시적 언급 또는 약속이 없었다. 피고인은 장관훈에게 당선 가능성이 높은 기호를 배정하도록 영향력을 행사하는 등의 시도를 하지 않았고, 오히려 다음 기회에 출마하도록 권고하였다. 결국 장관훈이 상근비서로 근무하거나 후원금을 기부한 것은 자신의 정치활동에 대한 피고인의 정치적 영향력이나 후원자로서의 역할을 기대한 정도의 의미를 갖는다고 볼 수 있고, 장관훈의 후보자 추천에 영향을 미친다는 구체적인 의미까지 갖는다고 보기는 어렵다. 따라서 31,618,230원의 후보자를 추천하는 일 관련 정치자금 수수로 인한 정치자금 위반의 점 및 공직선거관리법의 점 역시 범죄가 성립하지 아니하거나 이에 관하여 검사가 제출한 증거들은 그대로 믿기 어려워 이 부분 공소사실을 인정하기에 부족하고 달리 의심의 여지없이 이를 인정할 만한 증거가 없다.

이것이 무죄 판단의 근거이고 논리이다.

재판에서 관계자들 여럿이 증언했다. 장관훈의 증언을 뒷받침한 김덕구의 증언도 있었다. 그랬지만 피고인석의 박상은 의원은 장관훈에게 어떤 반론도, 따져 묻는 권리도 행사하지 않았다. 할 말이 없어서였을까? 절대로 아니다. 자존심이 허락하지 않았을 것이다.

그랬지만 반론 증언이 없었어도 장관훈은 증언을 통해 스스로 자신의 거짓을 드러내고 있었다. 한 예로 12월 급료는 왜 직접 주지 않았느냐는 데 대한 답변이다. "김영훈 앞으로 비서직을 넘긴 줄 알고 있는데 제가 갖다드리면 김덕구 국장과 김영훈이 박상은 의원에게 혼이 나기 때문에 그랬습니다."

장관훈의 증언대로라면 그가 매월 월급을 돌려주어 교체등록이 안 된 것도 알고 있고, 11월엔 장관훈이 월급은 어쩌느냐고 했더니 '니가 쓰라'고 했다면서, 불과 한 달 후인데도 "직접 주게 되면 비서관 교체등록을 안 한 것을 알게 되어 사무국장이 혼이 날 일 것이라서"라고 앞의 증언을 스스로 뒤집고 있다. 물론 뒤집힌다는 인식 없이 뱉은 실토다. 동시에 이 말은 그가 비상근 자격으로 꼬박꼬박 받던 비서관 월급을 처음으로 돌려준 게 12월 급료라는 고백이기도 하다.

그는 이 증언에서 "12월에 저를 불러서 1백만 원을 주어서 받았는데 그것을 제가 어떻게 하기가 뭣해서 겨울옷을 사서 준 적이 있습니다."라는 말도 했다. 장관훈 주장대로라면, 봄부터 2천7백여 만원에 이르는 돈을 받은 박 의원이 1백만 원을 '연말 촌지'랍시고 준다고? 이런 경우라면 뭣할 사람은 고작 1백만 원을 주는 사람이지, 고작 1백만 원 받은 사람이 '뭣'할 리 만무하고, 그냥 던져버릴 것이지 옷을 사서 선물하는 것으로 감사를 표시한다. 이게 말이 되는가?

단적으로 장관훈이 비서로 들어가 월급의 일부를 후원회 계좌에 넣은 것은 그 나름의 공천전술이었던 셈이다. 공천 신청서를 내고 곧바로 공천 안 주면 가만히 있지 않겠다는 말을 하고 다닌 자료가 바로 비서의 후원금 납부라고 그는 계산한 것이다.

검찰이나 언론이나 박상은 의원이 임명직이 아니라 선거를 통해 당선되어야 하는 국회의원이라는 것, 장관훈은 그 선거구의 활동적 당원의 한 사람이라는 것만 잠간 유의해도 급료 착취는 있을 수 없는 일이라는 것을 판단하기 어렵지 않다. 그런데 아무도 그렇게 하지 않았다. 후원금 넣기가 공천 따기 전술이라고 생각하는 장관훈의 수준이나, 득표 일선의 사무당원 급료를 국회의원이 착취할 수도 있다고 판단하는 검찰과 언론의 수준, 이게 한국의 수준일까?

절도범을 제보자로 변신시키는 특별수사팀

장관훈 사건이라는 공천 후유증을 해운비리사건으로 비화(飛火)시킨 것이 운전수 김인수가 돈과 서류가 든 가방을 몰래 갖고 사라진 사건이다. 박상은 의원 측과 경찰에서는 절도사건이었고, 검찰에서는 제보자라고 발표한 것이 이 사건이다.

도난사건은 11일 일어났다. 운전수 김인수는 11일 낮 조퇴를 했다. 조카가 암투병 중이었는데 지금 사경을 헤맨다는 소식이라면서 "조카 병실로 가서 간호도 하며 마지막 길을 지켜주고 싶다"고 보좌관에게 말했다. 조카가 사경을 오락가락 한다는데 뭐랄 수 없다.

"그래 의원님은 내가 모실 테니 다녀오라."

보좌관이 조퇴를 승인했다. 이래서 돈이 든 가방이 없어지던 때 운전은 조현상 보좌관이 했다.

도난사건 다음날 김 기사는 정상적으로 의원회관으로 출근했다. 그런데 수사관들이 오자 사라졌다. 그리곤 연락이 되지 않았다. 그날도 다음 날도 그는 나오지 않았다. 범인은 김 기사라는 형사대의 말이 사실로 드러나고 있었다.

도난사건 사흘 지난 14일, 사건은 엉뚱한 방향으로 내달았다. 절도

용의자라던 운전수 김인수가 갑자기 제보자로 돌변하고, 아들 집에 검찰이 들이닥쳐 수색하는 일이 동시에 일어났다.

"제보자!" 운전수 김인수가 돈 가방을 들고 검찰에 가서 박상은 의원의 어떤 일을 고자질했다는 소리다. 고자질 내용을 확인하는 사태가 아들 집과 학술연구원 압수수색이다. 운전수가 고발한 어떤 부정사건도 없다. 그래서 박 의원은 '허, 참!' 했다는 것. 그러나 사태는 순식간에 당혹스런 상황으로 줄달음질치고 있었다.

문제는 아들 집에서 나온 억대의 돈이었다.

아들집에서 뭉칫돈 압수라는 보도는 쇼킹한 뉴스였다. 모든 언론이 포문을 열었다. 종합편집방송이라지만 거의 뉴스 전문 채널화한 '종편'을 비롯한 방송들이 시간마다 '운전기사의 국회의원 고발 이야기'와 검찰의 압수수색에서 나온 '억대 돈 뭉치 이야기'를 화제로 올렸고, 신문도 이 이야기를 마치 시리즈처럼 연일 다뤘다.

박 의원 측은 이른바 돈뭉치에 대하여 자료도 주고 설명도 했다. 그러나 언론은 그런 말은 보도하지 않았다. 검찰도 돈의 출처에 대해 박 의원 측이 석명(釋明)했다는 사실에는 함구하고, 의혹을 조사 중이라고 했다. 신문들은 6억, 7억, 10억 등 제각각 부풀려 보도했다. 검찰도 사건을 확대했다. 왜 그랬을까.

"검찰이 세월호 침몰 사건을 계기로 '관피아'(관료+마피아) 비리에 대한 대대적인 수사에 돌입한 지 한 달이 지났다. 검찰은 전국 최고의 수사력을 가지고 있다는 서울중앙지검 특수부 등을 동원해 수사를 벌이고 있지만 거물급 인사나 대기업 등에 대한 수사가 이뤄지지 않아 뚜렷한 수사 성과가 없다는 평가가 나온다.

··· (중략) ···

서울중앙지검 특수부 4개 부서가 철도, 교육, 정보통신 분야 등 관피아 비리 수사에 '올인'하고 있는 것을 감안하면 수사 속도가 더디다는 지적이 나온다. ··· (중략) ···

부장검사 출신 변호사는 '전국의 모든 특수부가 동원돼 수사를 한다고 말했지만 머리에 남는 수사 성과가 없다'며 '공직사회에 확실하게 경각심을 불러일으키고 수사를 성공적으로 끝내기 위해서는 초반에 전 국민의 관심을 모을 수 있는 대형사건 수사가 필요하다'고 말했다."

문화일보 6월 25일자 보도다. 이 기사는 해운비리 수사에 목을 건 검찰의 총동원 모습을 전하고 있다. 인천지검에 설치한 해운비리특별수사팀이 아무 것도 보여주지 못한다고 해서 전국 검찰이 '해피아 수사'에 차출되었다. 검찰 수뇌부가 세월호 폭풍 한복판에서 인천지검특별수사팀을 얼마나 닦달하는지가 눈에 선하다.

해피아는 없는데···

해피아, 정피아를 찾아 단죄하라는 세월호 폭풍에 휘둘린 건 검찰만이 아니었다. 정부, 정당, 학계 등 이 나라의 여론 주도층이 덩달아 북을 쳤고, 이래서 온 나라가 이 폭풍에 휩쓸렸다. 대통령이 절대로 써선 안 되는 '관피아'라는 단어를 국민을 향한 담화에서 사용했다. 이것은 '국가 이성(理性)의 마비'를 상징한다.

세월호 침몰이 해피아 탓인가? 아니 해피아는 있는가? 해운업계와 정치권의 유착관계는 오랜 관행이라는 게 공공연한 사실이라는 보도들은 사실인가?

해운비리 — 정경유착, 한마디로 이건 맹탕이고 헛소리다. 한국 해운산업의 역사는 40년 정도 된다. 한국 최초의 외항선 회사는 국책회사인 해운공사다. 해운공사가 출범하던 때의 선박들도 신형도 아니고 조선총독부로부터 물려받은 선단(船團)이다.

박정희 시대 수출이 급속도로 성장하면서 민간 외항선이 등장했다. 그랬지만 한국 회사들이 지닌 외항선의 70%가 지금까지도 한국 국적이 아닌 다른 나라 국적선이다. 가장 큰 민간해운회사는 한진해운이다. 한진그룹의 주력은 항공이고 그 다음이 건설, 아마 해운은 통운과 함께 그룹 꼴찌에 자리매김 되어있었던 것 아닌가 모르겠다. 그나마 이것도 이젠 불황으로 빚더미가 되어 파산 상태다.

국내 연안을 운항하는 해운조합의 여객선과 화물선들은 모두 낡고 오래된 배들이다. 회사들은 영세하다. 여객 운송만으로는 수지가 맞지 않는다. 탑승인 운임을 높게 책정할 수 없기 때문이다. 그래서 이들 선박들은 하나같이 기름값 면세 등 정부의 지원에 기대고 있다. 그래도 모자라 여객선은 화물운송으로 수지균형을 유지한다. 이들의 로비는 선박운항을 감독하는 일선 관서다. 그래서 해운조합을 비롯해 해운 관련 단체들의 요직은 해운관료 출신들이 차지해 있다. 이런 영세성 탓에 정부도 선박들에 엄격하지 못하다. 그들의 로비는 일선 관서가 주된 상대다. 해운업계가 정경유착에 이르다니! 대한민국이 어떤 나라인가.

한국! 사농공상(士農工商)이라는 낡은 관념이 아직도 살아 있는 나라다. 선원은 뱃사람도 아니고 '뱃놈'이다. 사농공상이라는 지지리도 못난 주자학의 포로들이 만들어낸 관습의 산물 '뱃놈 의식'이 한국의 21세기 먹물들에게 잠재해 있다.

　정치인들 대부분은 바다를 모른다, 바다엔 문외한이고 관심도 낮다. 박상은 역시 해운통이 아니다. 새우젓 어부의 손자로 강화섬 출신, 항구도시 인천에서 성장하고, 그래서 바다에 눈을 보냈고 군 복무도 해군의 길을 걸은 것이 그의 바다 경력 전부다. 수출입을 하면서 화주로 해운의 중요성을 아는 것, 이 정도의 바다 사랑, 바다 인연이 국회에선 해양관계 전문가로 불린다. 이것이 한국의 수준이고 모습이다. 더욱이 이명박 정부는 출범하던 때 정부조직 일부를 개편하면서 해양수산부를 없앴다. 이런 해양 인식의 황무지에서 박 의원은 의회 안에 바다 그룹을 만들고 박근혜 대통령 후보 캠프에서 물류·해운 본부장으로 활동하며 해수부를 어렵게 부활시켰다고 했다.

　한반도는 이름 그대로 반도(半島)다. 그런데 지금은 국토의 북녘이 막혀 사실상 섬나라가 되어 있다. 그런데도 대한민국의 바다에 대한 의식은 이런 수준에 머물러 있다. "해운업계와 정치권의 유착관계는 오랜 관행이라는 게 공공연한 사실이다."라고 쓴 2014년 6월 17일자 『한국일보』 보도는 바다에 대한 무지를 드러낸 기사이다. 해운업계와 유착한 정치인이 있었던가? 해운업계의 대형 부정사건 혹은 특혜시비 같은 사건의 기록이 있기라도 한가? 대체 대한민국 67년에 해운업체의 정경유착 사례가 있기나 한가?

　외항선업체는 지구촌이 일터고 경쟁의 마당이다. 그들의 로비 대상은 전 세계 물류다. 영세한 연안 여객선의 로비 대상은 일선 행정관서 정도다. 박 의원 선거구는 인천항이고, 섬 150개로 이뤄져 있는 옹진군이 포함되어 있다. 항만 해운에 관한 그의 입법 활동이나 예산 투쟁은

선거구의 일이기도 하다

박 의원은 그의 바다와 관련한 활동에 대해 "내가 한 일은 정치권에 해운과 항만에 대한 관심을 일깨우는 초기단계"라면서 해운과 정치의 유착으로 간다 해도 그것은 먼 훗날에나 있을 수 있는 것이 한국이라고 했다.

박 의원 말이 아니더라도 정경유착은 관행이라는 신문보도는 근거 없는 것, 직설적으로 평하면 무식한 글이다. 그런데 정경유착을 찾아내라는 게 세월호 분위기가 제기한 주제였다. 검찰은 무슨 수를 쓰든 이 주제에 부응할 자세를 취했다. 이래서 박상은 사건은 대형사건으로 만들어진다. 검찰은 박상은 의원을 '정피아'로 만드는 방향, 최소한 무슨 수를 쓰든 유죄로 만들어야 하는 길로 스스로 걸어갔다.

"어떤 사람도 나라의 분위기에 대항해 이길 수 없다." 토크빌의 얘기든가. 검찰이 그랬고, 박상은도 여기 맞닥뜨렸다. 검찰은 그 분위기에 편승했고, 박상은은 나라의 분위기에 대항해야 하는 싸움, 절대로 이길 수 없는 싸움에 내몰렸다.

검찰이 사건을 키울 수 있었던 근거는 돈이다. 4억 원 대의 돈이 '의혹의 불씨'였다고 했다.

"내 변호인이 말하는 것, 제출하는 문서, 이런 것 다 확인하면서도 검찰은 확인 안하는 것으로 했다.⋯ 선동의 귀재(鬼才) 괴벨스는 말했다. '선동은 한 문장으로 충분하다. 그러나 해명은 긴 설명, 수십 건의 문서를 필요로 한다. 그렇지만 이미 선동은 널리 퍼져 있다.'딱 그 말 그대로였다. 해운계 정경유착의 그림자, 거물 해피아 그 꼬리가 들어나다라는 낙인이 너무 선명했다."

박상은의 탄식이었다.

문제의 돈에 대한 박상은의 설명부터 옮겨보자.

"돈은 대한제당, 설원봉 회장이 내게 준 전별금이다. 설 회장은 2003년 8월 차명계좌로 입금되어 있는 두 개의 통장을 내게 주었다. 하나엔 2억1천8백만여 원, 다른 하나엔 1억1천2백만여 원으로 도합 3억3천만여 원이 입금되어 있는 정기예금 통장이다. 이 돈은 내가 대한제당을 떠나 이젠 돌아오기 어렵겠다고 판단하고 내게 준 전별금이다.

설 회장은 그로부터 4년 지난 2007년 8월, 282,498,208원이 입금되어 있는 차명통장을 내게 주었다. 이 돈은 한국학술연구원 전세금이다. 학술연구원은 2007년 7월까지 대한제당의 계열회사인 우인기업 소유 빌딩에 3천만 원의 보증금으로 입주해 있었다. 전세금 3천만 원은 설 회장의 특별배려로 요식을 갖추는 형식적인 보증금이다. 그런데 이해 우일기업 사정으로 사무실을 비워야 했다. 이래서 종로구에 있는 금박빌딩으로 이전키로 했다. 전세보증금 3억원이다. 사무실은 전세가 거의 없다. 모두 월세다. 전세로 해준 것은 경동고 장학회 회장도 맡고 있던 금박빌딩 황 회장이 이 장학회 이사이기도 했던 박상은에 대한 배려였다.

나는 대한제당 이명식 경영전략실장에게 임대보증금을 포함한 학술연구원의 이전비용을 요청했다. 그랬는데 이명식 실장은 회사의 규정 및 재정상 가용재원이 제한적이어서 연구원 요청을 다 들어줄 수 없고, 공식적으로는 임대보증금을 제외한 부대비용만 지원 가능하다고 회신해 왔다.

연구원 사무실은 정해진 날에 비워주어야 했다. 임대보증금은 3억 원인데 학술원 돈을 다 털어도 2천만 원 정도다. 모자라는 2억8천만 원을 내가 충당했다. 설 회장은 뒤늦게 내가 임대보증금을 냈다는 것을 이명식 실장으로부터 듣고 돈을 보냈다. 2007년 8월, 2

억8천2백만여 원이 입금되어 있는 차명계좌 통장은 한국학술연구원의 전세금(발전기금)이다.

두 돈을 모두 합치면 정확하게 6억1천만여 원이다.

학술연구원과 내 아들 형준이 집 수색에서 나온 돈은 모두 합쳐 4억9천만 원이다. 현금과 수표 그리고 외화 모두 합친 돈이다. 이 돈 중 현금은 한국학술원에 보관하다가 학술원이 이사하게 되어 아들 집으로 옮겨 보관한 돈이다. 외화는 내가 해외 출장 중 쓰다 남은 것, 그리고 형준, 형인 두 남매가 미국유학을 마치고 귀국하던 때 보유하고 있던 외화다. 그런데 대부분의 언론은 6억여 원으로 보도했다. 어떤 매체는 7억 원 심지어 10억 원이 넘는 현금 운운한 보도도 있었다. 6억 원은 설 회장이 내게 준 전별금과 학술원 전세금을 합친 금액이다. 검찰이 압수한 돈이 아니라 설 회장한테서 받았다는 액수 그대로를 부풀려 언론에 흘린 것이 드러난다. 10억 원은 운전수 김인수가 퍼뜨린 이야기다. 운전수의 주장을 마치 압수수색에서 나온 돈으로 보도한 허위보도다.

외화는 해외출장에서 쓰던 돈이어서 액수는 얼마 안 되지만 여러 나라 돈이다. 그런데 언론 매체들은 액수는 덮어버리고 마치 외화로 재산을 은닉한 인상을 주는 보도를 했다. 어떤 매체는 외화 중엔 일본 엔화도 있었다는 걸 강조했다.

압수수색이 있은 후 나는 변호인을 통해 검찰에 차명계좌의 계좌번호 등 돈의 출처를 모두 밝혔다. 돈의 출처를 손쉽게 금방 확인할 수 있는 자료이다. 4억 원이라는 돈에 대해서도 설명했다.

실제로 설 회장이 준 전별금 3억여 원은 5년 동안 많이 썼다. 그런데도 4억9천만 원이 남아 있었던 것은 뒤늦게 보내온 학술연구원 전세금 2억8천만 원과 내가 그 직전 가졌던 출판기념회 때 들어

온 돈이다. 그런데 이런 것은 모두 무시되었다. 설 회장이 건넨 6억 원을 마치 수색에서 나온 돈으로 언론에 흘렸다. 거기에 절도범인 운전수 김인수가 보았다고 주장하는 3억 원을 합치면 10억 원이다. 1천에 이르는 국내 언론매체 중 실제로 수색에서 나온 돈은 외화까지 합쳐 4억9천만 원이라고 정확한 사실을 보도한 매체는 단 하나도 없었다. 검찰이나 언론이나 정확성이 생명이다. 그런데 과장하고 부풀리고 비틀었다."

박상은 설원봉의 30년 우정

이제 박상은과 설원봉 회장의 관계를 살펴볼 차례다. 박 의원은 통장의 계좌번호 등 자료에 이어 설 회장이 전별금을 주고 한국학술연구원 전세금을 보내는 사연, 둘의 특별한 관계, 그리고 대한제당그룹과 한국학술연구원의 관계를 변호사를 통해 소상히 설명했다. 우선 전별금이라는 변호사의 설명에 대해 검찰은 퇴직 후 3년이 지나 무슨 전별금이냐고 하더라는 것. 전별금이라는 것을 이해시키기 위해선 설원봉·박상은의 관계를 설명해야 한다. 둘이 걸어간 30년 우정은 돈에 대한 설명이면서 박상은이 걸었던 생활의 발자취이기도 하다.

설 회장과 박상은은 연세대학교 법과대학 동창이고 25년 사업을 함께 한 친구 사이다. 친형제와 다름없이 믿고 의지하고 돕고 도움 받던 형제라고 했다. 두 집안 2세들도 한 가족처럼 친하게 지낸다고 한다. 박 의원한테서 둘의 인연을 들어봤다.

"내가 설원봉을 만난 것은 대학 2년 때다. 설 군은 2학년 때 우리 학과로 온 편입생이다. 경기고를 나온 그는 서울대에 낙방하고 2차인 한양대 법대에 입학해 다니다가 연세대학교 법대로 편입했다. 편입생은 1학년 때 못 딴 학점도 있어서 수업도 많이 듣고 학점도 더 많이 따야 한다. 그는 내게 수강신청 등 학사관계를 문의했다.

당시 박상은은 2학년 과 대표였다. 아마 과 대표였기에 나를 의논 상대로 택한 것 아닌가 짐작했다. 이런 인연으로 그와 나는 친한 사이가 되었다.

그렇게 지내던 어느 날, 그가 자기 형 결혼식에 같이 가지 않겠 느냐고 했다. 결혼식장은 워커힐호텔이라고 했다. 워커힐은 그 무 렵 우리들이 가보고 싶지만 얇은 호주머니로는 가 볼 엄두조차 내 지 못하는 서울의 명소였다. 같이 가기로 했다. 그는 뒷문으로 나를 이끌었다. 이화여대 주차장에 승용차가 있다고 했다.

당시는 피로연은 없고 예물을 주던 시절이다. 그의 형 설원량 결 혼식 예물은 뉴스타 라디오였다. 원봉은 라디오 10대를 내게 가져 왔다. 여분은 팔아서 용돈에 보태라는 의미였다.

그리고 얼마 후 그의 집에 가자고 했다. 형수가 결혼식장에 와 준 도련님의 친구들을 집으로 초청했다고 했다. 나는 그를 따라 나 섰다. 필동 저택이었다. 원봉의 친구들은 모두 경기고 동기생들이 었다. 나는 그의 집에 가서야 원봉이 대한전선 설경동 회장의 막내 라는 것을 알았다.

대한전선은 당시 국내 전선업계를 석권한 3대 재벌기업이다. 전 선은 점유율 70%로 1위, 가전(家電)은 금성사 다음인 2위, 그리고 대한제당, 장항 동제련 등 30여 개 계열사도 거느린 한국의 재벌이 다. 설 회장은 평북 철산 출신이다. 이북에 가족을 둔 채 단신 월남 해서 기업을 일으킨 의지의 기업인이다. 원봉은 4남 2녀 중 막내아 들이다. 그의 작은형 설원량은 아버지의 기업을 계승할 장자로 대 한전선에 다니고 있었다.

원봉이는 '재벌 2세' 티를 내지 않았다. 그는 자기 승용차를 갖고 있었다. 그러나 그는 자동차를 이화여대에 세워두고 걸어서 학교에

왔기 때문에 누구도 그가 자기 승용차를 가지고 있다는 사실을 몰
랐다."

둘이서 학교생활을 통해 쌓아가는 우정 얘기는 박상은이 펴낸 책에
기록되어 있다. 그 일부를 옮긴다.

"2학년 후반기 연세대학교 학생회장으로 출마하라는 친구들의
권유를 받았다. 나는 법대생이고, 법대생이면 대체로 그렇듯 나도
고시준비생이었다. 학생회장에 나서면 고시 준비에 지장이 있다.
나는 망설일 수밖에 없었다. 게다가 나에게는 선거를 치르는 데 필
요한 최소한의 돈조차 없었다. 주저하는 나에게 며칠 후 친구들이
다시 왔다.

한 녀석은 시계를 풀고 한 녀석은 카메라를 팔아서 마련한 돈을
내놓았다. 또 다른 한 녀석은 하숙비를 들고 왔다. 당시로는 큰돈(巨
金)이라고 할 7만 원을 만들어 온 일곱 친구를 보자 이게 웃을 일이
아니구나, 싶었다. 내가 하고 싶든 아니든 이미 일은 시작되고 있었
다.

당시 대학가는 데모열풍의 시대였다. 내가 당선되어 취임도 하기
전에 데모에 내몰렸다. 학생회장 시절 나는 체포를 피해 연세춘추
건물 3층 다락방에 은신했다. 그곳이 공부방이고 침실인 내 하숙집
이었다.

내가 학생회장에 당선된 뒤 원봉 군의 어머니는 원봉에게 나와
멀리 하도록 다그쳤다. 재벌기업 아들이 데모꾼과 어울린다는 것은
상상도 못할 일이었다. 심성이 유순하고 부모에게 순종하는 원봉은
어머니의 말씀은 잘 따랐지만, 나와의 관계는 예외, 아침이면 도시
락 두 개를 싸들고 내 숙소인 연세춘추 다락방에 와서 아침식사를

함께 했다. 그렇게 우리는 우정을 쌓아갔다.

내가 원봉이네 가족과 더욱 친밀해진 것은 원봉의 연애사건이다. 사건이라고 말한다 해서 무슨 일이 일어난 것은 아니고 어머니의 반대였다. 원봉이는 사랑을 했다. 이화여대 미술대학 학생이던 그녀는 대농그룹 박용학 회장의 따님이었다. 둘은 사랑이 깊어져 집에도 데려갔던 모양이다. 그런데 아들의 연인을 선 본 어머니가 반대했다.

아마 6월 학기말 시험 전후라고 기억한다. 원봉이가 인천 우리집에 왔다. 네 집에 며칠 묵어야겠다고 했다. 사연은 연애를 반대하는 어머니에 대한 '데모'였다. 우리 집은 우리들 공부를 위해 조부께서 마련해둔 방 두 개짜리 작은 집이어서 좁고 불편하다. 그래서 원봉은 겨우 이틀을 지내고 제 집으로 돌아갔다. 그 무렵 나도 어머니의 호출을 받아 필동 저택에 불려갔다. 어머니는 내게 원봉이가 연인을 단념하도록 설득하라고 했다.

어머니의 반대는 두 가지 이유였다. 우선 처녀가 너무 가녀리다는 것을 꺼렸다. 원봉이는 사업을 해야 한다. 그러자면 안 사람의 완벽한 내조가 필요하다. 남편의 건강도 보살피고 집 걱정 같은 것 안 하도록 해야 한다. 아이도 건강하게 낳고 잘 길러야 하는데 몸이 약해 보인다. 가정을 지키고 자식들 잘 기르기는커녕 남편이 아내의 건강에 마음을 써야 할 것 같다. 아내가 병약해선 남자가 큰일을 하지 못한다. 그게 실격의 첫째다. 두 번째는 대농그룹에 대한 이미지다. 어머니는 대농을 탐탁해 하지 않았다. 우리는 돈 있는 집 딸을 원하지 않는다고 어머니는 말씀하셨다.

처음부터 '그거 안 될 일입니다'라고 해선 될 일이 아니다. 어머님 걱정하시는 것 전하고 설득해 보겠다고 했다. 그리고 원봉이를 만났다.

'어떠냐, 어머님 반대도 일리 있잖느냐?'

그러나 어림없었다. 그가 말했다. '나는 그녀를 사랑한다. 지병이 있는 것도 아닌데 병약하리라는 건 어머니의 편견이다. 설혹 병약하다고 해도 나는 그녀를 사랑한다'고 하였다.

며칠 지나서 나는 어머니에게 원봉이의 마음을 돌릴 수 없다고 말씀드리고, 어머니가 마음을 바꿔 달라고 간청해 보기도 했다.

어머니와 원봉의 냉전은 별로 오래 가지 않았다. "자식 이기는 부모 없다"는 말 그대로, 어머니는 반대를 관철하지 못하고 아들의 선택에 따랐다.

학생회장 후반기에 당국은 학생회장들을 위한 특별한 프로그램을 만들었다. 월남전선 시찰이다. 베트남을 보고, 전쟁을 보고, 변화하는 세상과 세계 속의 한국을 보라는 뜻의 프로그램이다. 학생만이 아니고 연예인, 여러 사회단체 대표들도 함께 한 '월남장병위문단'이 그것이다. 당시 삼척 이도리의 선배 시골집에 숨어 살던 나를 체포한 당국은 중앙정보부 유치장이 아니라 이 위문단에 나를 참여시켰다.

부산으로 가서 LST편으로 여정에 오른 월남전선 위문 여행은 신선했다. 부대에서 보여준 실전훈련에서 처음으로 전쟁을 실감했고, 전후방이 없는 베트남 내전에서 분단의 나라가 마주치는 문제들을 보았다. 한국과는 다른 점도 많지만 분단국이라는 공통점에서 이 나라 견문(見聞)은 많은 것을 생각하게 만들었다.

졸업 후 나는 해군 사관후보생에 지원했다 데모주동자 학생회장이었다는 경력이 신원조회에서 걸려 낙방하게 된 것도 총장과 김명회 박사, 그리고 당시 정보부장의 배려로 해결되어 사관후보생이 되고 장교로 임관되어 해군생활을 했다. 나는 후보생 지원 과정에서 신원조회를 넘어서느라 장기복무를 서약한 것 때문에 3년이 아닌 5년을 복무했다.

내가 대한전선그룹에 입사한 것은 원봉이 아니라 형 원량의 권유다. 원봉의 부친 설 회장은 내가 군에서 제대하기 2년 전에 별세해서 장남인 원량 형이 대한전선그룹의 경영을 맡아 있었다. 원봉은 대학 졸업 후 미국 유학을 떠나 대학원 석사과정을 마치고 귀국해서 군 복무 중이었다. 나는 제대 후 유학을 생각하고 있었다. 그런데 원량 형이 나를 불러 계획을 묻더니 대한전선에 나와서 일하라고 했다.

여권이 특권이던 시절의 처녀출장

박상은은 대한전선에서 열심히 일했다. 말단사원으로 시작한 그의 회사원 시절도 그의 기록에서 간추려 여기 옮긴다.

"지금 즉시 철수하고 서울로 돌아와!"

"지금은 괜찮습니다. 많이 좋아진 것 같습니다."

"글쎄 돌아오라니까. 너 그러다가 타국 땅에서 비명횡사하고 싶어?"

"의사가 맥주나 물을 많이 먹다보면 자연유출 되는 경우도 있다고 합니다."

"미련한 소리 하지 말고 돌아 오라니까."

혼자 떠난 중동 출장길, 아랍 에미리트의 두바이를 거쳐 카타르의 도하에서 요도결석으로 죽을 고생을 한 적이 있다. 몇 나라를 거쳐 사우디아라비아까지 가야 한다. 애써 통증을 참으며 업무를 계속했는데 이를 안 본사에서는 즉시 귀국하라는 독촉이 빗발쳤다. 아무리 일개 말단 사원이었지만 보수적이었던 우리 회사는 모든 직원이 한 식구라는 인식이 매우 강했다. 이것이 내가 그 회사에서 반평생을 바친 이유이기도 하다. 아무튼 당시 직장 상사들은 내가 그 열사(熱沙)의 땅에서 죽을지도 모른다는 불안감에 고래고래 소리를 질러대며 귀국을 종용했다.

"곧 좋은 결과가 있을 것 같습니다. 지금까지 어렵게 버텼는데 이제 와서 빈손으로 돌아갈 수 없습니다."

나는 못가겠다고 고집을 부렸다.

"상은이, 거긴 우리보다도 후진국이야. 손도 못 써보고 쥐도 새도 모르게 죽을 수도 있어. 입찰에 성공해도, 성공했다고 보고해 줄 사람이 없으면 그게 무슨 소용이 있냐."

"그래도 전 못 갑니다. 일은 마치고 가겠습니다."

아마 통화하던 때 사장도 옆에 계셨던 모양이다. 급기야 사장까지 직접 나서 소리를 질렀다.

"내가 오라면 냉큼 돌아오는 거지 뭐가 그렇게 말이 많아. 인마, 네가 사장이야?"

네가 사장이냐는 말에 나는 멈칫했다. 하지만 정말이지 비싼 돈 들여 이 먼 곳까지 와서 빈손으로 돌아가긴 싫었다. 잠시 머뭇거리다 떠오른 생각, 나는 사장보다 더 단호하게 말했다.

"예 그렇습니다. 지금 여기선 제가 사장입니다. 일 마치고 돌아가 보고하겠습니다."

그러곤 사장의 반응도 기다리지 않고 내가 먼저 수화기를 내려 놓아 버렸다.

나는 두바이 지사에서 3일을 지내고 두 번째 목적지인 도하를 방문했는데, 그곳에 도착하자마자 원인을 알 수 없는 복부 통증이 왔다. 창자의 한 부분이 끊어질 듯 아파왔다. 당시 그곳에는 한국의 건설업체들이 진출해 있었고, 나는 정우개발의 현장 캠프에 연락을 취해 한국인 의사의 진찰을 부탁했다. 고맙게도 그곳의 의사 한 분이 나를 보더니 맹장 아니면 결석인데, 통증이 심한 것은 안 좋은 증세라며 왕립병원으로 데려가서 진단을 받게 했다. 인도인 의사의 진단 결과 요도결석이었고, 의사는 진통제를 주고 공항에 연락한 다음 곧바로 귀국할 것을 권고했다.

나는 회사에 연락을 하고 바레인으로 나와 홍콩행 비행기를 기다렸다. 그러다 공항에서 서울대학병원에 근무하는 의대교수인 손위 처남에게 전화를 걸어 자초지종을 설명했다. 그랬더니 물을 많이 마시면 자연적으로 배설되는 경우도 있지만 말하는 정황으로 보아 통증이 심하다니 귀국하는 게 좋겠다고 했다.

새벽 2시 비행기를 기다리며 공항에 앉아 있자니 문득 이런 생각이 들었다. 이번 출장을 위해 얼마나 고생을 많이 했는데….

지금이야 해외여행이 자유화되었지만 그때만 해도 여권을 발급받을 수 있다는 것은 굉장한 특권처럼 여겨지던 시절이었다. 여권 신청을 하고서야 운동권 출신인 내게 여권이 발급되기 어렵다는 것도 알았다. 외무부에선 중앙부처 국장급 이상인 공직자의 신원보증을 요구했다. 그때 내 신원보증을 해준 이가 당시 여당인 공화당 소속 국회의원이던 이만섭 의원, 그리고 당시 교통부 기획관리실장이던 정영훈, 두 연세대 선배들이다. 회사에서도 처음으로 4급 신출내기 사원을 혼자 보내는 것에 대해 망설임도 있었다고 했다. 아무런 성과 없이 귀국한다면 앞으로 후배 사원들의 회사 활동에도 달갑잖은 영향을 줄 것 같다는 생각도 들었다. 무엇보다도 내 스스로를 내가 책임감 없는 젊은이로 만들고 싶지 않았다. 일정대로 밀고 나가자.

일단 마음이 정해지자 물과 맥주에 의지해 중동에서 맡은 일을 마쳐야겠다는 마음뿐이었다. 다행히 대한항공 바레인 지점에 친구 최경훈이 있었다. 그의 도움으로 홍콩행 비행기를 취소하고 사우디아라비아로 갈 수 있는 비자와 비행기 표를 얻었다. 진통제로 아픔을 견디며 사우디아라비아로 향했다. 3,000만 달러짜리 세계 최대 규모의 케이블 입찰과 가전제품 판매를 위해서였다. 사우디에서 2주쯤 머물며 뛰었다. 아마 사우디를 떠나기 직전으로 기억한다. 결석이 물과 맥주의 힘으로 어느 날 아침 자연배출 되었다.

잇달아 카이로, 리비아의 트리폴리, 카사브랑카, 당시 원유 생산국으로 개발 붐을 타던 나이지리아의 라고스까지 한 반달 간의 출장을 마치고 서울로 귀환했다. (2011년10월 발간 『승자는 달리는 도중 미리 행복하다』에서.)

수출회사 과장의 건의도 받아들이던 '우리 대통령' 시절

친구 설원봉은 박상은이 군에 있던 때 미국에서 석사과정을 마치고 공군으로 병역의무도 이행한 뒤 대한전선 이사로 입사해 있었다. 그는 신중하고 생각이 깊고 다른 사람의 선의를 믿고… 그러는 참 선량한 성품이다. 그래서 형 밑에서도 아무 불평 없이 형에게 순종하며 일하고 있었다.

2차 오일쇼크와 함께 경제가 어려움을 겪던 때 전선(電線), 가전(家

電), 제당을 주력사업으로 구성된 그룹 사업 중 가전이 위기를 넘어서 지 못하고 18개 가전 관련 계열사를 모두 대우그룹으로 넘겨야 했다. 선고(先考)는 성격이 원만하고 부드러운 원봉은 지분만 갖고 형과 함께 그룹을 이끌다가 문화 사업을 맡는 것이 좋다는 구상이셨고, 원봉도 그 뜻을 존중하고 있었다. 그런데 문화사업의 바탕이 될 가전 부문이 모두 넘어가게 된 것이다.

그런 무렵 원봉에게 내가 독립을 권했다. 원봉도 그룹의 미래가 밝 지 않다는 위기의식이 있었다. 우리 둘은 긴 얘기를 했다. 그리고 독립 을 결정했다.

대한전선은 국내 1위다. 반면에 가전과 제당은 국내에서도 다른 그 룹에 밀리는 2~3위였다. 뒤쳐진 2~3위로 가다간 미래가 안 보인다. 그 래서 그룹에서 사업부서 대우를 받는 설탕을 독립시켜서 경영하기로 했다.

제당을 갖고 나가겠다는 동생의 구상을 형은 선뜻 받아들이지 못했 다. 사장은 나를 불렀다. 형 원량은 동생 원봉의 일면 수동적이라고도 할 성품을 안다. 그가 독립을 결심했을 리 없다. 독립하라고 일깨운 건 박상은이다. 나를 알고 원봉도 아는 형이 손쉽게 내린 판단이다. 그리 고 동생을 주저앉히는 길은 박상은이를 닦달하는 것이라고 판단한 것 이다.

사장은 제당을 가져가서 독립해 봐야 얼마 안 가서 손을 들 것이라 는 말을 했다. 내가 재산이 아까워서, 동생한테 주기 싫어서 이러는 게 아니다. 너희들 철부지 판단을 그대로 받아들일 수 없지 않으냐는 말 도 했다.

그랬는데… 모친께서 원봉의 독립에 동의했다. 모친은 조용한 성품 의 막내 원봉은 문화 사업이 적격이라는 남편의 뜻을 존중하고 계셨다.

'그래, 문화 사업을 하더라도 돈은 있어야지' 그래서 막내가 모처럼 용기를 낸 독립선언을 지지해 주셨다. 어머니가 동의하자 형도 누그러졌다

어머니도 원봉의 독립선언 배후가 나라는 것을 아신다. 어머니가 나를 불러 우리 둘의 구상과 계획에 대해 묻고 내게 일을 맡겼다. 형과의 절충, 제당을 갖고 나가는 법적 일처리 등 일체를 나한테 맡기셨다. 이래서 나는 설원봉의 대리인이 되어 사장인 형님과 형님 쪽인 대한전선 간부들을 상대로 하는 절충을 담당했다.

제당으로 독립하자 나는 친구 설원봉을 따라 제당으로 옮겼다. 친구 원봉은 사주지만 나는 대한전선 평사원이었듯이, 여기서도 사원으로 옮겨 앉았다. 제당 간부들을 상사로 모시고 열심히 뛰는 것이 원봉에게 독립을 부추긴 데 따르는 나의 책임이고 내가 할 일이라고 나는 생각했다.

초창기 대한제당의 규모는 다른 계열사에 비해 보잘것없는 것이었다. 그때만 해도 세상엔 대한전선이라는 이름만 알려져 있었다. 우리 사내에서조차 대한제당은 일개 작은 사업부서 정도에 지나지 않았다. 그런 제당을 궤도에 올려놓기까지는 나는 정말 '괴물'소리를 들으며 동분서주(東奔西走)했다. 인천의 생산설비를 제대로 된 공장으로 확장 건설하는 한편, 싼 원당을 구입하기 위해 선물시장에 집중했다.

모든 것을 나름으로 갖춰 생산에 들어갔다. 대한제당이라는 브랜드로 설탕이 나왔으나 마케팅에 문제가 생겼다. 그때만 해도 선두기업인 제일제당의 브랜드파워가 워낙 견고해서 대한제당이라는 회사 제품을 소비자는 인식하려 들지 않았다. 아무리 광고 선전을 해 보아도 오히려 제일제당의 매출만 올려주는 기현상이 발생했다. 강한 선두기업이 존재하는 시장에 후발업체가 뛰어들어 자리를 넓혀 나간다는 것이 그

렇게 어려운 줄은 미처 몰랐다.

제일제당이라는 벽을 뛰어넘기엔 우리는 준비도 힘도 없었다. 나와 원봉은 수출에 모든 것을 걸기로 작정했다. 수출과 원당구입에 사운(社運)을 걸었다. 수출시장은 홍콩부터 시작이다. 나는 홍콩을 비롯한 동남아에서 시작해 중동으로 나아갔다. 나는 서울 본사보다 해외가 내 전쟁터였다. 나는 비행기에서 자고 그 밖의 시간은 세일즈로 뛰었다.

원당 구매도 내가 감당해야 할 일이었다. 설탕을 만들 원당을 싸게 사는 것이 살아남고 이기는 길이었다. 나는 선물시장(先物市場)에 눈을 돌렸다. 지금은 우리나라에도 선물시장이 생겼고, 선물거래사라는 직업도 있지만, 그때만 해도 국내에선 매우 생소한 업무였다. 당시 주요 선물시장은 런던과 뉴욕에 있었기 때문에 나는 새벽 1시에서 3~4시까지 전화통을 붙들고 씨름해야 하는 날이 많았다. 낮에는 회사에서 일하고 돌아와서 밤에는 전화통을 붙잡고 있어야 하니 여간 힘든 것이 아니었다. 하지만 더 큰 고통은 당시 한국의 통신기술이 너무 열악했다는 점이다.

국제전화를 한번 하려면 광화문에 있는 국제전신전화국에 전화를 걸어 내 전화번호와 통화를 원하는 상대편 전화번호를 알려주는 통화 신청을 하고 기다려야 한다. 연결되기까지 대체로 20~30분이 걸린다. 선물시장은 일분일초가 다르게 빠른 속도로 돌아간다. 잠깐 사이 가격이 오르락내리락 하는 것이다. 톤당 가격이 300달러임을 확인하고 상부로부터 1천 톤을 구매하겠다는 결재를 받아 전화 신청을 했는데, 전화연결이 된 시간엔 310달러로 가격이 올라 있다. 다시 결재를 바꿔 받아 전화연결을 해도 또 어떻게 달라져 있을지 알 수 없다. 당시에도 선진국은 자기 전화로 바로 다이얼을 돌려 국제전화를 할 수 있었으니 우리가 경쟁이 되겠는가. 이러니 매일 애꿎은 전화교환원에게 고래고래 소리를 지르는 날이 계속되었다.

국제통화에 시간이 걸리는 것은 우리나라 통신기술의 수준 탓이지 교환원의 책임이 아니다. 교환원 역시 불가항력이다. 이성(理性)은 이걸 아는데 막상 시세가 달라져 허탕을 치면 나도 모르게 소리를 지르게 되기 일쑤다.

나는 이때 통신의 인프라 문제로 대통령을 면담했다. 답답한 마음에 나는 청와대에 진정서를 제출했다. 우리나라의 열악한 통신 상황과 그에 비교되는 외국의 통신 상황을 설명하고, 그것이 우리 산업에 미치는 영향을 썼다. 통신기술 향상의 필요성을 호소하고 내 나름의 통신시스템 개선안도 첨부했다. 그랬는데 정부에서 청와대에 들어가 설명하라는 통보를 했다. 나는 관계 비서관들도 배석한 자리에서 내가 현장에서 겪고 있는 국제통화 사정을 얘기하고 시급한 개선의 필요성을 역설했다.

젊은 시절에 나는 그랬다. 할 것은 하고 바꿀 것은 바꿔야 하는 저돌적인 성격이었다. 일개 회사 과장이 청와대에 통신시설 개선을 요구하고 나섰으니 나도 참 물불 안 가리는 젊은이였다.(2011년 10월 발간 『승자는 달리는 도중 미리 행복하다』에서)

그 시절 내 이름은 '괴짜' '괴물'이었다. 제품 샘플 보따리를 들고 홍콩으로, 동남아로, 그리고 영국으로 한국의 도깨비 하나가 날라 다녔다. 그때가 아마 내가 '괴물' 소리를 가장 많이 들었을 때가 아닌가 생각한다.

이렇게 억척스럽게 뛰어다닌 덕분에 우리는 드디어 1억 달러 수출을 달성했다. 당시 우리나라의 연간 수출이 100억 달러를 기록하고 있었

다. 그런데 일개 회사가 단일 품목인 설탕 하나로 1억 달러 수출을 달
성했다는 것은 놀라운 일이었다. 이 일로 대한제당은 1980년 국가로부
터 수출산업포상을 받고, 이듬해엔 동탑산업훈장을 수상하게 되었다.

그 무렵 나의 공식 집무는 설탕의 수출 및 원당 수입을 전담하는 해
외영업과장이었다. 그러나 나는 한 순간도 고유 업무에만 얽매이지 않
았다. 나는 일을 추진하고 결행할 때 늘 사장처럼 생각하고 신입사원
처럼 일했다.

선거에 나섰지만

나는 2000년 초 최기선 시장으로부터 인천시 정무부시장을 맡아 달
라는 요청을 받았다. 인천상공회의소 추천이었다. IMF 구제금융 수혜
의 나라가 된 이후 국내경제는 일대 공황에 빠져 그 끝이 보이지 않는
터널에 진입해 있었다. 한국 제2의 항만도시이자 경인공업지대 중심에
있는 인천의 시정(市政)에서 경제는 가장 많은 비중을 차지한다. 통상
확대, 내외투자 유치를 위한 인프라 확대와 기업하기 좋은 환경 조성
에 시정의 역할도 요긴하다. 그런데 최기선 시장은 경제에 어두웠고,
그래서인지 이 분야에서 시정은 거의 아무 기능도 못하고 있었다. 시
민들이 멀어져 가고 재계는 불만을 드러내는 단계로 악화되고 있었다.
최 시장은 재계에 SOS를 보냈다. 재계가 준 답이 박상은의 부시장 추
천이었다.

내가 대한제당 부회장을 맡고 있던 때였다. 나는 설 회장에게 이런
교섭을 받았다는 얘기를 했다. 설 회장은 나를 놓으려 하지 않았다. 나

역시 마음이 움직이지 않았다.

인천상공회의소 회장을 맡고 있던 동양화학 이수영 회장, 국토개발연구원장도 지낸 인천대학 홍철 총장, KDI원장 출신인 원로 경제학자 송희영 인천대 동북아통상대학원장, 인천항 발전협의회 회장을 맡고 있던 이기상 영진공사 회장 등이 하나가 되어 나를 추천했다. 이런 분들의 권고를 뿌리치기도 어려웠다. '에라 모르겠다.' 나는 도망치듯 한 달 이상 유럽에 나가 있었다.

돌아왔는데 지리를 비워놓고 나를 기다리고 있었다. 나는 받기로 생각을 바꿨다. '그래 내가 뭐 대단하다고…'

'지금까지 나와 가족과 회사를 위해 일해 왔다면, 이제부터 남은 반생은 국가와 사회를 위해 내가 할 일을 하는 것이 나의 소명이 아닐까.'

그런 생각을 하고 하나님의 소명에 성실할 것을 맘속에 다짐했다.

내 결정에 설 회장이 펄쩍 뛰었다. 내가 인천시청에 나가 일하고 있는데도 설 회장은 단념하지 않았다. 설 회장과 나, 둘 다 가깝게 지내는 대학 선배들까지 동원해 나를 제당으로 돌아오도록 압력을 가했다. 그랬지만 번복할 수 없었다. 결국 설 회장도 받아들였다. 1년 남짓 지나 최 시장 임기가 끝나 시장이 바뀌면 제당에 돌아올 것으로 판단하고 나의 떠남을 받아들인 것이다. 나는 제당을 떠났지만 일시적인 것, 설 회장에겐 여전히 나는 '제당 맨'이었다. 나 역시 마음은 변함없는 대한제당 사람이기도 했고….

2001년 9월 정무부시장에서 물러났다. 시정에서 떠나기 위해서가 아니라 시정을 제대로 해봐야겠다는 결심 때문이다. 나는 해가 바뀌면 실시될 2002년 지방선거에 인천시장에 집권여당의 공천에 도전하기 위해 부시장 자리를 물러났다.

나는 한국의 보수파다. 우리 전통을 존중하고, 개혁을 추구하고, 시장경제, 자유무역을 지지하는 보수주의 성향이다. 정당을 택한다면 민주당보다는 당시의 여당이던 한나라당, 오늘의 새누리당이 내 성향에 가까운 정당이다. 그런데 시장 선거에 나서면서 민주당 공천을 받았다. 한나라당 공천은 어려웠고 민주당에선 나를 원했다.

시장은 비록 정당 추천을 받지만 정치하는 자리가 아니라 행정 하는 자리, 법을 제정하는 것이 아니라 법이 정한대로 집행하는 자리다. 국회가 정하고 정부가 정한 정치의 방향에 맞춰 행정을 이끌어 나가는 자리다. 그러니 추천 정당이 뭐 대순가, 그런 생각으로 민주당에 입당하는 나를 합리화했다.

나의 첫 선거는 실패였다. 이제 뭘 한다? 미처 마음을 추스르기도 전에 제안이 들어왔다. 경인방송 대표이사다. 경인방송은 정부가 설립을 허가하기로 해서 업체를 공개모집하던 때에 대한제당도 뛰어들었던 사업이다. 경쟁에서 동양화학에 우리가 밀렸다. 그런데 동양화학 이수영 회장이 내게 경인방송을 맡아달라고 청했다.

경인방송은 적자였다. 이수영 회장은 이런 회사 형편을 숨김없이 털어놓았다.

"경영을 정상궤도로 올리는 데 얼마가 걸릴지 모르지만 그래도 그
가능성을 기대해 볼 수 있는 사람은 박상은 당신뿐이다. 죽이 되던
밥이 되던 나는 간섭 안 할 테니 방송을 맡아주시오."

이회장의 간곡한 부탁이었다.

회사 전망은 어두웠다. 안 맡는 것이 어쩌면 정상이다. 그래도 나는 이 회장의 나에 대한 믿음을 저버릴 수가 없었다. 그래서 수락했다. 대한제당 설 회장이 내 결정에 강하게 반대했다. 선거 치르느라 심신이

고달플 테니 여행이나 하며 휴식한 뒤 업무에 복귀하리라는 것이 설 화장의 마음이었다. 그랬는데 내가 방송으로 길을 바꿨다. 크게 상심한 얼굴이었다. 그는 무척 아쉬워했다. 내가 경인방송 회장직을 수락하자 설 회장은 내가 제당에 돌아오는 것을 단념했다. 설 회장은 가까운 동문들을 만난 자리에서 체념한 듯 말하더라고 했다.

"상은이가 결국 회사로 돌아오지 않을 것 같다. 이렇게 영 떠날 줄 알았으면 그때 퇴직금이라도 제대로 챙겨 주었어야 하는데…"

그런 말을 하더라는 얘기를 들었다. 회사는 퇴직금을 재차 계산할 길이 없다. 이래서 설 회장은 그의 사재를 내게 보냈다. 설원봉의 전별금이다.

"정무부시장 급료는 그때그때 쓰기에도 부족했을 테고, 선거까지 치르느라 아마 나갈 때 받았던 퇴직금도 다 쓰고 없을 거다. 경인방송 회장이라지만 적자만 내는 기업 아닌가. 상은이가 품위를 유지하고 아이들 공부 마치게 할 돈은 있어야겠지…"

그래서 내게 돈을 보낸 것이다.

20여 년 대한제당을 함께 성장시킨 친구 박상은에게 대한제당그룹 지배주주인 설원봉 회장이 주는 퇴직금이자 전별금이었다. 회사의 한 사업부서 수준이던 제당을 경쟁력 있는 회사로 끌어 올리고 국내 최대의 사료회사도 창조한 것을 비롯해 10여 개 계열사를 거느리는 TS그룹으로 성장시킨 나의 기여와 공로에 대한 보상이기도 했다.

나는 아무 주저함도, 부담감도 없이 설 회장이 보낸 설 회장의 차명 정기예금 통장을 받았다. 그 돈을 한국학술원 금고에 넣고 쓰다가 학술원이 이사하게 되어 학술원에서 가까운 내 아들 형준이 집으로 옮긴 것이다.—

　나는 박상은의 이 풀이에 내 나름의 사념(思念) 하나를 추가한다. 박상은의 귀다. 박상은은 일찍부터 보청기의 도움을 받는다. 제당의 해외시장 개척이 준 아픔이다. 사연은 해외여행 탓이다.

　제당이 해외시장 개척에 모든 것을 걸고 있던 때 대한제당 박상은 과장은 1년의 3분의 1 가까이는 해외를 돌았다. 그 무렵의 어느 겨울 그는 감기에 걸렸다. 심한 감기가 왔는데 비행기 예약과 해외 바이어와의 약속을 변경하거나 취소할 형편이 아니었다. 감기약을 가방에 넣고 여정에 올랐다. 요즘만치 좋은 약이 있던 시절이 아니다. 감기약은 효험도 없었다. 감기와 싸운 여행이다. 귀국했을 때 그는 귀에 이상을 느꼈다. 병원에 갔더니 감기를 방치해서 바이러스가 귀를 손상시켰다고 했다. 고막은 손상되면 복구가 거의 불가능하다. 의사는 약을 주면서 귀에 각별히 주의하라는 당부 겸 경고를 했다.

　귀의 손상, 주의를 해도 세월 따라 기능이 저하된다. 손상된 고막이어서 나이 따라 오는 기능저하가 다른 건강한 사람과 다르다. 그래서 보청기의 도움을 받는다. 보청기의 도움을 받는다는 건 불편한 게 한둘이 아니다. 그 가운데 하나가 소곤소곤 정다운 얘기와 담을 쌓는다는 점이다. 연인하고만 소곤소곤 대화가 필요한 것이 아니다. 친구, 특히 보좌관, 비서 이런 사람들에겐 소근 소근 대화가 필요하다. 그래야 정을 나누고 쌓는다. 박 의원은 그게 잘 안 된다. 그 손실은 눈에 보이진 않지만 크다.

　그가 보청기의 도움을 받는다는 것을 아는 사람은 극소수라고 했다. 그래서 모르는 사람들에게 곧잘 오해를 받기 일쑤다. 그는 이런 오해의 벽을 넘기 위해 남다른 노력을 지불해야 한다. 내가 보기로는 친구 설 회장의 보상은 이런 핸디캡에 대한 보상으론 결코 충분한 것이 아니다. 이건 정치자금이기는커녕 보상으로도 부족한 돈이기도 하다.

전별금이 범죄수익으로 둔갑해서 법정에 오르다

박상은 의원을 '정피아'로 낙인찍은 문제의 4억여 원 '뭉칫돈'은 정치자금도 아니고 해운비리하고는 더더욱 무관하다. 해운비리특별수사팀장인 송 검사도 검찰에 소환된 박상은 의원과 얘기하면서 정치자금 위반이 될 수 없다고 말하더라고 했다. 그러나 말과 달리 4억여 원의 돈을 검찰은 '범죄수익'으로 규정해 기소했다.

"피고인(박상은을 말함)은 범죄수익을 넘겨받아 범죄수익법 제3조 제1항 제1호를 위반하였을 뿐만 아니라, 범죄수익을 현금화하여 학술연구원 금고 및 아들 집에 은닉하였으므로 범죄수익법 제3조 제1항 제5호를 위반하였다."

쉽게 말해 범죄로 번 돈을 받아 추적을 피하기 위해 학술연구원, 그리고 아들 집에 감췄다는 것이다.

범죄수익이란 범죄로 벌어들인 돈을 말한다. 절도나 강도, 마약, 혹은 횡령 같은 단어가 떠오른다. 설원봉 회장이나 박상은 의원이나 범죄 혐의로 수배된 일도 입건된 일도 없다. 설 회장은 부모로부터 부동산, 주식, 유가증원 등 재산을 상속받았다. 자신도 대한제당그룹의 사주, 성공한 기업인이다. 그는 재산 중 유가증권이나 부동산을 현금화했을 때 그 일부를 차명통장에도 보관했다. 상속재산이든 그가 번 돈이건 모두 세금도 다 낸 합법적 재산이다. 차명통장은 회사 임월들의 이름을 빌린 것으로, 이것 역시 불법이 아니다.

설 회장의 재산은 범죄를 추적하는 수사기관의 추적을 받을 돈도 아니다. 박상은이 그 돈을 받아 연구원에 보관했다. 박상은은 연구원 이

사장이다. 연구원 이사장이 자기 사무실에 보관한 것이 추적을 피하는 은닉일 수 없다. 그런데 검찰은 범죄수익의 은닉으로 규정했다. 정치자금법으로 걸면 공소시효가 지났다. 그래서 돈에 범죄수익이라는 덤터기 하나를 더 씌운 검찰이다. 그래야 기소가 가능했기 때문이다.

박상은은 이 돈을 받던 때 정치를 하고 있지 않았다. 특히 경인방송으로 가는 바람에 언론인은 정당원이 될 수 없다는 법에 따라 당적을 정리했다. 그런데도 검찰은 박 상은은 정치를 계속했다는 논리를 폈다.

2002년 6월 실시된 지방선거 이후 2008년 4월 국회의원에 당선하기까지 정치와 담을 쌓았던 6년도 계속해서 정치활동을 하였다고 검찰은 주장했다. 검찰은 경인방송 대표이사로서의 활동, 해군 OCS(장교동우회) 회장 자리, 학술연구원 이사장 자리 모두 정치활동의 연장이었다고 주장했다. 설 회장은 박상은과 오랜 친구이기 때문에 박상은이 2008년 국회의원에 입후보할 것을 예상하고 '수년을 앞당겨 준 정치자금'이라는 기발한 논리도 폈다.

경인방송 노조가 2004년 공개한 "박상은의 성공적인 이미지 제고계획"이라는 문건을 그 논리의 근거로 제시했다. 이 문건은 구조조정에 저항하던 노조가 대표이사의 개인적 약점을 공격무기로 하기 위해 온갖 것을 들추던 때 들고 나온 인신공격 자료 중의 하나다. 검찰도 이 문건은 경인방송 대표이사 자리를 박상은의 선거에 대비한 홍보와 이미지 업에 활용한 증거라고 했다.

사관후보생 출신 장교들의 모임인 장교동우회 모임엔 회원인 해군 사관후보생 출신 정치인들이 참석한다는 점을 지적했다. 한국학술연구원은 정치문제를 주제로 한 세미나도 한다는 점을 연구원 이사장의 정치활동이라고 했다. 이래서 정당원이 아니던 박상은 6년과 정치활동의 상관관계가 쟁점이 되었다. 박상은은 경인방송을 정치의 도구로 활용했을까? 경인방송 얘기를 들어봤다.

언론노조와의 전쟁 이야기

경인방송에 가서 보니 이수영 회장이 말해주던 것보다 사정은 더 안좋았다고 했다. 방송을 시작하던 때 좋은 프로그램을 만들겠다는 의욕으로 서울의 전국방송을 본 따 조직을 만들고 우수한 방송인을 스카우트 하다 보니 모두 고임금이 되었다. 그러나 시청권이 인천과 그 주변이다. 시청권이 좁으니 광고영업이 어렵다. 이래서 프로그램을 만들 돈이 없으니 좋은 프로그램도 만들지 못하고 조직은 풀가동이 아니고 손놓고 쉬는 인원이 적지 않다. 방송 시청권을 넓히는 등 문제와 함께유휴인력을 정리해야 했다. 노조와 부딪히는 건 필연이다. 그런데 대단한 강성노조였다. 노조와의 쟁의가 아니라 전쟁이 되었다. 노조는 외부를 끌어 들였다. 많은 전쟁을 치러 민주노총의 작전지휘부라고도 불리는 '언론노조'가 이 작은 전쟁터에 주역이 되었다.

"방송을 살리고 적자를 흑자로 바꾸기 위해선 돈이 필요했다. 나는 유상증자로 길을 잡고 주주들을 설득했다. 이 때 선두에서 길을 터준 이가 설 회장이다. 설 회장은 무려 70억 원을 던졌다. 설 회장이 증자에 응해 이런 투자를 한 것은 경인방송의 미래가 밝다고 본 것 때문이 아니다. 친구 박상은이 대표이사를 맡아 누적된 적자로 파산직전에 있는 경인방송을 맡아 구조조정을 하고 조직도 대폭 줄이는 개편을 해 경영정상화를 위해 애쓰고 있는데 대한 격려다. 그는 내가 방송을 정상궤도에 올릴 것이라는 나에 대한 믿음 한 가닥도 있었으리라. 그러기에 나는 설 회장이 투자금을 회수할 수 있도록 경영정상화를 시킬 도의적 책임이 있었다."

박상은의 얘기다.

2003년 대한전선그룹이 주식회사 진로인수전에 뛰어들면서 설원량 회장은 박상은에게 진로인수에 성공하면 대표이사 회장을 맡을 것을 전제로 인수팀을 맡아 인수전을 이끌어 달라고 했다는 일화도 얘기했다.

"회장님 저는 지금 경인방송 회장으로 대규모 감원을 단행하고 경영정상화를 위해 증자를 실현했습니다. 저의 경영 능력을 믿고 증자에 호응해 주신 분들이 투자한 자금을 회수할 수 있도록 하는 것이 저의 책무입니다. 지금 저가 손을 털고 나오면 그분들을 배신하는 것이 됩니다."

그는 경영을 궤도에 올려 흑자를 내기까지 4-5년이 소요될 것으로 예상하고 있었다, 경영정상화까지, 아니 최소한 설 화장이 투자금을 회수할 때까지는 대표이사직에 있겠다는 것이 자신의 확고한 구상이기도 했다고 말했다. 그러면서 "정치활동이라니⋯ 적자에서 벗어나는 경영개선, 시청권을 넓히기 위한 대외교섭만도 힘이 부치는데 민주노총의 작전지휘부라는 언론노조와의 전쟁이라는 수렁에 빠져 정치 같은 것은 꿈조차 꾼 일도 없었다"고 그는 말했다.

박상은은 1년 만에 경인방송 대표이사에서 물러났다. 그의 퇴임은 노조와의 전쟁에서 패배했기 때문이다. 경인방송노조는 정리된 사람들의 복직 없이는 업무에 복귀할 수 없다고 했다. 민주노총, 언론노조의 거대한 힘이 그들을 받치고 있었다. 전국의 젊은 기자들 모임인 언론노조의 기자들이 박상은 타도에 나서 있었다. 박상은 스스로 구조조정의 대상이 되어 물러나는 것이 그가 단행한 구조조정을 살리는 유일한 길이었다. 그래서 그도 '구조조정'되는 퇴임을 스스로 택했다고 그는 말했다.

트리폴리 공항에서 있었던 일

"경인방송 회장직을 물러났을 때 나는 이제 좀 쉬어야겠다는 생각을 했다. 나는 너무 지쳐있었다. 나를 차분하게 돌아볼 홀가분한 몸과 마음이 된 시간의 여유를 얻었다고 내 스스로를 위로했다. 그런데 외교통상부가 대외직명 대사로 임명했다."

그의 이 말대로 그는 약칭 통상대사로 임명받았다. 통상대사는 1992년에 도입된 제도로 민간인 신분을 유지하면서 국제회의 참석, 해외순방 외교활동 등을 한다.

외교통상부가 이 자리를 박상은에게 준 것은 30년 가까이 해외를 떠돈 그의 통상경력을 산 것이다. 그가 대한제당 세일즈맨으로 해외를 돌던 시절 외무부와 함께 추진했던 외교도 있다. 쿠바와 통상을 여는 교섭이다.

"쿠바라고 하면 우리는 반미의 나라 카스트로 그리고 커피와 시가를 연상한다. 틀린 건 아니지만 정답은 아니다. 쿠바는 세계 제일의 설탕 생산국가로 쿠바 전체 수출량의 90% 정도를 설탕이 차지한다. 커피나 시가가 차지하는 수출비중은 매우 소소하다. 쿠바엔 설탕부가 있다. 한국 농수산부와 동일한 권능과 위상을 갖는 기구다.

설탕이라는 단일 품목의 생산과 수출을 위해 정부 1개 부처가 설치되어 있는 것이 쿠바에서 설탕이 얼마나 중요한 것인지를 말해 준다.

그런 설탕의 나라인데 아쉽게도 한국은 직거래를 하지 못하고 있었다. 외교를 연 일이 없었던 탓이다. 2000년대 들어 그 색채가 많이 흐려졌지만 1990년대 까지도 쿠바는 북한의 대표적 우방국가고 미국의 적성국가였다. 이래서 한국은 쿠바와 외교관계가 없었다. 당연히 쿠바와 직거래를 하지 못했고 쿠바 설탕이 필요하면 일본기업 등에 수수료를 지불하는 간접거래를 했다. 원당을 사면서 일본상사에 수수료를 지불하는 일은 정말이지 약이 오르는 일이었다.

그랬는데 기회가 왔다. 쿠바 정부가 설탕부 설립 40주년 행사에 박상은을 초청했다. 좋은 기회이면서 걱정도 되었다. 걱정이란 리비아의 트리폴리 공항에서 겪었던 끔찍했던 경험 때문이다."

그 경험을 그는 단행본에 이렇게 썼다.

"중동을 헤집고 다녔던 대한전선 수출부 시절의 일이다. 난 겁도 없이 반미의 나라 리비아로 들어갔다. 당시 리비아는 우리에게 잘 알려지지 않았던 나라다. 북한과 강한 유대를 맺고 있어 우리에겐 적성국가로 분류되어 있다는 것 정도가 그 때 내가 알고 있던 리비아다. 그래서 트리폴리 공항에 도착한 순간부터 긴장했다. 그런데 그냥 긴장이 아니라 정말 긴장하지 않을 수 없는 일이 곧 닥쳤다. 북한 주재원들이 호텔, 내 방으로 전화를 걸어 죽기 싫으면 당장 떠나라고 협박을 했다. 일을 위해 리비아 정부 통상관계 장관 비서실에 가 있을 때도 뒤쫓아 와서 협박을 하고 가기도 했다. 아슬아슬하게 이런 불안한 위험을 넘기고 다음 행선지인 카사블랑카로 가기 위해 트리폴리 공항에 가 있을 때다.

출국수속을 마치고 대합실에서 잡지를 보고 있는데 먼발치에서 한 사람이 나를 주시하고 있다. 불안한 마음으로 얼어 있는데 그가 내게 다가왔다. 그는 리비아군 장교였다. 내가 보는 잡지 표지인물이 리비아의 적(敵)인 이스라엘 다이안 장군의 사진이라면서 문제 삼았다. 그는 내 여권과 비행기 표를 뺏고 공항사무실로 연행했다. 나는 당시 타임지를 트리폴리 시내 호텔에서 구입한 것이었는데 이게 날벼락을 맞게 된 셈이다. 얼마 지나 이 장교가 밖에 나가 북한군 장교와 이야기를 나누고 있는 것을 보면서 불안은 절정에 달했다.

비행기 출발 안내판를 보니 카사블랑카 다음 비행기는 불가리아의 수도 소피아 행이다. 불가리아는 소련 위성국이다. 카사블랑카행을 그대로 보내고 다음 비행기에 태워 소피아로 보내지면 그 다음 순서는 평양행이다, 순간 아내와 아이들 얼굴이 떠올랐다. '딸아이한테선 아직 아빠 소리도 못 들었는데…' 스피커에선 'Mr Park'을 찾는 안내방송이 계속 흘러나오고 있었다. 리비아 장교는 밖에 나가면서 내 여권과 비행기 표를 책상위에 둔 채다. 나는 마지막 탑승 안내라는 스피크 소리를 들으면서 벌떡 일어났다. 나는 책상 위에 있는 내 여권과 비행기 표를 쥐고 뛰었다. 주위가 어수선하고 소란스러웠다는 것 밖에 기억나는 것이 없다. 나는 트랩을 단숨에 뛰어올라 비행기 복도 바닥에 주저앉아버렸다." (2011년 10월 발간 『승자는 달리는 도중 미리 행복하다』에서)

"한국 기업인 최초의 쿠바 방문과 아바나 무역관 설치, 그러나 잊

혀질 수 없는 공산권의 이 기억 탓에 망설임도 있었지만 오래 전일, 막연한 불안감 때문에 돈이 되는 일에서 도망치는 건 진정한 기업인의 자세가 아니다. 이래서 나는 쿠바행을 결행했다.

쿠바에 도착한 나는 카스트로 대통령과 직접 만나 양국 간의 직접 교역을 원한다는 의사를 전하고 실무자들과 협의한 결과 쿠바의 동의를 얻어냈다. 남은 건 정부끼리의 교섭이다. … (중략) …

당시 나는 한국 정부에 쿠바는 잠재력이 큰 시장이기 때문에 이 기회에 무역관 하나 정도는 열어야 한다고 강력히 건의했다. 외무부, 안전기획부(현 국정원) 등 관계기관에 상황을 설명하는 문서도 보내 무역관 설치 협상을 하도록 촉구했다. 얼마 후 정부도 OK로 방향을 정해 내 절친한 친구이기도 한 임성준 외무부 미주국장이 쿠바를 방문하기로 쿠바와 합의했다. 그런데 사건이 일어났다. 쿠바에서 미국 항공기를 격추시키는 사건이 발생해 미·쿠바 간 긴장이 절정에 다다른 것이다. 결국 임 국장은 쿠바 방문을 포기해야 했다. 양국 협상은 일단 결렬된 셈이다.

그렇지만 나는 포기하지 않았다. 이듬해 나는 다시 쿠바로 들어가 양국 간 관계 진전의 물꼬를 열었다. 무역진흥공사가 협상에 나섰다. 한국은 무역사무소에 영사권을 요구했다. 쿠바 측에선 무역사무소 설치는 승인하지만 외교관계가 없는 상태에서 영사권 부여엔 난색을 표했다. 수출이 아니고 우리가 설탕 등을 사는 구매자라는 보다 유리한 입장이어서 영사권을 강하게 주장했다. 이 줄다리기는 오래 끌었다. 나는 한 민간 기업인으로 외교관계도 없는 당시로선 어떻든 적성국 성격의 나라에 들어가 교역의 물꼬를 트는 일을 해낸데 자부심을 갖고 있었다."

박상은의 통상대사직 배경설명이다.

통상대사는 외무부가 외교통상부로 바뀐 정부개편에다 통상교섭의 비중이 커지면서 탄생한 자리다. 박상은은 통상대사로도 업적을 남겼다. 파산상태였던 대우자동차에 미국 GM의 투자를 교섭해 회생시킨 일, 인천의 신도시 송도의 해외투자 유치 그리고 플랜트 수출 등에 실적을 쌓았다. "나는 통상대사로 다시 세계를 누볐고 많은 일을 해냈고 성과도 올렸다."고 그는 말했다. 정치 준비가 아니라 그때그때 주어지는 일에 전력투구했다는 얘기다.

2008년 4월 국회의원 선거에 한나라당 추천 후보로 입후보 한 것은 검찰의 주장처럼 2002년 이래 계속 정치를 한 성과가 아니라고 했다. 2007년 그의 직책은 한국학술연구원 이사장, 외교통상부 통상정책자문위원 그리고 전국경제인연합회 대외협력위원회 자문위원이다.

2007년 연말 그는 제17대 대통령직 인수위원회 자문위원에 임명된다. 대통령직 인수위원회 관계자는 이명박 대통령 당선자가 실물경제를 아는 사람들을 인수위에 초빙하라고 해 산업자원부 장관을 지낸 윤진식과 박상은 두 사람을 초빙하는 것이라고 설명했다고 한다.

이명박 정부가 출범하고 두 달 후인 4월이 국회의원 총선이다. 그는 새해 초로 기억했다. 임태희 의원이 국회의원 선거에 한나라당 후보로 인천에서 입후보할 의향을 타진했다. 임태희는 박상은과 경동고교 동문이다. 그는 선뜻 받아들이지 못했다고 했다.

검찰의 주장과 달리 그는 지난 6년 정치에 뜻을 두고 준비하거나 노력한 것도 없었다. 거기다 2002년엔 민주당 공천으로 인천시장 선거에 나섰던 경력이 있다. 민주당이라면 일관성이라도 있지만 한나라당이니 인천 유권자 눈에 어떻게 비칠지가 두려웠다고 했다. 그런 주저를 떨치게 한 것이 실물경제통을 대통령이 원한다는 말이다. 임태희 의원은 대통령이 '실물경제를 아는 사람이 국회에 필요하다'는 생각이어서 추천할 수 있었고 대통령이 수락했다고 임 의원이 말하더라고 했다.

"국회의원으로선 민주당은 내게 맞는 옷이 아니다. 한나라당이라야 내겐 맞는 옷이 된다. 이래서 나는 한나라당 공천을 받아 입후보했고 한나라당 소속 국회의원에 오를 수 있었다."고 그는 말했다.

정치활동의 정의: 검사와 판사의 차이

검찰은 온갖 자료를 끌어다 댔다. 압류한 돈을 정치자금으로 몰기 위해 검찰이 동원한 자료들은 판결문에서 읽을 수 있다.

● 설원봉으로부터 받은 돈은 특정한 정치활동을 위한 용도로 제공되고 제공받는다는 인식이 있었다고 단정하기 어렵고 증거도 없다. 2003년 8월 경 피고인은 경인방송 대표이사로 근무하고 있었을 뿐이므로 당적을 보유하고 있지 않았다.

● 인천시장 선거에서 낙선한 때로부터 6개월 후인 2002년 12월 27일 경인방송 대표이사에 취임하여 2004년 2월까지 근무하였다. 설원봉으로부터 통장을 받은 2003년 8월에도 박상은은 경인방송 대표이사였으며 당시엔 아무런 당적도 보유하고 있지 않았다.

● 최상천 명의의 통장을 설원봉으로부터 받은 2007년 8월 경 박상은은 한국학술연구원의 이사장 지위를 갖고 있었을 뿐이므로 정치활동을 하는 자에 해당하지 않는다.

● 피고인이 이사장으로 근무하고 있는 연구원은 해마다 1~2회 정치문제를 주제로 한 세미나 등을 개최하고 그 세미나에 국회의장, 경제부총리 등이 참석한 사실은 인정된다. 그러나 연구원은 한국의

사회과학 분야 연구를 목적으로 설립한 단체이므로 정치적 문제를 주제로 세미나를 개최하는 것은 연구원의 설립 목적에 부합하는 것으로 보인다. 박상은은 정치적 문제를 주제로 한 세미나 등을 자신의 정치활동에 활용할 목적으로 계획적으로 주최하였다고 단정하기 어렵고, 위 연구원이 주최한 세미나 등에 관한 기사들을 보더라도 교수들의 논문 발표가 주된 내용으로 보인다.

● 해군사관후보생 동우회(학사장교 동우회: OCS) 회장을 맡으면서 해군사관후보생 출신자의 국방부장관 취임, 해양수산부 장관 취임 등을 축하하기 위하여 3차례 동문 축하 모임을 개최하였고, 이 축하모임에 국회의원 등이 참석하였으며, 2006년 8월에는 해군사관후보생 총동창회장인 박상은이 육군사관학교 총동창회 등 11개 예비역단체 대표 70여 명과 전시작전통제권 이전 보류를 요구하는 내용의 성명서를 발표한 사실, 2007년 7월경에도 해군사관후보생 동우회 회장을 맡고 있었던 사실은 인정된다. 그러나 동문축하 모임을 개최하였다는 내용의 언론보도만으로는 이 축하모임 또는 해군사관후보생 동우회의 성격을 정확하게 파악하기는 어렵고, 전시작전통제권에 관한 성명서 발표도 통상적인 사회활동의 일환으로 특정 사안에 관한 정치적 의견을 표명하고 정치 현안을 공론화하는 수준을 넘었다고 보기는 어렵다.

● 2008년 2월 1일에는 제18대 국회의원 예비후보로 등록했지만 설원봉이 피고인과 친밀한 관계에 있었다는 사정만으로는 이런 과정까지 예견하였다고 보기에 부족하다.

검사가 제출한 증거만으로는 피고인이 설원봉으로부터 받은 돈이 정치자금에 해당한다고 볼 수 없는 이상 이를 '범죄수익'으로 인정할 수도 없으므로 피고인이 받은 돈이 범죄수익에 해당함을 전제로 한 이 사건 공소사실은 인정하기 어렵다.

검찰의 공소를 거의 모두 받아들인 1심 재판부이지만 설 회장이 준 돈을 무죄로 판결했다. 검찰의 기소 11건 중 무죄로 판결한 자질구레한 것 3건 중의 하나다. 그런데 이 돈의 정치자금 여부는 이 사건의 전부라고 할 핵심이다. 이 뭉칫돈이 없었던들 박상은이 정피아로 몰릴 해운비리는 없다. 그런데도 재판부는 유죄로 할 수 없었다. 왜 그랬을까? '피고인과 친밀한 관계에 있었다는 사정만으로는 이런 과정까지 예견하였다고 보기에 부족하다'는 판결문이 말했듯이, '5년 후를 예견하고 준 불법 정치자금'으로 규정짓는, 이전에도 없었고 이후에도 없을, 사법사상 초유의 유죄판결을 남길 수 없었기 때문이었을 것이다.

검찰의 기발한 정치자금 해석

해운비리특별수사팀이 제시한 박싱은 의원의 해운비리, 그 유일한 하나가 선주협회의 외국 항만 견학프로그램 참가이다. 선주협회가 여섯 차례나 해외여행 스폰서를 했고, 이 보답으로 박상은 의원은 무려 9건의 선주협회 이익을 위한 법률안, 결의안, 건의안을 냈다고 했다. 해외 항만 견학은 대학생과 해운·해양연구원 그리고 언론인도 대상이다. 이것을 검찰이 어마어마한 해운비리로 포장하고 언론과 일부 시민단체가 더 부풀렸다. 그런 보도의 하나.

"…박 의원은 정치권에서 해운업계의 이익을 대변해온 대표적 인사다. 박 의원은 국회 연구모임인 '바다와 경제 포럼'을 주도하면서 한국선주협회 지원으로 외유성 시찰을 다녀온 사실이 드러나 구설수에 올랐다. 선주협회는 세월호 참사 이후 해운비리 수사와 관련해 압수수색을 당한 이익단체다. 박 의원은 선주들의 이해관계와 밀접한 법안이나 결의안을 수차례 발의하기도 했다. 단정하기엔 이르지만, 잇따라 발견된 수상한 돈뭉치와 해운비리 사이의 연관성을 의심할 수밖에 없다."

6월 19일자 경향신문 보도다.

6월 23일엔 인천의 경제정의실천연대 등 좌파단체들이 "대가성 입법 활동 박상은 구속 수사하라"는 성명과 함께 검찰에 고발장을 냈다. 경기일보는 6월 24일자 신문에 이 고발을 이렇게 보도했다.

"새누리당 박상은 국회의원이 해운비리 연루 의혹으로 검찰 수사를 받는 가운데 시민단체가 박 의원의 대가성 입법 활동을 검찰에 고발하고 나섰다. 23일 경실련과 인천연대 측은 박 의원의 해운 관련 입법 활동은 명백히 선주협회의 로비를 받고 로비에 대한 '대가성 입법 활동'으로 규정하고, 이날 검찰에 고발장을 접수했다. 박원일 인천연대 중·동지부 사무국장은 '박 의원에 대한 비서임금 착취·횡령 등 비리 의혹에도 검찰은 소환 조사를 미루고 있다. 즉각 구속해 수사해야 할 것'이라고 밝혔다."

이 보도는 그 무렵 언론과 좌파시민단체의 박상은 의원에 대한 핍박을 말해준다. 선주협회는 외항선 선주들의 단체다, 60년대에 출범했지만 국회와는 거리가 멀었다. 그런 선주협회가 처음으로 국회에 다가간 것이 2008년이다. 그 경위를 이렇게 증언했다.

ㅡ 선주협회 김영무 전무는 검찰에서 "2008년 2월 이명박 정부가 출범하면서 해양수산부를 폐지하였고 그 6~7개월 후에 세계적 금융파동을 불러온 '리먼브러더스 사태'가 발생하면서 해운업계에 급작스럽게 불황이 닥쳤다. 국가의 정책지원이 아쉬웠던 때였는데 국회에 '바다와 경제 포럼'이라는 모임이 있다는 것을 알게 되어 직원에게 알아보도록 지시했었다."

선주협회 직원 김정훈은 '바다와 경제 국회포럼'이 국회의원들로 구성되었고, 박상은 의원이 회장을 맡아 주도하고 있다는 것을 보고했다. 그는 2008년 12월 초순경 박상은 의원실에 찾아가 선주협회의 현안에 대해 설명하고 함께 세미나를 개최할 것을 제안했

다. 이런 경로로 '바다와 경제포럼'과 선주협회가 공동으로 '해운산
업 위기극복을 위한 정책제안 세미나'를 갖게 되었다, 이 세미나 후
김정훈은 해외 항만을 견학하는 프로그램을 설명하고, 의원들이 이
프로그램에 참가하기를 제안했다.

— 승선체험, 처음엔 좀 생소했다. 세미나니 워크샵 같은 건 익숙하
지만 체험은 처음 듣는 얘기다. 외항선에 승선해 해외 항만 인프라를
보고 화물이 어떻게 실려 나가고 실려 오는지를 직접 보는 것이라고
했다.

박상은 의원이 이 제안을 받고 회원인 국회의원들에게 설명했다.
'좋은데… 뱃멀미를 어떻게 견디지?' 공통된 첫 반응이다. 좀 생각해
보자. 그리고 여러 날이 지난 뒤 가기로 했다. 정회원인 14명의 의원
중 뱃길에 자신 있는 5인이다.

장광근, 유정복, 강길부, 전혜숙 그리고 박상은 5인 의원이다. 3월 3
일부터 10일까지 8일 간의 일정이었다고 했다.

〈제 1일차〉 3일 20시 마지막 항공편으로 김포를 출발 김해로 가
서 22시 좀 지나 부산 신항에 도착했다. 한진베이징호에 갔더니 컨
테이너를 싣고 있었다. 하역작업 현장 견학이 이 여행의 시작이다.
그리고 배는 4일 1시경 출항했다.

〈제 2일차〉 길게 잘 시간도 주지 않았다. 새벽 7시 기상 신호로
모두 일어나 교육훈련복으로 갈아입고 선상 생활에서 주의해야 할
선내 안전교육을 받았다. 오전 10시, 우리는 한진베이징호 선내 투
어를 했다. 거대 화물선이어서 간단한 설명을 들으며 둘러보는 데
도 긴 시간이 필요했다. 우리는 꼭 봐야 할 곳만 둘러보도록 한 것

같은데 오전 2시간이 훌쩍 지나갔다.

　오후엔 승조원들의 퇴선 및 소화훈련 참관이다. 선박의 재난에 대비하는 훈련이어서 참관도 긴장의 연속이었다. 잇달아 2시간 동안 해운산업 위기극복을 위한 정책 세미나다.

　〈제 3일차〉 새벽 7시 상해 양산항에 입항했다. 양산항을 둘러본 뒤 양산항 터미널 사장과 면담하고 양산 터미널에 대한 설명을 들었다. 우리는 항만에서 32km의 동해대교를 건너 상해 시내로 갔다. 실감나는 상륙투어다. 상해 번화가를 주마간산(走馬看山)한 뒤 상해 총영사관에 갔다. 선주협회가 주선해 놓은 상해 물류기업인들과의 간담회 자리다. 3월 5일 23시, 우리를 실은 배는 중국 닝보항을 향해 양산항을 떠났다.

　〈제 4일차〉 3월 6일 14시 닝보항에 입항했다. 우리는 닝보항에서 컨테이너들을 내리고 싣는 모습을 포함해 항만의 곳곳을 둘러본 뒤 닝보 시내로 들어갔다, 수상도시 모텔이 우리가 둘러볼 첫 번째 견학꺼리다. 우리는 저녁을 닝보 시내서 먹고 21시 다시 숙소이기도 한 베이징호로 이동했다 그리고 7일 새벽 1시 한진베이징호는 홍콩을 향해 닝보항을 출항했다.

　〈제 5일차〉 3월 7일 토요일이다. 닝보항에서 홍콩까지는 꽤 먼 항해다. 배에서도 주말이 있는 건 아니지만 그래도 우리에게 처음으로 오전 시간 내내 자유롭게 선내 산책도 하고 잠을 자건 운동을 하건 제마음대로인 선내 자유시간이 주어졌다. 그것도 그리 긴 시간도 아닌 고작 2시간이다. 선원식당 점심 후 14시부터 한국 및 인도네시아인 선원들의 얘기도 듣고 우리가 질문도 하는 간담회다.

〈제 6일차〉 3월 8일 20시 한진베이징호는 40시간의 긴 항해 끝에 홍콩항에 닻을 내렸다. 우리와 베이징호의 작별의 시간이다.

우리는 비로소 흔들리지 않는 잠자리에 들었다, 9일 오전 우리는 홍콩항으로 나가 선주협회 사람들의 안내로 홍콩항 터미널을 견학했다. 터미널 사장 면담도 마련되어 있었다. 홍콩항은 영국이 건설하고 오랜 역사를 쌓아간 항만이다. 물동량이 늘어나는 것만큼 고치고 넓혀간 항만이다. 특이한 것은 홍콩 사람들에게 영국은 적의(敵意)가 아니라 향수로 남아 있다는 사실이다. 홍콩항을 넓히고 개선해간 영국을 자랑스럽게 얘기하는 것이 인상적이었다. 배울 것이 많은 항구였다는 것이 의원들의 공통된 견학소감이다.

오후엔 선주협회 간부들도 동석한 승선체험단 워크샵을 했다.

3월 10일, 일정의 마지막 날이다. 이른 새벽 소집이다. 마리나 시찰, 요트클럽 견학 그리고 컨벤션센터 방문이 마지막 스케줄이다. 일찍 나서지 않으면 스케줄 소화가 불가능하단다. 견학 역시 시간 탓에 주마간산(走馬看山). 그리고 13시 의원단은 항공편으로 서울로 돌아왔다.

마지막 일정까지 빈틈이 없었다고 했다. 빈틈이 없었다는 건 쉬거나 잠자거나 노는 것 등 컨닝할 틈이 없었다는 얘기다. 닷새째 되던 날의 선내 자유 시간, 그리고 7일차인 3월 9일 홍콩에서 저녁 식사 후 다음 날 새벽까지 주어진 자유시간이 단 두 차례 허락된 휴식시간이었다.

아무리 거대해도 화물선이다. 그래서 파도 따라 요동친다. 그런 열악한 환경에서 긴 항해를 견디느라 의원들은 화물선 승선을 결행한 것이 후회스럽기도 하다는 고통을 호소하기도 했다. 전혜숙 의원은 참가 후기에서 이렇게 썼다.

"나는 이를 악물고 무서움을 참으며 아파트 3층 높이로 보이는 비탈 계단을 올라갔다. … 기상 다음날 아침부터 한진해운 김종태 교관으로부터 교육이 시작되었다. 선상 안전교육, 우리나라 해운의 앞날과 해운산업이 경제에 미치는 영향, 세계의 선박산업 현황과 국제동향, 건의사항, 배의 구조, 선원과의 대화, 선박 해운관계 국회 입법사항, 연일 계속되는 강의와 공부로 새벽녘에 다리에 경련이 일어나기도 했다. 가벼운 배 멀미와 연속되는 강행군으로 몸은 무거웠다. 아침 운동을 하려 했지만 배가 흔들려 운동조차 제대로 할 수 없었다."

마지막 일정을 마치고 귀국 길, 항공편을 내준 것을 검찰은 국회의원에 대한 배려로 그 항공료는 선주협회의 정치자금 제공이라고 했다. 참으로 딱한 해석이다. 귀국도 화물선을 타야 하는가? 의원단이 승선했던 한진베이징호는 컨테이너를 기다리는 항구를 향해 그 시간엔 인도양을 항해중이고, 인천이나 부산으로 의원단을 실어줄 제2의 화물선은 없다.

승선체험 프로그램에 참가했던 의원들은 승선체험은 고되긴 했지만 보람은 있었다고 했다. 많은 것을 보고 배우고 실감하고 그래서 생각할 많은 숙제를 우리에게 안겼다는 것이 공통된 소감이다. 이들 의원단은 〈바다와 경제 국회포럼 국회의원 5명, 7박 9일의 선상체험을 마치고〉라는 제목의 보고서도 썼다. 박상은 의원이 작성한 〈해상체험 및 해운항만 시찰 방중 활동 결과보고서〉, 그리고 참여했던 의원들이 작

성한 〈선상체험 후기〉 등을 한국선주협회가 정리해 잡지 해운(海運)에
실었다.

　박 의원은 바다와 경제 국회포럼 그리고 포럼 다섯 의원의 첫 승선
체험을 2013년 12월 출간한 그의 단행본『역사 창조의 힘이 되자』에
도 썼다. 그 부분을 여기 옮긴다.

　　"우리나라는 조선산업 1위, 해운 9위의 해양산업국가다. 여기 세
계 10위권을 넘나드는 항만산업을 위시해서 저 멀리 중동 아프리
카 연안까지 나가서 해적 퇴치 활동을 벌이고 있는 해군도 보유하
고 있는 해양강국이기도 하다.

　　제조업 생산에 들어가는 원자재와 자원의 97%를 수입하고 무역
의존도가 70%를 넘기고 있음에도 우리 경제가 10위권에 근접한 경
제규모와 국가경쟁력을 갖고 있는 바탕에는 바로 이와 같은 해양산
업이 자리해 있다. 그리고 오늘 같이 글로벌 시장경쟁 그리고 경제
위기가 심화되는 상황에서 우리의 해양산업은 국가 경제성장을 견
인하는 원동력이 되고 있다.

　　일례로 중국이 세계의 공장이자 시장으로 성장함에 따라 우리
기업들은 제품생산에 필요한 원자재를 남미와 동남아로부터 중국
에 실어다 주고 완성된 제품을 싣고 미주와 유럽으로 운송하면서
글로벌 물류산업을 주도할 수 있어야 한다.

　　우리의 새로운 성장동력으로 삼아야 할 경제자유구역과 해양산
업의 활성화를 위해 나는 국회의 노력과 지원이 필요하다고 판단해
14명의 회원으로 바다와 경제 국회포럼을 결성했다.

　　2009년 3월 포럼은 선주협회의 제안으로 특별한 기획을 실행할
수 있었다. 우리 포럼 소속 다섯 국회의원은 컨테이너선 뱃길을 함

께 하며 경쟁항만의 시설을 둘러봤다. 2009년 3월 3일 밤, 우리는 부산 신항에서 컨테이너선에 올랐다. 3일째 아침에야 상해 양산항에 입항할 수 있었다. 양산항은 규모 그리고 컨테이너 처리 능력에서 중국의 저력을 느끼게 하는 거대 규모였다. 다음날엔 양산항과 경쟁 중인 닝보항과 수상도시 개발이 진행 중인 닝보시를 시찰했다. 닝보시는 중국의 중소규모 도시인데도 인구가 600만을 육박하고 있었고, 잘 정돈된 도심지와 시내를 관통하는 3개의 강을 친수(親水)공원화하여 시민공원으로 활용하는 등 수상도시를 개발하고 있었다.

우리는 홍콩으로 이동하면서 우리를 싣고 가는 한진베이징호 승조원들과 선상 간담회도 했다. 승조원들은 국회의원들이 승선해 체험여행을 하는 것은 처음 있는 일이라며 반겼다. 그들은 깊은 불황을 걱정하기도 했고, 출항하면 최소 6개월 가족과 헤어져 생활하는 고충도 얘기했다. 인상 깊었던 이야기의 하나는, 선원에 대한 사회적 인식이 별로여서 여성들이 선원과 결혼하기를 꺼리는 경향에 대한 '분노' '원망' '탄식'이 뒤섞인 열변이었다.

우리는 한국 외항선에 취업해 있는 외국인 선원들의 의료보험 적용문제, 선원소득의 비과세 등 그들의 현안을 서울에 돌아가는 대로 정부 관계기관과 협의할 것을 약속하고 그 자리에서 일들을 분담했다. 우리는 선주협회에 좋은 체험이고 견학이었다는 감사의 인사를 했다. 참가하지 않았던 의원들에게도 우리가 보고 듣고 느낀 것들을 얘기했다. 나도 갈 걸, 그런 반응이었다고 나는 기억한다."

아직도 사(士)자 돌림으로 사는 나라에서 해피아라니…

선주협회는 1960년 6월 해운공사 등 12개 해운업체가 연합해서 창립한 단체다. 회원사는 모두 수출입 제품과 원자재를 실어 나르는 외항선 소유 회사들이다. 출범을 선도한 해운공사는 국영기업이다.

50년이 지난 지금은 회원사가 186개 회사. 놀랄만한 성장이다. 지금 한국 외항선은 해운강국들과 어깨를 나란히 겨루는 수준에 이르렀다. 그렇지만 국내의 영향력, 소위 사회적 파워는 제로에 가깝다. 왜 그런가?

한국인은 바다 사람을 천시해 온 오랜 역사를 지니고 있다. 바닷길로 수·당 두 나라를 넘어 이집트 등 넓은 세계로 나아간 해양국은 신라가 마지막이다. 오늘을 사는 사람들 중 많은 이들이 그 이름을 아는 장보고가 살았던 나라가 해상왕국 신라이다.

신라 천년이 막을 내린 뒤 바닷길은 연안으로 움츠러들었다. 뱃사람은 천민이다. 천민에게 세계로 나아갈 기상이 자라겠는가.

대한민국은 달라졌을까? 해운강국은 산업화가 강요한 변화이다. 자원이라곤 험준한 산뿐인 나라가 산업을 일으키자니 해외에서 원자재를 들여와야 했다. 수출로 먹고사는 나라, 제품을 실어 날라야 했다. 그래서 외항선이 필요했고… 조선(造船)강국이 되고 해운강국으로 올라섰다. 그랬지만 국민 의식은 아직도 조선(朝鮮)이다. 중국에서 들여온 수입품, 주자학을 교조화(教條化)한 조선의 주자학, 조선의 주자학이 아니라 주자학의 조선이 된 그 주자학이 만들어 낸 사농공상(士農工商)이 조선의 바이블이고 질서다. 사농공상 의식은 지금도 살아 꿈틀댄다. 간호사, 운전기사, 잠수사, 무슨 사, 무슨사들, 선비 사(士)인지, 일 사(事)인지, 스승 사(師)인지 모르지만 '사'자라야 하는 '사'돌림에 그 망할 놈의 사농공상 의식의 건재를 본다.

선주는 한국인의 눈에는 별로다. 웬만한 나라의 해군보다 더 많은 선단을 거느렸던 세계의 선박왕 오나시스도 존 F 케네디 대통령의 미망인 재클린의 연인으로 기억한다. 그리스 선박왕이면서 세계적 선박왕 오나시스로 알고 기억하는 이가 드물다. 그게 대한민국이다. 그래서 선주협회는 국내에선 대외활동의 폭이 좁다.

선주협회는 정관에는 (1) 외항해운업에 관한 조사 및 홍보, (2) 정부, 국회, 기타 요로에 의견의 개진 또는 건의, (3) 선원의 수급 및 노사정책, (4) 사업자금의 융자 및 각종 기금에 의한 사업자금의 주선 업무 등을 목적으로 한다고 규정하고 있다.

선주협회의 승선체험은 홍보 프로그램이다. 이 프로그램의 역사는 제법 길다고 한다. 선주협회가 이 프로그램을 국회의원에게 제안한 것은 그들로선 대단히 어려운 결정이었을 것 같았다.

그랬는데 다섯 의원을 태운 첫 승선체험 평가가 기대 이상이었던 모양이다. 이래서 그들은 이 프로그램을 국회 전반을 대상으로 홍보했다. 바다와 경제 국회포럼에도 중국만 볼 것이 아니라 다른 해양강국 견학 프로그램도 참여할 것을 청했다. 의원들도 뱃멀미 공포에서 벗어났다. 70년대까지도 연안 여객선은 작은 통통선이 다수였다 그 시절 국회의원들이 어린 시절 타본 배들은 이런 통통선이다. 그래서 대수롭잖은 파도에도 배는 춤을 춘다. 그렇지만 아파트만한 선박은 웬만한 파도엔 흔들리지 않는다. 그래서 뱃멀미를 한다 해도 가볍다. 박 의원은 동료 의원들에게 이런 설명을 하고 의원들에게 더 많은 항만견학을 권고했다.

　연속 체험에 나선 건 박 의원 혼자다. 한 번 체험여행에 나섰던 의원들은 고생바가지 승선체험에 두 번 나설 용기를 내지 못했다. 그래서 박 의원은 안내를 겸해 교체되는 멤버와 함께 승선체험 장정(長程)에 나섰다는 얘기다.

　두 번째 길은 일본이다. 이 프로그램은 보다 잘 가꾸어진 일본의 선진항만을 국회의원들에게 보여주어 우리 항만의 인프라 개선의 절실함을 일깨우기 위해 마련한 것이다. 2010년 3월 23일부터 27일까지 5일 일정이다. 장관근, 윤상일, 정진섭, 박상은 의원 그리고 김영석 한나라당 외교통상 전문위원 등 5명이다.

　그 무렵 외국의 선박 주문이 끊겨 켜진 '조선업의 빨간불'이 경제의 화두였던 때이다. 의원단 역시 우리나라 해운 및 조선(造船)산업의 위기 극복전략 수립에 참고하기 위해 일본의 선진 항만을 견학한다는 것이 그때의 취지 설명이다.

　항만시찰이니 뱃길이라야 한다. 그런데 일본 가는 컨테이너선은 없다. 그래도 항만 견학인데 비행기는 편하고 빠르지만 취지에도 안 맞고 그래서 마련한 대안이 여객선이다. 의원단은 부산-오사카를 여객선 팬스타 라인닷컴호를 이용했다. 그런데 이것 역시 화물선이나 50보 백보였다. 부산항에서 오사카항까지 무려 15시간이 걸렸다.

　참가 의원들은 오사카항 도착 즉시 오사카항 항만청을 방문해 그들의 친절한 브리핑을 들었다. 의원단의 관심은 고베 대지진 이후 일본 주요 컨테이너와 항만의 정체 현상이다. 정체의 원인과 이를 타개해 나가는 일본의 대처 방식이다. 일본 관계자는 한국 의원단의 관심사에 대해 기대했던 것보다 훨씬 더 소상하게 설명해 주었다. 의원단은 우리 항만들의 정체 현상에 대해 선주협회 관계자의 브리핑을 듣고 그 대책 등을 토론하는 시간도 가졌다. 조금 전 들은 일본의 설명은 그들의 토론을 풍부하게 해 주어 고마웠다고 했다.

이어 도쿄로 가서 컨테이너 터미널 등을 둘러보고 한국 국적 선사인 도쿄 법인장을 방문하여 간담회를 가졌다. 일본선주협회도 찾아가 한·일간 협력에 관한 현황 등을 듣고 일본의 거대 컨테이너 선사(船社)인 k-Line 으로 옮겨 일본 상선대(商船隊)의 경쟁력을 체험했다. 일본의 선사 K-Line, 우리 한진해운도 저만할까? 정말이지 의원 모두가 부러운 눈으로 그 회사와 그 회사 홍보물과 회사 사람들을 보았다고 했다.

항만과 선박의 견학을 마친 뒤 마지막 날인 3월 26일 도쿄에서 일본 중의원을 방문, 일본의 야당인 민주당 소속 의원들과 간담회를 가졌다. 한일 간의 현안들에 대한 가벼운 얘기 뒤 한국 의원단은 화제를 안중근 의사로 돌렸다. 마침 안중근 의사 100주기여서다. 안중근 의사의 유해반환 문제를 제기했다. 일본 의원들도 협조 의사를 밝혔다. 항만 정책자료 수집과는 다른 일이지만 선주협회가 양해하고 협조해 주었다고 했다.

4박5일이지만 부산, 오사카 왕복 2일의 뱃길을 빼고 나면 시간은 3일, 시찰 일정 중 자유시간은 단 1시간도 갖지 못했다고 했다.

세 번째 항만 견학은 싱가포르의 싱가포르 항과 인도네시아의 자카르타 항이다. 선주협회는 한국의 무역 상대국으로 부상 중이던 인도네시아 자카르타 항 방문 프로그램을 마련해 놓고 있었다. 같은 시기 바다와 경제 국회포럼에선 싱가포르 항 견학을 구상 중이었다. 싱가포르 항은 세계 1위의 항만인데다 복합 레저도시의 건설에 성공한 복합레저도시의 세계적 모델이다. 바다와 경제 포럼은 그것을 견학할 작정이었다. 선주협회는 그들이 마련한 인도네시아 프로그램에 싱가포르를 추가해서 국회에 제시했다. 추가가 쉬웠던 것은 어차피 인도네시아를 첫

기착 항구로 하는 컨테이너선은 없다. 그래서 이 프로그램의 첫 출발
은 승선체험이 아니라 비행기 이용이다. 그래서 싱가포르 추가가 어렵
지 않았다는 설명이다.

2013년 5월 6일부터 10일까지 닷새 일정이다. 정의화, 김희정, 주영
순, 이채익, 박상은 등 역시 5인 멤버다. 참가 의원들은 바다와 경제
국회포럼이 아니라 항구를 선거구로 둔 의원들이다. 부산: 정의화, 김
희정, 인천: 박상은, 울산: 이채익, 목포: 주영순 의원이다. 선진 항만과
도시를 견학하고 의원들 저마다의 지역 항구와 도시 가꾸기 구상을 그
리겠다는 포부들이다.

싱가포르 항과 자카르타 항 두 곳 모두 일정이나 견학 프로그램은
앞서의 것과 같다. 그 나라 항만 관계자를 면담해 설명을 듣고, 우리
국적 선사와 현지에 근무하고 있는 한국선사 주재원단과 만나서 얘기
를 나누는 자리다.

인도네시아엔 1,600여 개의 한인업체가 진출해 있다. 이들 업체의
대부분이 원부자재를 수입해서 제품을 만든 뒤 다시 수출하는 가공무
역업체들이다. 한국선주협회에게 이들 인도네시아의 한인 상공인들은
중요한 고객이다. 한국 의원단이 외항선사와 이들 상공인들을 만나 그
들의 고충을 듣고 건의를 듣는 것은 선주협회 자체의 중요한 업무이기
도 했다.

이곳에선 선주협회의 특이한 주문이 있었다.

한국 의원단이 싱가포르항만공사 사장을 면담할 때 한국 선사들이
공평한 대우를 받을 수 있게 해달라는 부탁이었다. 인도네시아에선 주
문이 더 늘어 한국인들이 선박관리업과 조선업에 진출할 수 있도록 여
건을 조성해 달라는 것과, 인도네시아 내항에도 한국 선박이 취항할

수 있도록 승인해 줄 것을 부탁해달라는 주문이었다. 의원단은 선주협회의 주문을 성실히 전했다. 그렇지만 의원단의 요청이 얼마나 반영되었는지는 알아보지 못했다고 했다.

이 시찰여행도 4박5일 일정의 대부분이 연이은 이동이어서 연로한 의원은 피로와 고통을 호소하기도 했다.

싱가포르는 작지만 놀랍도록 선진화하고 무섭도록 질서가 잡혀 있는 나라이다. 가장 부러운 건 관료의 부패가 없는 나라라는 점이다. 부패가 없는 것이 경제발전의 기초이다. 준법, 질서, 안전은 항만에서도 거리에서도 사람들의 표정에서도 넘치고 있었다.

네 번째 프로그램은 항만시찰이 아닌 위문격려 프로그램이다. 2014년 3월 야크부대 및 청해부대 방문이다. 박상은, 김무성, 이채익, 김한표, 김성찬, 함진규 의원들이 합동참모본부 해외파병과의 한대일 대령, 유용민 중령 그리고 KBS 강민수, 윤재구 기자가 이 여행의 멤버다. 의원단은 아랍에미리트 아부다비에 파견되어 있는 야크부대와 오만의 살랄라에 파견되어 있는 청해부대를 방문했다.

박상은의 승선체험 여행은 더 있다. 그 하나는 국내 연안이다.

박 의원은 여수 엑스포 폐막식 때 거기 참석했다. 항만관계자들이 특별히 박 의원을 반겼다. 박 의원은 북한의 연평도 포격 만행 이후 국가관리 연안항법을 만들어 백령도, 연평도, 거가도, 거문도, 울릉도 연안 어항을 '지방정부 관리항만'에서 '국가관리 항만'으로 변경하는 개정법률안을 제안해서 통과시킨 일이 있다. 항만 관계자들은 이 일을 기억하고 있다가 그가 여수에 오자 그 인사를 하며 환영해 주었다. 폐막식 후 여수시와 항만 관계자들의 안내를 받아 여객선을 타고 거문도 및 주변 도서 지역을 돌아보며 국가관리 항만의 운영 실태를 둘러보았다. 당시 박 의원은 이것도 여수 엑스포나 여수시에서 초청한 행사로만 알았다. 그랬다가 이 시찰들이 검찰의 정치자금 관련짓기에 포함되는 바람에 국가관리 항만운영 현황 시찰만은 선주협회가 주선했다는 것을 알게 되었다고 한다.

7박 경비가 1인당 1백30만 원인데 …

검찰은 '바다와 경제 포럼'의 주요 활동에 해외시찰이 포함되어 있고, 해외시찰이니 당연히 정치활동이라는 것, 한국선주협회에서 그 비용을 부담하였으므로 박상은 의원은 정치자금법에서 정하지 아니한 방법으로 정치자금을 기부 받았다고 했다. 하나 특이한 것은, 해외여행 여섯 차례 중 세 번에 대해서만 문제 삼았다는 점이다. 왜 세 번만 문제 삼았는지는 설명하지 않았다.

검찰은 항만시찰 여행도 전부를 문제 삼지 않았다. 해외항만 시찰 행사 중 선주협회의 설립 취지나 목적과 관련이 없는 일정이 국회의원의 정치활동이고, 이 부분의 경비를 선주협회가 부담한 것은 정치자금에 해당한다는 논리를 폈다. 예를 들면, 현지 주재 대사나 총영사와의 만찬, 해운 관계자 아닌 해외 현지 상공인 간담회 등이 선주협회의 목적과는 관련이 없는 행사라는 주장이었다. 이런 논리로 행사 중의 정치활동에 선주협회가 지원한 정치자금이 2천만 원대에 이른다고 공소장에 기록했다.

1심 재판부는 검찰의 논리를 그대로 수용했다. 판결문을 간추린다.

● 2010년 일본 시찰 행사는 개최 경위에 비춰보면, 피고인이 적극적으로 주도함에 따라 개최된 것으로 보이고 선주협회 측이 먼저 일본에 가자고 제안한 것으로 보기 어렵다.

시찰 행사의 구체적 내용에서도 선주협회의 지위나 그 정관이 정하고 있는 목적에 부합할 수 있는 일정은 1일차 선상 세미나, 2일차 오사카 항만 시찰 및 항만청 관계자 면담, 4일차 동경 항만 시찰 및 국적선사 동경법인장 간담회 정도라 할 것인데, 당초 계획된 일정에 의하더라도 선상 세미나는 이동 중에 한 시간 정도, 오사카 항만 시찰 및 항만청 관계자 면담은 오사카 항에서 여객선에 승선하여 나오시마로 이동하기 직전에 한 시간 정도 진행된 것에 불과하다.

반면 오사카 총영사와의 오찬, 주일본 대사와의 만찬 및 안중근 의사의 유해 반환 의사 전달은 피고인이 국회의원으로서 정치활동을 한 것에 해당한다고 보이고, 행사 3일차는 나오시마 시찰이 대부분을 차지하였는데, 피고인은 자신의 지역구에 소재한 옹진섬의 개발과 관련하여 이를 벤처마킹하려 했던 것으로 보인다.

위와 같은 사실을 종합하여 보면, 일본 시찰행사는 실질적으로는 피고인이 자신의 정치활동을 위하여 주도하여 개최한 것으로 판단되고, 그렇다면 그 비용은 피고인이 부담하여야 할 것인바, 위 행사 관련 비용을 선주협회가 부담한 것은 비용 상당액의 정치자금을 기부한 것으로 인정된다.

● 싱가포르 및 인도네시아 방문도 행사의 구체적 내용을 보면 선주협회의 목적에 부합할 수 있는 일정은 2일차 자카르타 항만시찰 및 해운기업 지점장들과의 간담회, 3일차 싱가포르 주재 해운기

업 지점장들과의 간담회, 4일차 싱가포르 항만청 방문 정도라 할 것인데, 위 간담회는 모두 오찬 및 만찬과 겸하여 이루어진 것에 불과하다.

반면 인도네시아 대사 주재 만찬, 자카르타 주재 상공인들과의 간담회 및 만찬, 센토사 섬 관광, 마리나베이센즈 리조트 방문, 싱가포르 대사 주재 만찬은 선주협회의 설립 목적과 그다지 관련이 없고, 대사와의 만찬, 상공인들과의 간담회는 피고인이 국회의원으로서 정치활동을 한 것에 해당한다고 보이며, 카지노 설립과 관련하여 마리나베이센즈 리조트를 방문한 것은 피고인의 지역구 관리와도 연관성이 있는 것으로 보인다.

위와 같은 사실을 종합하여 보면, 싱가포르 등 시찰 행사는 실질적으로는 피고인의 정치활동을 위하여 개최된 것으로 판단되고, 그렇다면 그 비용은 피고인이 부담하여야 할 것인바 위 행사 관련 비용을 선주협회가 부담한 것은 비용 상당액의 정치자금을 기부한 것으로 인정된다.

1심 법원의 논리에선 고심의 흔적이 보인다. 싱가포르 여행을 박상은 의원이 주도했다는 논거가 센토사 섬이다. 센토사 섬 등 방문을 위해 박상은이 주도했다는 것이다. 일본 역시 박 의원이 가기를 원했기 때문이라면서 일본 일정의 대부분이 국회의원들의 정치였다고도 했다. 그 판단이 적절한가. 참가 의원들의 얘기를 옮겨본다.

"김포에서 비행기를 이용했다면 2시간이면 오사카에 닿는다. 이걸 우리 의원들은 서울에서 출발, 부산을 거쳐 배편으로 오사카에 가느라 18시간을 소비했다. 그런 불편한 일정을 택한 것은 일본 견학을 제대로 하기 위한 선상 세미나, 그리고 항만 인프라를 제대로 보기 위해 배로 가서 항만에 내리기로 한 것이다.

1심 재판부는 오사카 항만 시찰 및 항만관계자 면담은 1시간 정도였다고 했다. 실제로는 2010년 3월 24일 아침 9시 35분경 도착하자마자 진행되어 오전 내내 이어진 뒤 오찬을 했다. 오찬 후는 밤 내내 배 여행이었기 때문에 오후 휴식시간이 있었다. 그 휴식시간 중 2시간을 떼어내 나오시마 섬을 들러봤다.

나오시마 섬은 20년 전 까지는 심각한 자연훼손으로 버려진 섬이 되어 있었다. 그걸 오랜 시간의 연구와 노력으로 아름다운 풍광 속의 '현대 예술의 낙원'으로 재탄생시켰다. 그래서 휴식시간을 잘라 둘러봤다. 관광이 아니라 진짜 견학이다. 선주협회의 목적과 관계없는 순수 정치일정은 안중근 의사 유해문제 등을 협의한 일본 중의원 의원단 면담뿐이다.

1심 재판부는 인도네시아 주재 대사 만찬, 싱가포르 주재 대사가 주재한 만찬 등은 국회의원의 정치활동일 뿐, 선주협회의 정관이나 목적과는 아무 관계가 없다고 했다. 인도네시아에 있는 1,600여 개 한인업체는 선주협회 소유 외항선의 주요 고객들이다. 선사의 주재원들과 한인업체와 국내 회사들의 인도네시아 주재원들의 이야기들, 이들이 대사관 및 영사관에 전하는 건의사항들을 선주협회가 전하는 자리이기도 했다는 건 왜 지워버리는 것일까?"

1심 재판부는 법인 또는 단체가 자신의 설립목적을 달성하기 위하여 그 목적에 맞게 행사를 기획해 주도하고 국회의원이 이에 응하여 참가하였는지, 국회의원이 행사에 참여하여 활동한 내용이 행사의 목적 범위 내에서 이루어지고 헌법들이 규정하고 있는 국회의원의 직무수행과 관련해서도 필수적인 것이었는지, 주최 측이 부담하는 비용이 위와 같은 국회의원의 직무수행에 직접 관련되는 부분에서 지급된 것으로서 적정한 범위 내에 있었는지 등을 고려하여야 한다는 판단기준을 제시했다. 대체 이게 무슨 소리인가?

행사를 공동개최한 업체 사이에서 경비분담 문제로 다툼이 있을 때 법원이 그 행사의 성격을 분석해서 이것은 A사를 위한 것, 반면 이것은 B사를 위한 것 등으로 갈라야 할 필요가 있을지 모르겠다. 그렇지만 국회의원의 직무수행과 관련해 필수적인 것 운운은 이색적이다.

검찰과 1심 판사의 논리대로라면, 국회의원들이 참가하는 모든 행사에서 주최 측이 제공하는 어떠한 편의도 엄격하게는 정치자금법에 저촉되는 행위가 될 수도 있다. 검찰은 기업이나 유사한 단체가 주관하는 행사에 국회의원이 참가했을 경우 정치자금법 위반이 있는지를 감찰하는 권한을 자처했다. 대체 정치자금법이나 검찰관계법의 어디에 국회의원의 행사참석이 정치활동인지 아닌지를 분별하는 일을 검찰에 맡겼다는 조항이 있는가. 정치자금법은 기업이나 이익단체가 사적이익을 위하여 국회의원 권력을 이용할 목적으로 하는 부정한 행위를 규제하는 것이다. 그 법정신은 어디로 갔는가?

2심 재판부는 국회의원을 대상으로 한 해외항만 시찰 행사는 선주협회가 2008년 바다와 경제 포럼과 함께 '해운산업 위기 극복을 위한 정책제안' 세미나를 개최하고 이를 통해 형성된 협력관계를 토대로 2009년부터 2014년까지 6차례 지속적으로 진행한 것으로 외항해운업의 현황과 사업성을 홍보하고 건의사항 및 정책에 관한 의견을 개진하기 위한 선주협회의 필요 때문에 개최되었다. 시찰행사 내용에 대해 상의하고 참가할 국회의원을 선정하면서 그 일정을 조율하는 역할을 담당하였다는 사정만으로 '바다와 경제 포럼' 측이 시찰행사를 주관하였다고 볼 수는 없다고 판단했다. 판결문을 요약한다.

● 홍콩행사

① 홍콩 시찰 행사는 숙식과 교육이 가능한 선박 내에서 주된 행사 일정이 이루어져 참가자들은 대부분의 시간을 선박 안에서 보냈고, 이와 같은 승선 경험은 그 자체로 외항 해운산업에 대한 이해 증진에 큰 도움이 되었을 것으로 보인다.

② 행사 내용을 보면 외항 해운산업에 대한 이해를 증진하기 위하여 필수적인 사항들이 상당수 포함되어 있다.

③ 일정 중에 상해총영사 초청 만찬이 포함되어 있지만 이로 인하여 선주협회에 별다른 추가부담은 없었을 것으로 보이고, 이는 국회의원들의 외국 방문 시 부수적으로 행해지는 일정으로서 홍콩 시찰 행사에서도 국회의원의 일반적인 역할 내지 품위 유지를 위한 기본적인 활동의 범위를 벗어나지 않았으므로 이를 가지고 별도의 이익 제공이 이루어졌다고 할 것은 아니다. 또한 요트클럽 방문의 경우 관광의 성격도 일부 포함되어 있다고 볼 수 있지만 이 또한 해운과 관련한 시찰이라는 성격을 벗어나는 것은 아니고, 귀국 전 여유시간을 이용한 휴식 등 편의제공이라는 측면도 있었던 것으로 보이므로, 이 역시 별도 이익제공으로 보기 어렵다.

④ 행사 8일 동안 경비는 검찰에서 압수물 분석 등을 통하여 집계한 결과에 의하더라도 1인당 1,356,375원 정도로 그 행사의 내용이나 성격에 비추어 볼 때 이를 과도한 금액이라고 볼 수 없다.

● 일본 시찰 행사

① 일본 시찰 행사는 주로 여객선을 이용한 장시간의 이동을 통하여 이루어져 참가 국회의원들의 해양과 해운산업 등에 대한 도움이 되었을 것으로 보인다. 실제로 증인 정진섭 의원은 "부산에서 오후 3시에 승선을 해서… 선장실에서 여러 가지 설명도 듣고 일본의 내해라고 하는 본섬과 주변 섬 사이 좁은 바다를 지나가는 항로를 갈 때는 굉장히 설명도 자세하게 들었고 전부 수로(水路)표시를 해 놓은 점, 이런 것도 굉장히 인상 깊게 보고, 쭉 그걸 보면서 갔던 기억이 있는데 다음날 아침 9시에 도착했다고 진술했다.

② 1일차 선상 세미나, 2일차 오사카 항만 시찰 및 항만청 관계자 면담, 4일차 동경 항만터미널 시찰 및 국적선사 동경법인장 간담회 등의 시찰을 통해 외항 해운산업에 대한 이해를 높인다는 선주협회 목적에 부합되는 일정으로 채워져 있다.

③ 3일차의 나오시마 친환경 해양문화도시 시찰은 휴식과 관광의 성격으로 보인다. 하지만 이는 오사카에서 동경으로 장시간 선박 이동을 하는 도중에 일정상 불가피한 숙박 장소로서의 의미도 있고 시찰 시간도 식사 시간을 제외하면 30분 정도로 짧으며, 시찰 일정상으로도 비용 부담이 불가피한 숙박과 식사 이외의 별다른 비용이 들지 않았으므로 이를 두고 참가 국회의원들에게 별도의 이익 제공이 이루어진 것으로 보기 어렵다.

④ 안중근 의사 유해반환 요구는 국회의원으로서 기대되는 역할을 수행한 것일 뿐 피고인이 국회의원의 개인적 활동의 기회라는 별도의 이익을 제공받은 것이라고 할 수는 없다.

⑤ 행사 5일 동안 경비는 7,971,892원 정도로서 시찰 기간이나 내용 등에 비추어 그 자체로 참가자들에 대한 별개의 이익 제공으로 볼만큼 과도한 금액이라고 보기는 어렵다.

● 싱가포르 등 시찰 행사

① 인도네시아는 인구가 많은 도서(島嶼)국가로 해양산업의 진출과 무역 증대가 기대되는 곳이고, 싱가포르는 세계 유수의 선진 항만 물류를 갖추고 있으므로 항만시찰 행사는 선주협회의 취지와 목적에 부합하는 장소이다.

② (전략) - 2일차 오후의 자카르타 주재 상공인들과의 간담회도 자카르타 현지 상공인들의 사업 활동과 외항해운 산업이 밀접한 관계를 가질 수밖에 없는 점 등에서 기본적으로 행사 취지에 부합하는 일정이라고 할 수 있다.

③ 센토사 섬 관광과 마리나 베이센즈 리조트 방문과 같은 관광 일정 등이 포함되어 있으나 다른 일정들 사이의 시간을 활용한 휴식 등의 차원에서 이루어졌고… 이를 가지고 별도의 이익제공이 이루어진 것이라고 할 수는 없다.

④ 행사 5일 동안 1인당 경비는 검찰에서 선주협회 예산집행 내역 분석 등을 통하여 집계한 결과에 의하면 5,817,000원 정도로서 적정한 범위의 수준을 초과한다고 보기 어렵다.

이래서 검찰이 해운비리라고 했던 단 하나 선주협회의 로비가 무죄로 확정판결이 났다.

안전강화 법안을 안전장치해제 로비 입법으로 오보하고도…

선주협회와 관련한 이른바 정치자금 수수에서 특이한 점 하나는 1심 재판부가 선주협회와 박상은 의원이 수천만 원대의 정치자금을 주고 받은 것을 유죄로 판결하면서도 청탁은 없었던 것으로 판결했다는 점이다.

검찰은 박 의원이 제안한 법률안과 결의안 등 9건을 해외항만 시찰의 대가로 규정했다.

> "피고인은 선주협회로부터 자금지원을 받으면서 … (중략) … 해운업계의 이익을 위한 법률안, 결의안 들을 발의하였다. 이로써 피고인은 공무원인 국회의원이 담당·처리하는 사무인 법률안 및 결의안의 발의·처리 업무에 관하여 청탁하는 일과 관련하여 정치자금을 기부 받았다고 했다."

검찰의 논리가 맞다면, 정치자금법 위반이 아니라 직무와 관련해 청탁을 받고 직권을 부당하게 행사한 특정범죄가중처벌법을 적용해야 한다. 박 의원에 앞서 5월에 조사를 끝냈던 5명의 의원(민주당 김재윤, 신계륜, 신학용. 새누리당 조현용, 송광호)에게는 특가법을 걸어 기소했다. 박 의원에게 특가법을 걸지 아니한 것은 청탁을 받았다는 것을 증명할 수 없었기 때문이다. 그랬다면 기소하지 않아야 정상적인 기소권 행사인데….

1심 재판부는 박 의원이 2009년부터 2014년에 이르기까지 시찰행사에 참가하는 방법으로 선주협회와 친분을 쌓아온 사실이 인정되며, 검사가 제출한 선주협회 내부 자료의 내용에 비추어 보면 선주협회가 대국회 로비의 일환으로 시찰 행사를 활용한 사실도 인정된다.

그러나 다음과 같은 사실들을 고려하면 위 사실만으로 피고인이 법률안 및 결의안의 발의·처리 업무에 관하여 청탁하는 일과 관련하여 위 27,577,784원 상당을 기부 받았다고 인정하기 부족하다고 했다, 이 판결은 2심에서도 그대로 유지되어 무죄로 확정되었다.

청탁에 관련한 정치자금 수수를 배척한 1, 2심 판결문 요지.

① 2008년 12월 29일의 '국민경제위기 극복을 위한 해양산업지원 촉구 결의안'대표 발의의 경우는 포럼과 선주협회가 공동으로 개최한 '해운산업 위기 극복을 위한 정책제안 세미나' 이후 발의한 것이고, 홍콩 시찰 행사는 그 3개월 후인 2009년 3월에 개최되었다. 선주협회가 이 시찰 행사를 '국회에 대한 의견의 개진 또는 건의의 기회로 활용한 측면이 있다 하더라도 이 시찰행사가 위 결의안 발의를 청탁하는 일과 관련하여 개최된 것이라고 인정할 수 없다.

② 2009년 1월 30일 발의한 '선박투자회사법 개정안'은 정부 입법일 경우 거쳐야 하는 국무회의 의결, 타 부처와의 협의 등 복잡한 절차를 피하기 위한 국토해양부의 요청에 따라 피고인이 의원입법으로 발의한 것일 뿐, 선주협회의 청탁을 받았다고 볼 만한 증거는 없다.

③ 2009년 9월 15일 '국민경제발전을 위한 해운, 조선산업 공동발전 촉구 결의안'은 피고인이 아닌 윤영 국회의원이 대표 발의한 것으로 피고인이 발의를 주도한 바 없다

④ 2013년 9월 2일 대표 발의한 '선박금융공사 설립 촉구 결의안'은 ㈎ 대통령의 공약사항이기도 했다는 점, ㈏ 그 내용에서도 결의안은 선박금융공사 설립에 정부가 나설 것을 촉구하는 것인 데 비하여 선주협회는 '해운보증기금'의 설립을 촉구 추진하고 있었다. 선주협회는 이 결의안 발의 후 피고인의 보좌관에게 "우리는 해운보증기금을 설립하여 해운사들에 대한 유동성 지원을 촉구하고 있었는데 '쟁점이 좀 다르다'는 이의를 제기한바 있다는 점 등에 비추어 보면, 피고인이 선주협회의 청탁을 받고 위 결의안을 발의

하였다고 인정하기 어렵고 이를 인정할 만한 증거는 없다.

⑤ 2014년 3월 31일 발의한 '국민경제발전을 위한 해양산업 경쟁력 확보 정책지원 촉구 결의안'의 주된 내용은 ㈎ 해운기업의 원활한 선박 확보와 유동성 지원을 위해 해운보증기금의 조속한 설립과 금융지원 확대에 정부가 나설 것을 촉구하고, ㈏ 2014년 말로 일몰이 도래하는 선진 해운제도인 톤세 제도가 영구적으로 존속될 수 있도록 정부의 제도적 지원을 촉구한다는 것이다. 톤세 제도의 일몰연장 등 논의는 바다와 경제 포럼과 선주협회 간담회 등에서 논의가 있었던 것 등 정황으로 보아 이 결의안 발의 전에 개최된 해외항만 시찰 행사 사이에 결의안 발의 청탁 등의 관련성이 있다고 할 수는 없다.

● 해외시찰 경비지원 부분의 청탁 관련 정치자금 수수의 공소사실은 모두 선주협회의 경비부담이 정치자금 기부에 해당한다고 볼 수 없으므로 이 부분 공소사실은 모두 유죄로 인정할 수 없다. 뿐만 아니라 업무 청탁 관련 정치자금 수수의 점은 원심과 당심에서 적법하게 채택하여 조사한 증거물에 의하여 인정되는 사실들에서 보는 바와 같이, 위의 각 시찰행사가 공소사실에 적시된 각 법률안 및 결의안 발의를 청탁하는 일과 관련하여 개최되었다고 보기 어렵다는 점에서도 이를 유죄로 인정할 수 없다.

박상은 의원이 제안해서 처리한 최소 9건 이상의 법안과 결의안 등이 모두 청탁을 받아 제안한 해운업계 이익을 위한 것들이라고 했다. 검찰의 사전 발표가 그랬고 언론이 그 방향으로 몰아댔다. 그래서 '해운비리'였고 '정피아'였다.

검찰이 애초 기소한다고 했고 언론이 매질한 대가성 있는 것으로 의

심받고 있는 의안으로는 (1) 여객선 안전운항관리를 한국해운조합에 위탁하도록 하는 '해운법 일부개정안', (2) 선박금융공사 설립촉구 결의안, (3) 톤세 제도 영구존속을 포함한 '국민경제 발전을 위한 해양산업 경쟁력 확보 정책지원 촉구결의안'이 대표적이다 라고 기술하고 있었다.

(1)의 해운법 일부개정 법률안은 바로 세월호 침몰의 원인의 하나가 된 안전소홀의 주범으로 몰린 법안이다. 이것은 아주 잘못 짚은 검찰과 언론의 부끄러운 오류다. 오류라고 말하는 것은 이 법안의 내용만 봤더라도 안전소홀의 원인을 제공한 법안이라는 말은 나올 수 없었을 것이기 때문이다.

이 개정안은 여객선의 안전운항에 대한 지도 감독의 주체를 국토해양부 장관으로 지정하여 국가에게 국민의 생명과 재산을 보호할 책무가 있다는 점을 명시한 법안이다. 이 개정안을 제안하기 이전부터 여객선 안전운항 관리업무는 한국해운조합이 수행하고 있었다. 이 개정안은 위임은 그대로 인정하되 안전관리의 지도 감독의 주체를 해양수산부로 못 박은 내용이다.

당초 원안은 업무의 위임은 존속하더라도 이 부서 종사원의 급료는 해운조합의 자산(資産)이 아니라 지도 감독의 주체인 정부가 지급해야 한다고 규정했었다. 그런데 심의 과정에서 예산주무부처인 기획원이 난색을 표시했다. 예산이 없다는 것이었다. 기획원은 60억 예산이 필요한데 한 해에 모두 확보할 수 없고 한 해 15억 원씩, 4년에 걸쳐 재원을 늘여 4년차부터 정부가 임금을 전액 지급하겠다고 약속했다. 이래서 '정부가 지급해야 한다'는 원안 규정을 '정부가 지급할 수 있다'로 고친 것이다. 그리고 바로 그해 예산에 15억 원 재원을 반영했다. 그런데 국회 후반기 박상은 의원이 상임위를 옮기자 이것마저 흐지부지 되어 이듬해 예산에서 약속한 재원 30억 원이 반영되지 않았다고 한다.

(2)의 선박금융공사 설립은 2012년 박상은도 포함된 이진복 등 16명의 의원들이 제안했었고, 박근혜 대통령 후보의 선거공약에 포함되어 있었다. 박 대통령 취임 후 부산에서 이 금융공사를 설립하려는 시도가 있었지만 금융권 내부 조율이 안 돼서 도리어 공사설립이 무산될 위기에 마주쳤다. 이래서 30여명 의원들이 2013년 9월 공사설립을 촉구하고 나선 것이다. 금융공사 설립에 관한 법률안이 아니고 촉구결의안이 된 것은 금융관계법 등을 고려한 것이라고 했다.

(3)의 톤세 제도는 오래 전인 2005년 1월 1일부터 조세특례제한법에 도입되어 시행해온 제도인데 2014년 말로 그 효력이 만료되는 일몰이 다가오고 있었다. 해운업체에 대한 과세기준을 경영실적이 아닌 선박의 톤수를 기준으로 하는 이 제도는 선박 국적에 대한 조건을 동일하게 하고 조세비용 예측을 가능하게 하여 해운기업들이 시장 환경에 알맞은 투자·경영전략을 추진할 수 있는 장점이 있는 법안이다. 많은 전문가들은 이를 영구 시행해야 한다는 주장을 하고 있었다. 박상은 의원은 전문가 의견을 수렴해서 2014년 3월 31일 다른 국회의원 50명과 함께 이 내용이 담긴 '국민경제 발전을 위한 해양산업 경쟁력 확보 정책지원 촉구결의안'을 제안했다. 제안 직후인 4월 4일엔 '바다와 경제 국회포럼'정책토론에서 이 문제를 다루기도 했다는 것. 이 세미나에는 정회원인 의원들 외에도 이주영 해양수산부장관, 교수, 연구원 등 많은 전문가가 참여했고, 한 목소리로 영구시행을 지지했다고 한다.

박 의원은 그의 저서 '역사창조의 힘이 되자'에서도 이렇게 썼다.

"톤세 제도는 스웨덴, 노르웨이 등 유럽 해양강국들이 채택하고 있는 제도이다. 현재 국내 해운업계들이 보유하고 있는 선박의 70%가 톤세 제도를 비롯해 세금부담이 적은 다른 나라에 등록되어 있다. 톤세 제도 존속이 보장되면 해외에 등록한 선박의 일부도 포함해 새로 마련하는 선박은 한국에 등록하게 되어 세수 증대에도 오히려 보탬이 될 것이라는 것이 내 판단이다."

연안 해운에 대한 정부지원도 마찬가지로 박 의원의 지론이다. 그가 쓴 책에 있는 글 하나를 보자.

"나는 2008년부터 꾸준히 연안여객선 운임 보조를 정부에 요청하고 있다. 김포-제주 간 저가 항공요금이 왕복 8만 원인데 비해 인천 백령도 간 여객선 운임은 13만 원이다. 서해 관광을 떠나려던 가까운 수도권 지역 관광객마저 돌아서게 만드는 비싼 요금이다.… 연안여객선 운임을 정부가 보조해 줄 경우 소용될 예산은 278억 원 정도로 예상된다."

연안여객선 중 항공편이 있는 노선은 비싸지 않다. 이들 여객선은 화물운송으로 저렴한 여객 운임을 보충한다. 백령도는 화물이 거의 없다. 탑승객도 그리 많지 않다. 항공료보다 비싼 운임을 받지 않으면 수지타산이 맞지 않는다. 백령도는 여객선 회사에겐 다행스럽게도 아직은 항공편이 없다. 그래서 비싼 운임을 받을 수 있고 생존하고 있다. 연안여객선은 오래된 낡은 선박이 대부분이다. 좋은 선박으로 바꾸려해도 돈도 없고 비싼 돈 들인 신형 여객선으론 현재의 운임으론 적자라는 계산도 하는 것 아닐까.

박상은은 오래된 잊지 못하는 기억 하나가 있다고 했다. 해군 시절의 기억이다. 그는 그 기억을 『승자는 달리는 도중 이미 행복하다』에서 이렇게 썼다.

"장기훈련으로 수개월을 함대에 머물며 망망대해에 떠 있을 때

나, 외국의 어느 항구에 잠시 정박했을 때, 우리는 우리나라의 참치 잡이 선원들을 만날 수 있었다. 비록 작전의 대상은 다르지만 그들 도 참치잡이 전쟁을 치르듯이 작전명령을 수행하며, 수개월을 바다 에 떠있는 사람들이다. 태평양이나 인도양, 그 망망대해의 거친 파 도와 싸우며 참치잡이를 하는 한국인 선원들, 먼 이국의 하늘 아래 서 만나고 낯선 술 한 잔으로 향수를 달래며 회포를 푸는 감동을 말로는 어떻게 표현할 수가 없다. 그들을 만날 때면 같은 나라, 같 은 국민이라는 반가움 하나로 덥석 손을 내밀어 악수한다.

'앗!'

첫 악수 순간 나는 이렇게 외마디 소리를 지르고 말았다. 이루 말할 수 없을 정도로 거칠고 딱딱한 손의 촉감 때문에 나도 모르게 놀라 소리가 나왔던 것이다. 그런 내가 미안해 할까봐 그가 또 태연 하게 웃으며 말했다.

'놀라실 거 없어요. 이건 당연한 거지요. 바닷물과 그물에 씻기면 다 이렇게 된답니다.'

나를 두 번 부끄럽게 한 그의 말이다. … (중략) …

나는 지금도 문득문득 내 손을 만져보며 여러 상념에 젖는다. 그 리고 소원한다. 어떤 경우가 되더라도 이 손이 인간의 가장 인간다 운 것을 붙잡게 되기를, 언제나 땀 흘려 일하는 손, 소리 없이 봉사 하는 손, 가장 겸손하고 근면한 내 몸의 지체가 되기를 원한다.

바다에서 땀 흘리는 사람들, 내가 부끄러움과 함께 간직하고 있 는 기억 속의 손을 가진 사람들이다. 그 손에 갈 몫을 내가 가로채?

나는 기업인으로 오래 지냈다. 기업인에게 공짜는 없다. 농사가 뿌리고 가꾼 대로 거두듯이 기업도 투자하고 노력한 것만치 거둔 다. 나는 그런 삶을 살았고 살고 있다.

지금 대한민국은 북쪽이 막혀 반도(半島)가 아니라 섬이다. 그렇지만 한반도는 지리적으론 해양세력과 대륙세력이 교차하는 동북아의 중심에 있다. 조선(造船) 해운 항만을 위시한 해운산업은 우리 경제의 미래다.

싱가포르에 이어 일거에 세계 2위의 항만으로 부상한 상해 양산항과 3위의 홍콩항, 4위의 센젠항 그리고 10위부터 11-12위를 기록하는 칭다오항, 닝보항, 광저우항이 모두 우리의 경쟁항이자 동반성장의 기반이기도 하다.

안벽 길이 3km, 연간 컨테이너 처리능력 4,300TEU를 확보하고도 세계 최대의 항만에 오르기 위해 대양도와 소양도에 개발계획을 수립하고 있는 상해 양산 심수항, 전년 대비 32%라는 기록적인 성장률을 달성한 닝보항이다. 한국의 해운기업들은 이곳에서도 터미널 물동량의 상당부분을 차지하는 고객이기도 하다.

우리 해양산업은 세계로 진출해 있다. 산업유발 효과 역시 지대한 해양산업은 국가산업의 중추이자 기간산업이다. 해양산업은 고부가가치 산업이자 저탄소 녹색성장의 핵심이기도 하다. 해양산업은 우리 경제의 새로운 성장동력이다. 나는 바다에 우리의 미래가 달려 있고 국운이 걸려 있다고 생각한다.

해양산업 중 해운은 자체적으로 부가가치를 생산할 뿐 아니라 비용과 시간에서 물류효과도 크다. 연안해운도 경제성도 뛰어나고 특히 저탄소 녹색성장 기조에 맞는 친환경 물류운송 수단이다. 내륙철도는 추가건설이 필요하고 도로는 이젠 더는 개발 여지가 없는데 이미 포화상태다. 그래서 대안은 연안해운 활성화다. 항만 인프라는 충분한 편이다. 국내 물류의 연안해운 활용도를 높이는 것이 산업경쟁력 강화에 이르는 길이기도 하다. 해양 해운의 중요성을 들자면 끝이 없다. 단적으로 지금 세계 각국은 바다를 놓고 치열한 경쟁을 벌이고 있다.

한국선주협회가 국회에 다가가 그들의 현안을 호소한 제1호가 해외항만을 알리는 항만시찰이다. 거기에 검찰이, 법원이, 언론이 사실 아닌 허위를 갖고 철퇴를 내리친 사건이다. 내가 낸 법안이 선주협회 로비에 의한 것이라는 보도는 해양산업에 대한 이해가 조금이라도 있었다면, 아니 내가 낸 법안의 제안 이유만이라도 한 번쯤 찾아 읽어보는 기본을 지켰다면, 이런 유(類)의 모해(謀害)의 발표도, 보도도 있을 수 없다. 아무리 세월호 침몰이 만들어낸 분위기, 세론, 이런 것에 쫓기고 그래서 편승하고 영합해야 할 처지였다고 해도 기본은 지켜야 하는 것 아닌가."

박상은의 탄식이고, 원망이고, 분노의 함성이다.

국회의원의 해외여행. 국회 예산으로 가는 것도 있고 상임위원회와 연결되는 단체의 초청이나 지원으로 가는 프로그램도 있다. 이런 여행에서 흔히 볼 수 있는 것이 관광이다. 여행 경로에 관광명소가 있으면 절대로 빼놓지 않고 일정에 넣는다.

이런 여행과 비교하면, 선주협회의 프로그램은 항만시찰이 아니라 견학이다. 바다에 백지인 한국의 국회의원들에게 바다라는 것, 선박이라는 것, 해운이라는 것, 해운의 치열한 국제경쟁, 해양 선진국의 해양에 쏟는 국력, 이런 것들을 실감케 하는 견학이다. 출항하면 최소 반년을 가족과 떨어져 바다에 떠있는 다국적 선원들의 이야기도 신선한 충격이었으리라. 그런데 여기에다 검찰이 메스를 들었던 사건이 박상은 의원의 이른바 해운비리라니, 우리는 할 말을 잃는다.

1백40만 원짜리 저녁밥 이야기 등

'과태료 대납사건'은 검찰이 박상은 의원의 지구당사무실을 조사한 첫 사건이다. 이 사건에서도 검찰이 죄가 되게 하려고 애쓰는 모습이 보인다. 사건의 발단은 식사대접이다.

19대 국회의원 선거를 앞둔 2012년 3월 11일 대한제당 임원이 박상은 의원의 지구당 사무실을 방문했다가 직원들에게 저녁을 샀다. 이 식사대접은 공천 경쟁자의 고발로 문제가 되었다.

당시 인천 중·동·옹진군 선거구 경선 과정에는 후보들의 합동 정견발표회가 있었다. 합동 정견발표회 날 예비후보 배준영이 '대한제당이 박상은 후보를 불법적으로 지원하고 있다. 며칠 전에는 대한제당 임원이 박 후보 선거사무실에 나와 유권자에게 저녁식사 접대도 했다'는 요지의 폭로를 했다. 대성식당이라는 식당 이름까지 밝혔다. 선거관리위원회가 즉각 조사에 나섰다. 확인은 어렵지 않았다.

선거사무소가 돈을 내서 접대한 것도 아니었는데도, 신관위는 이 회식 자리를 선거 모임으로 규정해 식사를 접대받은 사람들 17명에게 과태료 각 139만 원을 부과했다. 사건은 과태료 부과로 종결되었다.

다시 사건이 된 것은 문제의 과태료 대납설이다. 박상은 사건에 대한 조사를 하던 해운비리수사팀이 박 의원의 또 하나의 위법사건으로 박상은 의원의 과태료 대납을 사건화해 조사에 나선 것이다.

'국회의원이나 후보자는 당해 선거구 안에 있는 자에게 기부행위를 할 수 없다'는 것이 선거법 규정이다. 박 의원이 대납했다면 선거법 위반이다. 그런데 과태료를 부과받은 17인 중 두 사람이 과태료를 대납받았다고 주장한다고 검찰은 말했다.

과태료를 박 의원이 도와주었다면 위법이긴 해도 돈을 지원받은 당사자에게는 고마운 일이다. 그러니 대납받고도 받지 않았다고 시치미를 떼는 것이 일반적이다. 그런데 일반적인 사람과는 다른 두 사람이 나타난 것이다. 그 두 사람은 당원협의회 중구 송월동 남성협의회장 백승철과 중구 신포동 여성협의회장 한성희. 두 사람은 당원협의회 사무국장 김덕구와 부위원장 이정옥한테서 돈을 받았다고 주장했다.

백승철은 김덕구에게서 30만원, 이정옥한테서 50만원을 받았다고 했다. 한성희는 이정옥으로부터 2013년 7월 7일 그리고 2013년 11월 3일 두 차례에 걸쳐 1백 만 원을 받았고, 김덕구로부터는 7월 7일 30만 원을 받았다고 했다.

처음 조사에선 둘 다 과태료를 대납하라는 명목으로 돈을 준 일이 없다고 했다. 그러다가 김덕구가 운전수 김인수의 이른바 제보사건 후 말을 바꿨다. 과태료 명목은 아니지만 돈을 준 일은 있다고 시인해 진짜 사건이 되고 만 것이다.

당원협의회 사무국장 김덕구는 검찰조사에서 2012년 연말인가 2013년 초 인천 중구 신포동 소재 식당에서 지역구 남성·여성협의회장 모임 참석자들과 식사를 하던 날 백승철에게 30만 원을 주었다고 진술했다. 한성희에게도 30만원을 준 것 같다고 했다.

증언이 어긋난 것은 이정옥이다. 이정옥은 지구당 부위원장이긴 해도 동구에 거주하고 있고 동구가 내 담당인데 중구 분의 과태료를 내가 왜 대납하느냐, 터무니없는 거짓말이라고 했다.

이정옥은 탁상일지에 그날그날 만나기로 예정된 사람들, 그리고 만난 사람들을 빠짐없이 기록하고 있었다. 그런데 한성희가 이정옥으로부터 돈을 받았다고 주장하는 7월 7일과 11월 3일의 탁상일지에는 한성희의 이름은 없었다. 백승철이 돈을 받았다고 주장하는 날 역시 탁상일지에는 백승철의 이름은 없었다.

한성희도 다이어리가 있었다. 두 차례 받았다고 했는데 첫 번째는 기록이 있으나 두 번째 것은 기록이 없었던 모양이다.

검찰의 첫 조사 때 심문기록이 있다.

(검사) 문 ― 나중에 추가로 받은 50만 원에 대하여도 다이어리에 기재를 하였나요?

(한성희) 답 ― 아니요. 추가로 받은 50만 원에 대하여는 다이어리에 기재하지 않았습니다.

문 ― 다이어리에 처음 받은 것은 기재를 하고 나중에 받은 것은 기재를 하지 않았는데, 처음에는 기재를 하였던 이유는 무엇이고, 나중에는 기재를 하지 않았던 이유는 뭔가요?

답 ― 그게 가계부입니다. 그래서 돈이 들고 나는 것을 적는데, 처음에는 그 돈을 받은 것을 며칠 후에 생각이 나서 기재하였던 것이고, 나중에 받은 것은 기재하는 것을 잊고 지나쳐 버리고 나중에는 기억을 못하고 기재를 아예 하지 않았던 것 같습니다.

한성희는 검찰에서 조사를 받을 때에는 이정옥으로부터 추가로 받은 50만 원은 다이어리에 기재하지 않았다면서 그 경위를 기억을 못해서 기재를 아예 하지 않았던 것 같다고 했다. 그랬는데 원심의 제3회 공판 때는 "7/7 800,000(김덕구 이정옥)" "11/3 500,000(이정옥)"이라고 기재한 다이어리를 가져왔고, 검찰은 이 다이어리를 증거로 제출했다.

검찰은 이정옥의 탁상일지도 압수했었다. 이정옥의 일지는 만난 사람들을 기록하고 있는데, 그 기록에 한성희라는 이름은 없었다. 이름이 있었는데 지웠다면 흔적이 남는다. 그러니까 이정옥의 다이어리는 신뢰할 수 있는 증거다.

반면 한성희의 일지는 기록이 있다는 것이고, 그 기록은 언제든지 써넣을 수 있다. 그런데 검찰은 이정옥의 다이어리는 증거로 채택하지 않고, 뒤에 써넣을 수도 있어서 증거력이 떨어지는 한성희의 다이어리만을 증거로 제시한 것이다. 공정한 검찰이라면, 그래서 법을 바르게 집행하는 검찰이라면, 최소한 두 다이어리를 함께 증거로 제시해야 한다. 그러나 검찰은 그것마저 한 쪽 것만 내는 일을 감행했다.

검찰의 조사에선 대질심문 등 엇갈리는 증언들의 충돌이 기록되어 있다. 그러나 검찰은 과태료를 받았다는 두 사람과 과태료를 주었다는 김덕구의 증언을 사실로 인정하고 이정옥의 증언은 배척했다.

인천지법은 검찰의 공소를 모두 인정해 유죄로 판단했다. 그러나 2심은 달랐다. 그 기록을 통해 사실에 다가가 보자.

"김덕구는 제1회 검찰 진술에서 '박상은 의원으로부터 과태료를 대납하도록 지시를 받은 일도 없고 대납한 적도 없다. 제 과태료도 아직 납부하지 않았다.'고 진술하였다. 그 후 김덕구는 한성희의 검찰 진술이 이루어진 후 제2회 검찰 진술에서 '한성희가 과태료를 해결해 줘야 하지 않느냐는 취지로 얘기를 하기에 시달리다 못해 30만 원인가 50만 원을 보태주었다'고 진술했다. 그러나 그는 그 30만 원도 사무실 운영비로 지출되는 경비의 일부라고 생각하고 준 것이다.

백승철에게도 30만 원 정도 보태주었다. 그 돈도 방금 진술한 것과 같은 의미에서 제 돈으로 주었다. … 한성희에게는 송월동에 간 김에 전화해서 준 것 같은데… 잘 생각나지 않는다. … 이정옥이라는 사람이 얼마를 줬는지 알지도 못하고 관심도 없다."라고 진술했다.

한성희의 다이어리에는 '7/7 800,000(김덕구, 이정옥)' '11/3 500,000 이정옥)이라고 기재되어 있다. 한성희는 당심 법정에서 이정옥과 2013년 11월 3일 만났다는 부분은 제가 바로잡겠다. 교통사고로 10월 19일 입원해서 11월 8일 퇴원을 했기 때문에 11월 3일 돈을 받았다는 것은 안 맞다. 다이어리에 왜 11.3이 적혀 있는지는 저도 그게 미궁이다. 돈을 언제 받았는지 기억은 자세히 안 나는데 11월 8일부터 11월 20일 그 중간에 받았을 거라고 기억한다.… "라는 내용으로 진술했다.

백승철은 2012년 5월 내지 6월경 김덕구로부터 30만 원을 받았다. 그로부터 약 한 달 후 상가집에 갈 일이 있었는데 이정옥이 거기서 좀 보자고 했고 거기서 돈 봉투를 내밀면서 '받아두라'고 하였다. 그는 이정옥과의 검찰 대질심문에서 "이정옥한테 50만 원을 받은 것은 맞다. 장례식장인 것은 맞다"고 했다.

이정옥은 한성희 백승철과의 검찰청 대질심문에서 한성희나 백승철에게 돈을 건넨 일이 없다고 했다.

당 법정에서도 돈을 건넨 사실을 부인하면서 '누군가와 만남이 약속되어 있을 경우 탁상 달력에 기재한다. 2013년 11월 3일에 아무것도 기재되어 있지 않고 그날은 주일이어서 가족과 같이 있었다. 2013년 8월에도 백승철이 말하는 어떤 장례식장에도 간 일이 없고 달력에도 그러한 기재가 없다. 제가 동구 담당이어서 중구 소속인 백승철이나 한성희의 과태료를 대납해야 할 이유도 없고, 백승철은 잘 알지도 못한다. 제가 홀트아동복지회 인천후원회 부회장인데 매월 3일 월례회를 한다. 그러나 한성희는 월례회에 올 일이 없다.'는 내용으로 진술했다.

한성희는 이정옥으로부터 50만 원을 받은 일에 대하여 홀트아동복지회가 주최하는 다문화가정돕기 다과회 행사가 있어 그 시기를 기억하고 있다. 그러나 홀트아동복지회 인천후원회는 2013년 7월에 그런 행사를 한 일이 없고, 7월 3일의 월례회에는 회원이 아닌 한성희가 참가할 여지는 없었다. 다이어리에 11월 3일자로 이정옥으로부터 받았다는 50만 원도 스스로 이 법정에서 사실과 다르다고 하면서, 이를 '미궁'이라고까지 표현하였다. 한성희의 진술에 의하더라도 돈을 받은 것은 다이어리의 기재에 의존하여 기억해 내었다는 것인데, 이처럼 다이어리의 기재가 사실과 다른 것으로 드러난 이상 한성희의 이 부분 진술은 이를 믿기 어렵다.

피고인이 김덕구에게 과태료 대납을 지시하였거나 김덕구가 한성희 백승철에게 '과태료 대납 명목'의 돈을 준 것인지에 관한 김덕구의 진술도 일관되지 않는다.

백승철과 이정옥의 진술은 서로 어느 정도 아는 사이인지에 관한 부분에서도 불일치하고, 이정옥의 탁상 달력에는 백승철과의 약속 등에 관한 기재가 전혀 없는 등 백승철의 진술을 뒷받침할만한 다른 객관적인 정황도 발견되지 않는다.

백승철의 진술에 의하더라도 김덕구와 이정옥이 과태료 대납을 명시하여 금원을 교부한 것은 아니고, 백승철은 이에 관하여 "과태료도 내지 못하고 생활이 어려우니까 알아서 챙겨줬다고 속으로만 생각하여 생활비로 썼다"라고 진술하고 있으므로, 이를 들어 피고인의 과태료 대납 명목의 기부행위로 단정하기는 어렵다.

한승희가 김덕구와 피고인의 지역구 부위원장인 이정옥으로부터 과태료 대납 명목으로 130만 원을 지급받거나, 백승철이 김덕구, 이정옥으로부터 같은 명목으로 80만 원을 지급받은 사실이 없고, 이에 관한 한승희, 백승철, 김덕구의 진술은 신빙성이 없다. 더구나 피고인이 김덕구, 이정옥과 위 과태료 대납에 관하여 공모한 사실 도 없다."

2심에서 무죄로 판결되고 이 사건은 끝났다. 대체 두 사람은 왜 과태료를 받았다는 진술에 나섰을까. 주변에서는 그 배후를 김영목과 장관훈으로 보고 있었다.

한성희는 아들과 친정어머니와 함께 산다. 아들이 사고로 실명하는 불행을 겪었다. 그런데 그녀는 아들의 보험금을 김영목의 권유를 받아 증권에 투자했다. 그러나 성공적이지 못했다. 그녀는 증권에는 문외한이어서 김영목에 의존했다. 그랬지만 김영목 역시 증권전문가도 아닌데다 한성희에게 특별한 호감을 가진 것도 아니니 성의 있게 돈을 관리해 준 것도 아니다. 성공했다면 도리어 이상한 일이다.

증권에서 실패하자 김영목이 권한 것이 무의도 핸드 글라이딩 투자다. 무의도 선착장이 인천시와 도로로 연결되면 많은 사람들이 오게 되고 핸드 글라이딩 사업이 번창할 것이라는 김영목의 설명이었다. 그러나 도로공사도 진전이 더디고 핸드 글라이딩은 전망도 어둡다.

그런 한성희에게 다가온 것이 장관훈이다. 장관훈은 보상금 대납을 고발하면 보상금이 나온다고 했다. 정치자금을 고발하면 보상금이 나온다는 장관훈의 말을 김영목이 믿은 것처럼 한성희도 이 말을 믿은 것 같다. 한성희는 검찰에 참고인 조사를 받으러 나오면서 장관훈의 승용차를 타고 장관훈과 함께 검찰청사에 나왔다.

저녁 한 끼 잘못 얻어먹었다가 1백40만 원 벌과금을 물게 되었다. 폭로한 배 예비후보는 공천에 떨어졌지만 보상금으로 선거준비에 쓴 돈을 얼마쯤 보상받았을 것이라는 말들이 돌았다. 이 사건 탓에 선거사범은 신고만 하면 보상금을 받는다는 인식이 인천 중·동·옹진지구당 사람들에게 퍼졌다. 이것이 이런 고발사건을 만들었다.

백승철도 인테리어 사업을 하지만 가난하다. 장관훈과 김영목이 이런 두 사람을 충동질해서 그들에게 아무 이익도 돌아오지 않은 고약한 일에 빠지게 했다. 인천 중·동·옹진지구당 사람들이 수군대는 이 사건의 해석이다.

검찰도 이들 두 고발인과 수준이 비슷하다. 후보자가 자기 선거구 유권자에게 기부하는 것은 명백한 선거법 위반으로 당선 무효의 사유가 된다. 모두가 아는 초보적인 상식이다, 과태료 대납도 금원을 주는 기부다. 그런 기부행위를 한다? 그것도 17명 전원도 아니고 단 둘에게만. 잘 해야 두 집 표 얻을지 몰라도 두 집 표 얻으려다 자칫 열다섯 집안을 잃을 수도 있다. 고발이라도 당하면 치명적이다. 그런 바보 노릇을 후보자가 한다고? 그뿐 아니다. 돈을 주는 것은 선거법 위반행위인데 혼자만의 비밀로 하는 게 상례이고 누군가를 시킨다면 은밀히 한 사람만 일을 시키지 두 사람한테 분담시킨다? 그게 말이 되는가? 그런 말도 안 되는 일을 박상은이 감행했다고 검찰은 기소했다.

이사장의 승용차 리스비도 불법 정치자금?

피고인은 2009년 5월 비서 정현경에게 정치자금 계좌에서 300만 원을 인출해 오라고 지시하였다. 정현경은 정치자금 계좌에서 보좌관 최철규 등 3인에게 100만 원씩 송금한 뒤 이를 되돌려 받는 형식으로 현금 300만 원을 만들어 피고인에게 교부하였다.

정현경은 2010년 2월에도 정치자금 계좌에서 1,000만 원을 보좌관과 비서 등 10명에게 100만 원씩 송금하는 형식으로 해서 현금 1,000만 원을 피고인에게 교부하였다.

피고인은 정치자금 회계책임자 한정혁을 통해 정치자금 지출 내역을 인천 동구선거관리위원회에 보고함에 있어 비서 보좌관 등에게 지급한 사실이 없음에도 불구하고 100만 원씩 지급하였다는 내용의 정치자금 지출 내역을 작성하고 통장사본 등 허위의 증빙서류를 제출하였다. 이로써 피고인은 한정혁과 공모하여 정치자금 지출 내역에 관한 회계보고를 허위로 제출하였다.

검찰의 10건에 이르는 박상은 기소 중 유일한 위법 케이스다. 법의 명문 규정에 정확하게 어긋난다. 박상은 피고인이 위법을 시인한 단 하나이기도 하다.

정치자금 계좌의 자금은 영수증이 첨부되어야 한다. 그런데 박상은 의원이 여비서에게 현금으로 찾아오라고 한 돈은 국회와 지구당 사무실 사람들에게 줄 격려금이다. 국회 직원이나 경비원, 청소부 등 국회에서 의원과 마주치는 사람들, 그들에게 하는 국회의원의 인사치례다. 지구당 사무실도 마찬가지 인사치례를 해야 할 사람은 적지 않다. 그런데 봉투에 넣어 전달한다. 영수증은 말도 안 된다. 그래서 이런 편법으로 돈을 만들기도 한다.

판결은 어찌 되었을까.

초선의원은 초기에는 국회에 익숙하지 않을 때다. 처음에는 정치자금계좌에서 영수증 없는 지출은 안 된다는 것을 몰랐다. 두 번째는 알았지만 그 시간 현금이 필요했기 때문에 편법을 썼다고 박 의원은 말했다. 2심 재판부는 이렇게 판결했다.

"…이 사건 범행은 자신의 사무원으로 등록된 사람 이외의 사람들에게 격려금을 지급하는 과정에서 저지른 것으로 그 경위에 일부 참작할 사정이 있는 점 등 피고인에게 유리하게 참작할 만한 정상이 있다."

그래서 유죄로 판결하지 않았다.

● 피고인은 2013년 5월 연구원 명의로 피고인이 국회의원 활동에 사용하는 승용차를 보증금 25,353,000원, 계약기간 3년, 월 리스료 및 보험료 2,342,300원으로 임차하였다. 피고인은 2013년 5월 연구원에 3,000만 원을 보냈고, 연구원은 이 돈을 보증금과 2013년 6-7월 리스료 및 보험료로 지급했다. 이후 승용차 리스료 3,000만 원이 소진되었음에도 피고인이 비용을 내지 않아 연구원은 피고인의 지시로 2014년 4월까지 9회에 걸쳐 21,213,058원을 승용차 리스료 명목으로 지급하였다. 이로써 피고인은 정치자금법에 정하지 아니한 방법으로 연구원으로부터 21,213,058 원의 정치자금을 기부 받았다.

이것이 검찰의 기소 논리이다.

박 의원은 2013년 5월까지는 박상은 명의로 리스한 승용차를 운행했다. 계약기간이 만료될 무렵 법인 명의로 하면 개인의 경우보다 저렴하다는 이야기를 듣고 법인인 연구원 명의로 리스한 것, 이래서 리스로도 3천만 원을 보냈다. 9회에 걸쳐 내지 않았다지만 연구원은 계약기간이 만료되면 돌려받게 되는 보증금 청구권을 갖고 있다. 따라서 기간이 만료되기까지 보험료 등을 연구원이 연구원의 자금으로 부담해도 기간 만료와 함께 돌려받는 보증금이 이를 메워준다.

재판부는 피고인은 연구원의 대표권을 가진 이사장으로 연구원의 업무 전반에 관해 포괄적인 권한을 가진다. 리스 계약은 연구원 이사장 결정에 따라 적법하게 이루어진 것이라고 판정했다.

재판부의 말대로, 이사장은 연구원 용 승용차를 마련할 권한이 있고 사용할 자격도 있다. 한국학술연구원도 김명회 교수가 원장이던 때 승용차도 제공하고 유류 등 운행비와 운전수의 월급까지 연구원 자금으로 부담했다. 박상은 이사장은 원장이 타계한 뒤 원장직도 사실상 겸직했지만, 연구원의 빈약한 재정을 고려해 승용차를 자비로 운행했다.

박 이사장은 연구원 재정을 맡고 있다. 그리고 연구원을 위해 많은 일을 한다. 일반적으로 연구원은 연구원장의 승용차와 운전수까지 연구원 재정이 부담한다. 승용차의 자비 부담은 도리어 예외다. 그런데 2014년의 한국 검찰은 연구원 이사장의 이런 자린고비 운영에 틈이 있었다면서 이 틈을 법으로 다스리겠다고 칼을 들었다. 이것이 정의로운 칼인가?

인천 중·동구 기업들의 수난

"내 개안의 온갖 것 다 들춘 것보다 더 고통스러웠던 것은 '수사 파편'이 다른 많은 기업들에게 날아간 사태"라고 박상은 의원은 말했다.

그 주범이 이른바 제보자라는 4인의 문서다. 이 괴문서 9항에는 '대한
제당 재직 시 송추골프장, 잠실 사옥 등 건축 관련 비자금 조성'이라는
대목이 있다. 이 문서를 만든 4인은 박상은 의원의 심복이 아니다. 당
원들이다. 대한제당 시절의 일까지 알 수 있는 사람은 단 한 명도 없다.
그런데 어떻게? 이 의문의 해답은 박상은 의원의 책이다. 그가 써서 출
판한 3권의 단행본에는 홍콩은행 이야기, 송추 골프장 등의 얘기가 있
다. 송추 골프장, 잠실 사옥 얘기는 건축을 하던 때 정부의 주택 200만
호 건설 프로젝트로 건축자재, 인건비 등이 폭등하는 바람에 마주쳤던
위기에 대한 이야기다.

이들 4인은 이 기록으로 보아 공사를 박상은이 주관한 것 같고, 그랬
다면 이 거대한 공사에 리베이트도 있었을 것이고 비자금도 조성했으
리라는 그들 나름의 추측으로 넣은 '아니면 말고식' 제보다. 이것은 박
상은 의원에 대한 모해(謀害)이고 검찰 권력을 농락한 행동이다. 국가
권력은 사회를 난장판으로 몰아갈 이런 악행(惡行)을 다스리기 위해 있
다.

그런데 2014년 6월의 대한민국 검찰은 이 제보를 정의로운 고발로
격상(格上)시키고 그 혐의들을 법으로 다스린답시고 대한제당을 압수수
색했다. 설 회장으로부터 받은 돈을 정치자금으로 하는 것만으로는 기
소가 안 된다. 범죄수익으로 규정해야 한다. 그러니 비자금이라는 근거
를 찾기 위해 20년 전까지 거슬러 올라가 캐는 강도 높은 조사를 해야
했다. 대한제당그룹 기업들에게는 영문도 알 수 없는 마른하늘의 날벼
락이었다. 당시 대한제당그룹은 불황, 그리고 구제역으로 인한 축산 위
기, 게다가 곡물가격 폭등까지 겹쳐 고전하던 때이다. 대한제당은 이
날벼락 수사로 사중고(四重苦)를 겪으면서 박상은 의원에게 원망을 쏟

앉음직하다.

피해는 대한제당만이 아니다. 이들 4인조가 만든 제보 문서에는 동국제강을 필두로 인천 중·동구에 있는 유력 기업들의 박상은과 얽혔을 가능성이 있는 혐의들을 나열하고 있다. 이들 기업들은 모두 압수수색이라는 날벼락을 맞았다. 이들 기업들은 영문도 모른 채 압수수색을 당하고, 조사를 받고, 회장 사장과 이사들이 검찰에 불려가고, 법정에 나가 증언도 해야 하는, 절대로 하고 싶지 않은 일을 강요당했다. 이들 기업 중 죄가 드러나 다스림을 받은 기업은 하나도 없다. 그러니까 수난은 당해야 할 이유가 있어서 당한 것이 아니었던 셈이다. 법의 명령이니 따랐지만, 되돌아보면 부당한 권력행사다. 그런데 그 책임을 물을 길도 보상을 받을 길도 없다.

이른바 1987년 민주화 이후 소위 '87년 체제'에서 민주화 훈장이라는 게 생겼다. 좌파정권은 신동아 그룹 회장 집을 비롯한 3건의 강·절도행각을 민주화운동으로 평가해서 보상금까지 주었다. 보상은 거기서 멈추지 않았다. 민주화훈장을 달고 국회의원에 출마했고, 한국인 유권자는 표를 몰아주어 당선되어 명예와 권력, 부(富)를 누리게 했다.

민주제도는 세금을 내는 사람들이 투표권을 행사하는 데서 출발했다. 국가는 세금으로 지탱한다. 나라를 지키는 군대, 악한 자들로부터 시민을 지키고 안전한 사회를 유지하게 하는 검찰, 경찰이 있게 하는 것은 세금을 내는 사람들이다. 세금을 내는 사람들이 나라를 있게 한다. 그래서 모든 나라가 세금을 보다 많이 내는 사람에게 상응한 대우를 하고 존중한다.

화염병을 던지고 쇠막대기를 휘둘러 경찰관들을 피 흘리게 하는 것이 민주제도를 지키는 것이 아니라, 세금 내는 사람들이 민주제도를 지키고 가꾼다. 세금을 내고, 많은 다른 시민과 그들 가족의 생계를 담

당하는 기업, 기업인은 국가의 초석이다. 그런데 2014년 대한민국 해
운비리 특별수사팀은 국가의 초석들에 권력을 휘둘렀다. '세월호 분위
기'라는 완장을 차고 마구 뒤지고 마구 부르고 마구 심문했다.

　그런 기업들 중에 대한제당 다음으로 시달림을 많이 받은 곳 중의
하나가 사료회사인 휠라선이다. 휠라선이 박상은을 고문으로 해서 월
급을 지급한 것이 정치자금이라는 검찰의 주장이었다. 휠라선의 심장
식 회장은 연세대 동문이다. 심 회장은 검찰 증언에서 이렇게 말했다.
　"박상은씨가 인천시 부시장으로 근무하던 2001년경 인천지역 기관
　장 모임인 '仁和會'에서 만나서 알게 된 관계이다. 인천의 발전을
　위해 인천시 정무부시장으로서 역할을 열심히 했다고 생각했는데,
　2007년 무렵 아무 일도 하지 않고 있는 것이 안타까웠다. 그런데
　동문 모임에 출석하는 선배들로부터 박 선배를 도와주라는 권유를
　받았다."

　1심은 '국회의원이 아니던 때 받은 고문료는 정치자금이 아니지만
국회의원 후보자가 되던 때부터 고문료는 정치활동과의 관련 없음이
입증되지 않았으므로…'라는 희한한 논리로 검찰의 손을 들어주었다.
그러나 2심 재판부는 '고문료 지급은 피고인의 국회의원 선거 출마와
당선이라는 사정과는 무관하게 이루어진 것이라고 할 수 있고, 국회의
원 출마와 당선이라는 우연한 사정으로 인하여 전과 후에 지급된 금원
의 성격이 달라진다고 할 수 없다.' 무죄판결이다.
　'이런 것까지'라고 할 또 다른 사건의 하나는 강서개발의 사건화다.
강서개발은 골프장 사업을 위해 2005년 4월 박상은과 세종기업 김종
호 회장, 둘이서 합자한 회사이다. 골프장 예정지는 강화군 양사면 인

화리 야산과 임야다. 박상은은 고향 개발 차원에서 구상했던 사업이라
고 했다.

그랬지만 강화의 유지들과 합동한다는 계획에 차질이 생겨 그린나
래라는 골프장 전문건설회사에 땅을 넘기고 회사를 청산했다. 골프장
예정지를 샀다가 판 것이 이 회사가 한 영업의 전부다. 검찰은 여기에
도 매스를 들이댔다. 땅을 팔아 이익이 남았는데 주주에 대한 배분에
서 이사회를 거치지 않았다는 등, 대표이사 김종호의 운영상의 하자(瑕
疵)를 박상은도 공동정범으로 규정하여 기소했다. 검찰의 손을 거의
100% 들어주던 1심 재판부도 이 일은 무죄라고 판결했다.

강서개발은 청산 과정에서 세금 등의 처리는 깔끔했던 모양이다. 다
시 말해, 국가나 제3자에게 끼친 손해도, 탈세 같은 위법도 없었다. 그
랬으면 검찰의 일상적인 수사였더라도 접었을 사안이다. 그런데 검찰
을 대표하는 해운비리수사팀이 골프장도 아니고 골프장 예정의 산지
(山地) 매매차익에 관한 조사를 하고 있다. 이 사건은 금액은 적지만 산
지가 여러 관계 법령과 연관되어 있어 복잡하다. 검찰은 재판과정에서
기소장을 무려 세 차례나 숫자 수정을 했다. 재판 때 제시된 문서로
보아 이 사건에 투입된 인력(人力)과 비용과 시간은 대단했을 것 같다
고 했다. 회사가 해운회사도 아니고 해운비리와 관계있는 것도 아닌
산지 매각의 차익 처리가 해운비리와 무슨 관계가 있기에 해운비리특
별수사팀에서 이토록 많은 시간과 인력과 경비를 투입한 것인가? 왜
이런 일에 특별수사팀이 국가 재정, 검찰 인력 그리고 귀한 시간을 낭
비했을까?

절망의 땅으로 가는 길

수사팀은 8월 6일 해운비리 수사결과를 발표했다. 신문들은 "전 해운조합 이사장 등 43명 기소, 檢 해피아 비리수사 사실상 종료"라는 제목으로 검찰의 발표를 보도했다. 그 하나인 국제신문의 보도.

"해운업계의 구조적 비리 척결을 위한 검찰 수사가 한국해운조합 전 이사장과 해양수산부 공무원 등 43명을 기소하면서 사실상 마무리됐다. 인천지검 해운비리 특별수사팀은 6일 전 한국해운조합 이사장 이인수(59) 씨를 비롯한 18명을 구속기소하고, 25명을 불구속기소했다고 밝혔다. … (중략) … 이와 함께 해운조합 부회장 A(62) 씨는 선박 사고를 가장하거나 수리비를 부풀리는 수법으로 보험금 등 9억 원 가량을 빼돌려 사기 혐의로 불구속 기소됐다. 안전점검을 생략하고 과적·과승 선박이 출항하도록 한 뒤 '출항 전 안전점검 보고서'에 확인 서명을 한 해운조합 인천지부 운항관리자 5명도 기소됐다."

무려 4개월에 걸친 수사에서 걸린 것은 해운조합 사람들뿐이다. 과승·과적의 책임을 지웠다는 5명은 불구속 기소다. 아무리 봐도 해운업의 구조적 비리도 아니고 '해피아'라고 부를 수 있는 인물은 없다. '한편'이라면서 덧붙인 것이 선주협회의 정관계 로비에 대한 수사는 진행한다는 얘기다. 이것은 거짓말이다. 선주협회도 압수수색도 하고 심문도 하는 등 할 것 다했지만 '해피아'를 찾지 못했다. 그리고 종결했다. 그런데 수사를 계속할 것처럼 언론에 흘렸다. 수사 결과가 너무 초라

했기 때문에 사실상 종결하고도 종결했다는 말을 못 한 것 아닐까?

선주협회는 외항선 선주(船主)들이다. 그들이 운항하는 선박의 70%는 한국 국적선이 아니다. 그들이 사실상 선박의 주인이면서도 세금과 기타 까다로운 한국의 규제 등을 피해 외국 국적선으로 운행한다. 그들의 관심은 개별 회사의 이권이 아니라 항만 인프라다. 한국에서 '해피아'가 되어 얻을 이득은 없다.

해운조합에 '해피아'라니, 어림없다. '해피아'는 돈이 있고, 이권(利權)이 있고, 권력이 있는 큰물이 서식처 아닌가? 그런데 협회나 조합엔 돈이 없다. 협회 실무를 보는 이사장 이하 직원들은 모두 월급 받는 사람들이다. 조합의 일은 관계 관청 나들이다. 그래서 퇴직한 전직 해운관계 관리들이 간부직을 차지하고 있다. 연안 해운업은 영세하다. 선주 안에서도 '해피아'는 자랄 형편이 아닌데, 그 선주들 월급을 받는 조합 직원에 무슨 대단한 해피아가 있을 것인가.

한국의 해운이 세계 수준에 접근한 건 불과 30년이다. 연안 해운이 '통통선 시대'를 벗어난 건 더 짧다. 해운의 주류인 선주협회는 선박의 국적은 대부분 외국이고 영업도 외국이 큰 비중을 차지한다. 한국에서 정경유착이 있었다 해도 해운은 정치권 유착에 나설 그런 일에 마주친 일이 없다. 수사 팀의 4개월에 걸친 수사로도 확인되지 않았는가. 그런데 수사팀은 수사를 종결하고도 종결했다는 말도 못했다. 세월호 폭풍이 만들어내고 있는 나라의 분위기에 그들도 압도당하고 있었다.

팀장 송 검사는 기자 질문에도 대답했다. 문답에서도 박상은 사건을 제기하는 건 필연이다.

(기자) 문 ― 박상은 의원 건을 발표에서 제외한 건 해운비리와 무
관하다는 의미인지?

(송 검사) 답 — 현재 수사 중이라서 빠진 것이다.

문 — 해경과 해수부 관련자에 대한 기소 숫자가 적은데….

답 — 해운공단과 해운조합 2곳, 조사한 것이다.…본격적으로 해수
　부나 해경을 수사한 것은 아니다.

문 — 해운비리 관련해서 수사가 장기화된다는 지적이 있는데….

답 — 선박과 관련된 조합이나 공단이나 우리한테는 생소한 분야다
　보니까 수사에 애를 먹었다.… 정치자금 관련도 A라는 사람이
　주는 걸 내가 봤다, 보통은 이렇게 다 말한다. 그런데 이번에는
　그게 아니었다. 의심스러운 돈만 있었다.

운전수는 돈만 가져왔지 그 돈이 어디서 누구한테 받은 것인지는커녕 어디서 가져왔는지도 대답 못했다는 것. 제보자가 아니라 절도범이었음을 말해준다. 운전수의 이른바 제보가 있고 두 달이나 지났다. 돈은 출처 조사를 끝낸 지 오래다. 박상은 측 변호인이 통장까지 제출했으니 확인은 아마 1주일도 걸리지 않았을 것이 분명하다. 그런데 마치 그때까지도 돈의 출처 조사를 하고 있는 듯이 말했다. 왜 그랬을까?

4월부터 시작된 해운비리 수사다. 이 수사 두 달 지난 6월부터 8월 6일까지 언론의 해운비리 보도는 박상은 의원 폭로가 주조였다. 검찰은 흘리고 언론은 보도했다. 박상은 의원은 8월 7일 검찰에 나가서 심문에 답했다. 그런데 심문에 관한 보도는 몇 시부터 몇 시까지 조사했다는 정도다. 내용이 없다. 검찰이 기소하고 재판하던 때도 언론은 잠잠했다. 그들이 보도할 만한 어떤 것도 없었다는 것, 박상은을 해운 마피아로 몰아댄 것이 그릇된 보도였기 때문이다.

다시 말해, 심문도 하기 전에 검찰이 수사 기대치를 흘리고, 언론은 거기에 창작까지 덧붙여 박상은을 해피아로 극화한 드라마를 썼다. 수

사틈도 거기 매달렸다. 그리고 막상 심문을 시작하자 극적인 얘기가 없다. 더는 극화할 수가 없다. 그래서 검찰도 입 닫고 언론들도 드라마 상영의 막을 내렸다.

사건은 돈으로 시작된다. 그런데 유죄판결을 고스란히 인정하더라도 박상은 의원이 받았다는 돈은 해운조합의 선거후원금 300만 원이 전부다. 다른 두 건은 취업을 주선해 준 두 후배가 받아 쓴 월급이다.

검찰의 기소에 이른바 해운비리는 두 건이다. 선주협회의 외국 항만 시찰 여행, 그 일정표를 보면 항만 시찰과 해운 및 항만 관계자 면담으로 꽉 차 있다. 의원 외유에 단골로 등장하는 관광도 없다.

선주협회의 해외여행 프로그램 자체도 검찰은 정치헌금은 아니라고 판단했다. 그러면서 "여행 중 이것 이것은 정치활동인데 그 경비를 해운조합이 냈으니 그 돈은 정치자금이다."라는 기발한 논리다. 그리 따지자면 국회의원의 해외시찰 여행 중 국회의 예산지출 아닌 건 모두 검찰이 조사해서 여행 중의 정치활동을 한국의 검찰이 가려서 기소하거나, 그 돈을 돌려받으라고 주최한 기업에 명령해야 될 판이다. 입법권 위에 군림하는 검찰의 권력이라야 할 수 있는 이 일을 검찰이 이 사건에서만 행사했다.

선주협회 여행 6회, 여기 1회라도 참여한 의원은 모두 20명 선이다. 박상은은 그 20인 중의 한 사람이다. 해운조합의 선거후원금 역시 14인 중의 1인이다.

다른 8건, 그 중에서 설 회장의 전별금, 훨라선의 고문료(顧問料) 그리고 토지 매매대금의 이익금, 모두 합법이고 국회의원 되기 이전의 일이다.

이른바 기업에다 보좌관 급료를 대납케 했다느니, 비서관 월급을 가로챘다느니 하는 게 모두 박상은 선거구의 기업들이고 유력 유권자들이다. 선거구 기업은 표가 있는 곳이다. 지구당에서 잠시 일하며 비서관 등록도 한 장관훈은 제 나름으론 구의원 공천 작전이랍시고 잠시 비서관을 했을 뿐 월미도에 자리한 '해남 횟집' 주인이다. 모두 표를 가진 유력 유권자들이다.

지역구 기업이나 장관훈이 끌어다 줄 수 있는 표는 얼마일지 모르지만, 표를 깨기로 작정하면 수백 표를 달아나게 할 수도 있다. 그런 그들에게 다음 선거도 생각해야 하는 국회의원이 그들에게 후원금을 강요한다고? 그것이 가당키나 한가? 그런데 검찰은 이런 가당치도 않은 일이 일어났다고 우겼다. 그 답은 명확하다.

박상은 죽이기 4인조의 이른바 정보를 따라간 수사였다. 그들이 아는 사람들, 지구당 사무실에 한 번이라도 들른 일이 있는 기업인, 이런 사람들을 줄줄이 주워댔다. 검찰은 이 말을 따라 수사했다. 그 결과 인천에서 박상은과 알고 지낸 기업체와 기업인들은 모조리 조사 대상이 되고 압수수색을 당했다. 그리고 뒤지다가 작은 꼬투리라도 있으면 걸었다.

검찰이 밝힌 이들 고발인과 제보자 4인이 제시한 이른바 범죄나 비리는 몽땅 사실이 아니었다. 검찰이 박상은을 기소한 혐의들 어디에도 국가나 공공에 해를 끼친 어떤 것도 없다. 4인조는 박상은 의원의 죄를 만들기 위해 그들 나름의 머리를 짠 것으로 보이는데, 모든 것이 음해(陰害)로 재판을 통해 밝혀졌다. 박상은 의원의 자리에서 보면 은혜를 원수로 갚은 배덕(背德)이다. 검찰의 기소 내용은 박상은의 주변이던 4인의 모해를 고스란히 받아들여 수사하고 기소했다. 그 수사와 기소는 인간관계의 파괴이다. 박상은 의원한테서 한 때나마 혜택을 받았던 사람들의 반 박상은 전쟁을 부추기고, 박상은과 친분이 있던 기업과 기업인들에게 '박상은 유죄'라는 증언을 강요했다. '내 주변에 그런 4인이 있다면'라는 상상만으로도 끔찍하다. 내 주변이 검찰의 압력을 받아 나를 죄인으로 몰수도 있다는 상상도 삭막하다.

배덕이 일상이 되고 배덕의 무리가 판치는 나라는 살벌하고 비정한 절망의 땅이 된다. 해운비리 특별수사팀은 결과적으로 이 나라를 배덕이 판치는 절망의 나락으로 몰아가는 일을 했다.

검찰은 박상은을 먼지털이 했다. 그 먼지털이를 통해 '비리 없음'을 확인했다. 그런데도 검찰은 '비리 있음'을 만들기 위해 '비리 없음'의 자료는 확인하고도 덮었다. 가난한 학술연구원에서 월급 대납, 그리고 박상은 이사장 승용차 운행비 부담도 정치자금이라는 2건을 만들어낸 데에선 검찰의 몰양심, 몰지성, 비인간을 본다. 이태일 검사는 법정에서까지 증인에게 '증거 있으면 팩스로 보내라'는 등 유죄 만들기 공작을 하다 증인 이정옥의 엄중한 항의를 받기까지 한다.

이 비정한 기소의 주역 송인택(52·연수원 21기) 차장검사는 박상은 사건의 대법원 판결 직후 청주지검 검사장으로 영전한다. 언론은 박상은 사건 수사의 공을 영전의 배경으로 꼽았다. 대전일보는 그 공(功)과 함께 수사에 관한 전문성과 기획력을 갖춘 것으로 알려졌다고 검찰 홍보를 곧이곧대로 옮겨 썼다. 기소한 것 중 그들이 흘리고 언론이 해피아로 몰았던 부문은 모두 무죄로 판결났는데, 그 공을 인정해 영전하는 한국의 검찰을 뭐라고 해야 할까?

박상은 사건에서 검찰은 유죄판결에 모든 것을 건 인상을 강하게 남겼다. 박상은은 무죄를 확신하면서도 세월호가 만들어내는 법정 분위기, 언론이 전하고 부추기는 나라의 분위기가 두렵더라고 했다. 검찰도 그런 분위기에 짓눌려 있었던 것 아닐까.

7월 31일 청와대 심야회의에서 박상은 사건을 비리 5의원에 끼워

넣기로 한 것은 청와대가 세월호 폭풍으로부터 벗어나는 길이 될 것이라는 판단을 했던 것으로 해석된다. 그러니 검찰은 두 곳을 배려해야 했다. 그 하나는 야당과 운동권이 만든 세월호 분위기, 그리고 또 하나는 세월호 폭풍을 벗어날 수 있기를 기대하는 청와대의 기대다.

박상은은 유죄다, 아니 유죄라야 한다, 박상은 한 사람만이라도 유죄판결을 받아내지 못하면 청와대의 기대를 저버리는 것이 된다. 그뿐 아니다. 세월호 분위기에 해운비리수사팀이 몰매를 맞는다, 아니 검찰이 몰매를 맞는다. 그리 되면 우리는 끝이다.

그런 판단이, 그런 절박함이, 수사팀의 그런 불안이, 검찰의 공소장에 넘쳐흐른다. 박상은은 세월호 바람, 세월호 분위기에 맞서 싸우는 고독한 조각배 신세였다. 이런 세월호 분위기는 수많은 제3의 피해자를 만들어 냈다. 국회의원 박상은은 그 피해자의 표본이다. 이제 세월호 분위기에 다가가 보자.

세월호 사건의 장기전은 깔보임의 대가

세월호 폭풍 — 배가 침몰하던 날 방송과 신문 모두 집중보도를 했다. 방송은 24시간, 신문은 지면의 거의 대부분을 세월호 사고로 도배했다. 방송은 음악, 오락, 드라마, 심지어 스포츠 프로그램까지 잘랐다. 온 나라를 세월호의 침몰처럼 깊은 슬픔의 바다로 침몰시키면서 폭풍은 문을 열었다.

방송들은 사고를 알리고 100여 명 구조소식을 전했다. 그러더니 얼마 지나 '전원 구조'를 보도했다. 배가 물속으로 가라앉은 11시 1분부터 27분까지 모든 방송매체들은 '전원 구조'를 경쟁적으로 보도하는 오보(誤報) 대행진을 시작했다.

전원구조가 사실 아닌 것이 확인된 오후부터 에어 포켓이 매스컴 보도의 주조(主潮)가 되었다. 에어 포켓 속에서 카카오 톡으로 구조를 기다리는 생존자들의 메시지들이 SNS에 등장했다. 방송은 사실 확인도 없이 이 소식을 마구 전달했다. '전원구조'라는 오보의 만회를 위한 안간힘이었을까? 매스컴들은 물 밑에서 생존자를 보았다는 목격담도 전하고, 다이빙 벨의 구조 가능성을 방송했다. 사고 일주일이 지나도 방송에선 "아무쪼록 희망을 잃지 마시라"는 멘트가 이어졌다. 신문들마저 '조작된 희망'을 담은 감상적인 제목으로 독자를 우롱했다.

20년도 더 된 낡은 배, 수리뿐 아니라 배에 실을 수 있는 무게와 부피, 이런 것을 키우기 위한 개조를 한 세월호라고 했다. 한쪽에선 그런 개조가 사고의 원인의 하나라면서도 이 부실한 선체에 에어포켓이 있다고 강변했다. 이런 판이니 누구도 감히 '구조 종료선언'을 할 수가 없었다.

배가 전복되고 많은 승객이 선체와 함께 침몰했다는 것, 그리고 배가 물속으로 완전히 가라앉았다는 것 말고는 현장의 뉴스는 별로 없다. 그런데 방송은 24시간 현장의 얘기를 끌어갔다. 꼬박 1주일 한국에선 세월호 말고는 아무 것도 없는 세상을 언론은 보도하고 또 보도했다.

세월호 뉴스의 중심이 누구 탓인가를 묻는 책임 문제로 옮아갔다. 해양, 해운분야 모든 조직, 모든 기구가 표적이 되었다. 해운조합, 선주협회 등 단체의 마피아 색출이 국민의 지상명령이라고 매스컴은 창조하고 보도했다. 해운계 마피아를 줄인 '해피아'라는 조어(造語)가 매스컴에 등장했다. 책임은 정부와 정치로 옮아갔다.

뉴스의 중심은 누구 탓인가를 묻는 책임 문제였다. 24시간 내내 탓할 사람을 찾아 난도질했다. 분별 잃은 폭로로 슬픔을 부풀리고, 자극하고, 분노에 불을 붙이고, 상처를 헤집었다. 언론들은 누가 더 극적으로 이 사건을 끌고 가는지를 경쟁하는 모습이었다.

그러던 어느 날, 화살은 해경으로 날아갔다. KBS, SBS, JTBC, MBN, 한겨레 등은 "해경은 살릴 수 있는데 안 살렸다. 게으름과 무능의 극치"라고 했다. 신문과 방송들이 해경을 동네북으로 만들어 연일 두들기고, 사건과 연관될 수 있는 일들을 과장하고, 비틀고, 사람들을 화나게 하고, 슬프게 하는 경쟁을 벌였다.

"이번 세월호 사고에서 해경은 본연의 임무를 다하지 못했습니다. 사고 직후에 즉각적이고, 적극적으로 인명구조(人命救助) 활동을 펼쳤다면 희생을 크게 줄일 수도 있었을 것입니다. 해경의 구조업무가 사실상 실패한 것입니다." 박 대통령의 5월 19일 대 국민담화이다. 그러면서 놀랍게도 해경 해체까지 선언했다.

그날 해경은 172명의 승객들을 구조했다. 평온한 바다에서 큰 배가 갑자기 기울어 한 시간 반 만에 전복된 것은 세계 해난사고(海難事故) 역사상 유례가 드문 경우이다. 해경은 구조요청을 받은 30분 후 헬리콥터, 그리고 40분 후 경비정이 현장에 도착해 배가 뒤집어지기까지 40여분 사이 172명을 구조하였다. 선장과 선원이 먼저 배를 버리고 탈출했다. 선장도 선원도 없어졌으니 해경은 눈에 보이는 것에 의존하여 구조할 수밖에 없었다. 구조선이 도착하였을 때는 선체(船體)가 이미 50도 이상 기울어 사실상 절벽이 되었고, 40여분 뒤 완전히 전복되었다. 해경은 시간이 흐름에 따라 가속도가 붙은 듯 급하게 넘어가고 있는 상황에서 시간에 쫓기면서 구조해야 했다. 기자들은 왜 해경이 배 안에 들어가지 않았느냐고 온갖 비방을 쏟아 놓았지만, 바닥이 벽이 되다가 천장이 돼버린 상황에서 구조 작업은 불가능하였다.

전문가들은 뒤집히고 있는 세월호 안으로 구조 요원을 투입하는 데 대해선 고개를 저었다. 황대식 한국해양구조협회 본부장은 "45도 이상 기울어진 배에 잠수부나 특수부대도 투입하기 어렵다. 배가 뒤집어지고 있는 상황에서 여러 객실에 흩어진 승객을 데리고 빠른 물살을 헤쳐 나오는 건 불가능하다"고 했다. 해군 해난구조대(SSU)의 간부는 "배가 기울어지면 탈출을 유도하는 것이 원칙"이라며, 배가 "침몰하는 상황에서 구조 요원에게 '배 안으로 들어가라'는 말은 죽으라는 말과 다름없다"고 말했다.

그로부터 나흘이 지난 5월 23일, 국무회의에서 朴 대통령은 "해경의 122 구조대가 사고 직후인 9시에 출동명령을 받았는데도 헬기가 없어 신고 후 2시간 20분이나 지나 현장에 도착하는 일이 발생했다고 한다.

이런 일이 다시는 있어선 안 된다"고 했다.

122구조대는 연안에서 수중 구조를 맡는 잠수부 팀이다. 무거운 장비를 갖고 다녀야 하므로 해경의 4~5인승 헬기를 이용할 수 없다. 그날 122구조대는, 헬기가 없어서 현장에 늦게 간 것이 아니라, 사고 당시 짙은 안개로 '고속단정'을 발진시킬 수 없어서 육로를 이용해 돌아오느라고 늦었던 것이다. 해경 항공대 소속 헬기 3대는 맨 먼저 도착하여 구조활동을 했다. 박 대통령의 두 번째 담화마저 사실과 다르다. 대통령의 사실 오인(誤認)이란 중대사태가 왜 일어났을까.

세월호가 기울어지기 시작한 지 30분쯤 지나 청와대 위기관리실 직원이 해경 본청 상황실에 전화를 했다. "몇 명을 구조했느냐." "영상이나 사진을 보내 달라."질문도 많고 요구도 많았다. 청와대 쪽의 질문과 요구 때문에 사람을 구조해야 할 해경은 구조된 사람 수를 세고 사진도 찍느라 힘을 뺏다. 사고 1시간 30분 지나서 대통령의 메시지를 전달한다. "인명 피해가 한 명도 없도록 하고, 객실과 엔진실 등을 철저히 확인하라."

2016년 4월 셋 째 주말 SBS TV '그것이 알고 싶다' 세월호 특집의 한 부분이다. 청와대 위기관리실은 한창 구조 활동을 지휘하는 해경 본부에 부담을 안긴다. 네 사정이 어떻건 나는 책임에서 벗어나고 윗분한테 지체 없이 보고했다는 점수에 매달린 모습이다. 이것이 박근혜 청와대의 위기관리 모습이다.

대통령 메시지는 코미디다. 인명 피해가 한 명도 없도록 하라고 지시 안하면 구조 안하나? 지시하면 한 명도 빠짐없는 구조가 가능해지나. 그리고 하필이면 왜 엔진실인가. 대통령은 선박 전문가인가? 도무지 설명이 안 되는 메시지다. 대통령의 메시지가 전달되기 30분 쯤 전에 세월호는 바다 속에 가라앉았다. 현장 구조 활동이 사실상 끝난 시

간이다. 아마 TV들이 에어포켓 속에서 생존자가 카카오 톡으로 구조
요청을 하고 있다는 오보 대행진을 하고 있던 시간이 아닌지 모르겠다.
대통령의 지시는 그 오보와 나란히 어깨동무를 하고 있다.

1989년 무렵, 노태우 대통령 시절에 노태우 정권이 가장 빨리 망하
는 길은 신문 사설대로 하는 것이고, 그보다 조금 천천히 망하는 길은
야당 하자는 대로 하는 것이라고 했다. 당시 중견 기자들의 일치된 견
해다. 박근혜 정권은 세월호 대처에서 신문 사설이 아니라 방송의 오
보를 따라갔다. 사실과 다른 대통령의 담화, 그리고 국무회의 지시는
방송 하자는 대로 한 것이다. 가장 빨리 망하는 길이 아니라 음속의
속도로 망하는 길을 가고 있었다. 이것이 그때 청와대의 수준이었다.
2년이 지나도 세월호 수렁에서 헤어 나오지 못하고 5천억 원도 더되는
세금을 쏟아 붓고 있는 세월호 사태는 이때 이런 꼴로 잉태되었다.

정보 판단의 오류는 심각한 사태로 이어진다. 단순히 사실의 그릇된
정보판단에 의한 문제 해결의 오류만이 아니라 이 사태를 정치화해 나
가는 적대세력에 대한 인식조차 없었던 무정견(無定見)이기도 했다. 대
통령은 좌파가 파놓은 '살인정부'라는 모해의 함정에 스스로 걸어 들
어가는 어리석음을 저지르고 있었다.

2014년 6월 초, 인터넷 신문인 『미래한국』엔 이런 글이 실려 있다.
「세월호 사건이 발생하자마자 좌익진영 내부에서는 '세월호 투쟁
지침서'가 나돌았다. 지난 4월 24일에 필자가 입수한 좌익진영 문
건에 따르면, "세월호 투쟁은 '반 박근혜 투쟁'으로 발전시켜야 하
며 이번 계기를 통해 박근혜 정부를 무력화시켜야 한다"고 써 있
다. '노란 리본달기' 등 구체적인 투쟁 형태와 동원계획을 상세히

서술하고 있음은 물론이다. 분명한 것은 좌익진영의 동원력이 없었다면 적어도 대규모 반 박근혜 투쟁으로 전환되지는 않았다는 점이다. 이러한 사실은 서울광장에서 열린 세월호 추모 시위 현장에만 가 봐도 알 수 있다. 집결된 시위대, 특히 집회 주최자들의 면면을 보면 광우병사태나 그 밖의 좌익 촛불집회와 다른 점이 없었다.」
세월호 사고의 정치화를 말해주는 진실의 전달이다.

세월호 추모라는 명목으로 시작된 사태 발전의 모습은 2008년을 닮아갔다. 2008년 미국산 쇠고기를 살인 쇠고기로 몰아 정권 타도에 나섰던 촛불집회는 갓 출범한 이명박 정권의 기반을 흔들 정도로 과격했고 규모도 큰 시위였지만, 광우병 공포는 거짓이었다. 참여연대·전교조·한국진보연대 등 좌파단체가 연합해 결성한 '광우병 국민대책회의'가 주도한 데모라는 이름의 폭동은 광우병 공포라는 거짓을 간판으로 한 반미운동이 그 본색이었다.

2014년 5월의 거리에 불타는 세월호 촛불, 역시 좌파단체 연합이 주도하고 있었다. 그들의 촛불이 세월호의 슬픔 때문인가. 그 슬픔을 달래는 길이, 다시는 그런 사고가 없도록 하는 일이 정권 타도 투쟁으로 시작되어야 하는가. 5월의 촛불에 어른거리는 타도 보수정권, 타도 보수 우파의 불길을 뭐라고 설명할 것인가.

당시 박 대통령은 야당과 좌파 운동권의 요구, 모든 것을 들어주었다. 총리만 사퇴하게 한 것이 아니다. 국정원장과 국가안보실장도 해임했다. 대체 세월호 침몰에 국정원이나 국가안보실이 무슨 관련이 있다는 것인가.

새누리당 당권 경쟁에 나서 있던 국회의원 김무성은 5월 24일 대구 연설에서 "박근혜 대통령이 비정상의 정상화를 위해 개혁하고 있는 바로 이때에 이 나라 총리를 비롯한 행정부와 청와대 비서실장을 비롯한 청와대 비서들이 국민의 안전과 관련된 비정상적인 부분을 정상화하는 데 앞장섰다면 세월호 참사와 같은 비극은 일어나지 않았을 것"이라고 목청을 높였다.

박 대통령의 그릇된 정보판단 못잖은 엉터리다. 비정상의 정상화는 임기 내내 추진해도 목표의 절반의 절반에도 도달할지 의문인 난제 중의 난제다. 그나마 그때가 박 정권의 막 시작 단계였다. 해난사고를 위한 비정상의 정상화는 운임도 올리고 선령 제한도 낮추는 등 돈이 드는 일이다. 세월호 침몰 등 해난사고 역시 박근혜 정부의 무능과 관계 있는 것도 아니었다. 관리들이 바짝 긴장하고 있는 2014년 당시도 그로부터 2년이 더 지난 2016년에도 여객선의 침몰은 일어날 수 있는 것이 한국의 낡고 영세한 연안 여객선이다. 김무성의 사고(思考)가 정상화되어 있었다면 대통령에게 정확한 정보조차 주지 못하고 있는 각료와 비서진의 무능을 나무라야 정상이었다. 이게 당시 정부 여당의 모습이었다. 정부 여당이 세월호 사태에 휘말리는 긴 전쟁은 좌파의 투쟁, 그 투쟁에 부화뇌동한 언론을 따라가는 한심한 모습이 당연히 받게 되는 깔보임의 대가(代價)가 아니었을까?

부도로 망한 세모를 청해진해운으로 살린 건 두 좌파정권

사고의 원인과 책임은 어디에 있는가를 제대로 살펴보자

그 무렵 세월호를 떠다니는 관(棺)이었다고 표현했다. 짐을 더 싣기 위한 무리한 증개축(增改築), 더 많은 화물을 싣기 위한 선박의 평형수

(平衡水) 빼기, 그리고 실제로 짐을 과적하고, 그러고도 단단하게 고정시키지(固縛) 아니한 부실(不實) 등으로 배가 가울었다. 선체가 파도에 기우뚱했다가도 바로 서게 되는 복원력을 약화시키고 있었다. 이런 점에서 사고를 부른 책임은 청해진해운이다. 그 다음이 선박의 안전규정 위반 등 연안 선박 운항관리의 감독을 책임진 해운조합, 해운조합에 대한 감독권을 가진 해양수산부이다. 해경에게도 감독의 책임이 있을지는 몰라도 그런 식으로 거슬러 오르면 안전관리상의 문제를 인식한 해경의 '안전운항 개선 입법안' 심의를 미룬 국회도 책임에서 자유롭지 못하다. 아무튼 가장 큰 책임자는 세월호를 그 모양으로 바다에 띄운 청해진 해운이고, 그것을 방치한 해수부이다. 더 세밀하게 들어가면, 한국의 영세한 연안해운의 현실을 알고 있었던 우리들 모두에게도 닿는다.

이것이 사고의 내면이고 사실이다. 그런데 선장, 선원, 청해진해운의 과실을 말하면 정부쪽으로 책임을 몰아가고 있는 것을 방해한다고 운동권이 억눌렀다. 이리 되니 청해진해운 회장 유병언의 수호대로 나서 있던 구원파 신도들까지 정부의 책임을 묻는 현수막을 보호막으로 걸어놓고 그 현수막 아래 버티고 있었다.

좌파 논객이었고 노무현 정권에선 보건복지부 장관을 지낸 유시민은 2014년 5월 22일 노무현 추모 산문집 '그가 그립다' 북 콘서트 현장에서 "세월호 사건의 원인은 부정부패라고 생각한다. 돈이 오고갔든 안 갔든 원칙과 상식에 어긋나는 반칙과 편법·불법을 저지른 부패" "이명박근혜 집권 7년 동안 대놓고 부패를 저질렀다." "제가 지금도 화가 나는 건 왜 우리 국민들은 마음으로 소통하는 사람들은 내버려두고 저렇게 물질에 대한 욕망을 대놓고 자극하고, 타인의 마음에 공감할 능력이 없는 사람들을 좋아할까 하는 것" "국민들한테도 화가 난다"고 말했다.

유시민은 그 하루 전 유튜브에 올린 영상에서도 "박근혜 후보가 대통령이 되면 사람들이 엄청 죽고 감옥 갈 것이라고 말씀드렸는데… 불행히도 그렇게 돌아가는 것 같다." "죄 없는 아이들이 그렇게 죽은 세월호 사건, 이명박근혜 정권 7년 차에 일어난 사건"이라고 했었다.

유시민은 '이명박근혜 7년'에 책임을 떠넘겼지만, 실제로 물어야 할 책임은 김대중 노무현 정권 10년이다. 세월호의 선주 청해진해운은 유병언의 회사다.

유병언의 해운 진출은 주식회사 세모가 첫 출발이다. 한강유람선 운영업체였던 유병언의 세모는 IMF 구제금융을 받던 1997년 3,673억 원의 부도를 내고 파산했다. 그런데 김대중 정권 시절이던 1999년 유병언은 청해진해운으로 이름을 바꿔 제주 인천 간 독점운항 권리를 따냈다. 그리고 노무현 정권 아래서 은행부채 1,900억 원을 탕감받고 이명박 정권 출범 이틀만인 2009년 2월 27일 법정관리를 졸업했다.

의문은 어떻게 2년 전에 망한 회사가 이름만 바꿔 제주 인천 독점운항권을 따냈느냐는 것이다. 잇달아 유병언의 청해진해운은 자산규모 5,600억 원이 남아 있다고 평가되던 (주)세모를 373억 원에 사들였다.

기독교의 한 분파를 자처한 구원파의 교주로 구원파 신도들의 집단 죽음인 이른바 오대양사건 때 구원파의 교주로 조사를 받았고, 91년에는 상습사기 혐의로 유죄판결을 받고 복역했던 유병언이 세모를 출발점으로 한 해운에서 실패했다가 김대중 노무현 두 좌파정권 10년을 거치며 거대 선단을 이끄는 선주로 되살아난 것이다.

침몰한 세월호도 일본에서 18년간 운항하고 퇴역한 선박을 사들여 수리했다. 일본에서 퇴역한 선박을 사들여 연안여객선으로 운항할 수 있었던 것도 노무현이 해양수산부 장관을 맡고 있던 2000년 여객선 선령(船齡) 제한을 20년에서 30년까지 연장하는 법 개정으로 가능했다. 당시 노무현의 해수부는 선령을 늘이면 해운회사는 연간 200억 원의 절감효과를 본다고 했다.

이것만이 아니다. 그해 5월 23일자 조선일보 권대열 기자의 칼럼에는, "청해진해운과 같은 내항(內港) 여객운송 사업자에게 안전관리체제 수립·시행 의무(義務)를 면제시켜준 건 김대중 정부 때 일이다. 국제안전관리규약 규정을 국내 연안여객선에도 2003년부터 적용하기로 했다가 '준비 부족'을 이유로 2002년 10월 포기했다. 이 준비를 맡았던 주무 부처가 해양수산부였고, 노무현 전 대통령이 이 준비 기간 중에 장관으로 있었다. 선원들의 부담을 줄여준다며 안전교육·구명정 교육 의무 등을 사실상 면제시켜준 것도 노무현 정부 때의 일이다."

좌파정권 시절 유병언의 정치권 로비도 때와 장소를 가리지 않았다. KBS 4월 26일자 보도에 따르면, 여객선 선주 단체인 '인선회'는 2007년 4월 국회 농림해양수산위원회 핵심 인물이던 민주당 소속 A의원을 접대하고, 같은 해 3월과 6월에 돈도 건넸다. 당시 '인선회' 회장은 청해진해운의 김한식 대표였다. A의원은 이후 두 가지 법안을 발의했다. 그 중 하나가 '연도교(橋) 건설로 피해를 본 여객선 업체들에게 보상을 확대하자는 법안'. 이 법안으로 청해진 해운은 27억 원의 보상금을 추가로 받게 된다고 KBS는 보도했다. 유시민은 '대놓고 부패를 저지른다'고 했는데 '대놓고 부패를 저지르는 건' 동서양을 막론하고 보수정권이 아니라 좌파정권의 것이다.

좌파는 그들의 과오까지도 우파 보수정권에 전가하는 일에 주저가 없다. 반면 한국의 보수를 자처하는 사이비 보수 새누리당은 억울한 매질에도 항변조차 머뭇거리는 비겁함을 드러내고 있었다. 좌파의 선동, 여기에 북을 치는 언론의 정부 두들기기. 정부 여당의 무정견은 대다수 시민들을 일방적 선동에 침몰시켰다. 한마디로 시민들을 보수정권과, 좌파가 말하는 이른바 기득권자들에게 오만, 무능, 배금(拜金)의 이미지를 각인하도록 방치하고 있었다.

눈물 글썽이는 연기파 앵커나 아나운서는 선진국엔 없다

세월호 침몰사고의 처리도 되돌아보자. 해난사고에 부닥쳤을 때의 인명구조에 관한 국제협약(International Convention on Maritime Search And Rescue)이 있다. 1979년 독일 함부르크에서 유엔 산하 국제해사기구가 중심이 되어 20여 개국이 체결하면서 탄생한 국제규칙이고 매뉴얼이다. 한국도 1995년 4월 여기에 가입했다. 이 협약에서는, 구조 활동은 '생존자 구조에 대한 합리적 희망'이 사라질 때까지 계속된다. 합리적 희망이 사라지면 '구조종료 선언'을 해야 한다. 구조를 위한 대응이 끝나면 '복구의 단계'로 이행한다. 그게 기본이다.

SAR 협약서엔 "수색 및 구조활동은 실행가능한 한, 생존자 구조에 대한 모든 합리적인 희망이 사라실 때까시 계속된다."이디. 세월호 현장에서 210일간 잠수 수색을 지휘해 온 해경의 경비안전국장 이춘재 치안감은 "희망이 사라지는 시각을 4월 18일 오전 0시30분"이라고 대답했다. 18일 오전 0시 30분이면 세월호의 뱃머리(船首)가 물속으로 잠기면서 선체가 45m 해저 바닥으로 가라앉아 버린 상태, 생존 가능성이 0%로 굳어지던 시간이었다. 당연히 '구조단계'가 끝나면 '복구의 단계'로 접어들어야 한다. 그러나 세월호에선 어느 누구도 '구조종료 선언'을 하지 않았다. 그 과정에서 2명의 민간 잠수부와 5명의 소방대원 등 7명이 생명을 잃었다. 종료 선언을 못했기 때문에 장장 210일 동안 구조 수색을 하는 '상식 밖의 세계 신기록'을 수립했다. 세계 최고 수준의 해양국가도 침몰선의 구조 수색을 이만큼 해낸 사례는 없다.

지도자란, 책임자란, 결단하는 자이다. 결정해야 할 일을 지체 없이 제 때 결단하는 것이 의무이고 책임이다. 세월호 사태에서 '구조 종료' '복구'를 결단할 책임은 해양수산부 장관이다. 그런데 장관 이주영은 사고 현장에 머물렀다. 유가족과 슬픔을 공유한다는 단 하나의 이유로 그는 무려 120일을 유가족과 함께 현장에 머물렀다. 해양수산부의 모든 업무는 뒤로 밀치고 침몰한 세월호 가까이에 침몰해 있었다. 8월 7일 새누리당 김무성 대표는 113일째 팽목항에 침몰해 있는 이 장관에게 '해수부장관실로 복귀하라'는 성명을 냈다. 그때 수염 덥수룩한 모습으로 TV에 얼굴을 비친 이주영의 모습은 한 폭의 희화(戱畵)였다. 그런데 한국의 언론은 그를 잘 했다고 추켜세웠고, 그의 지역 유권자들은 그를 20대 국회에 또 내보내는 미련한 선택을 하고 있다.

그해 5월 29일자 동아일보엔 '큰 어른이 안 보인다'는 제목의 글이 있었다. 미국은 9·11사태 때 1주일 후 일상으로 돌아가자고 말하는 지도자(대통령과 주지사)들이 있었다. 한국엔 40일이 지나도록 그런 말을 하는 큰 어른이 없다면서 이렇게 썼다.

"지도급 인사들에게 이런 질문을 던졌다. '왜 우리는 일상으로 돌아가자고 말하는 정치 지도자가 없는가?' 답은 거의 한결같았다. '할 얘기는 있지만 내놓고 하면 맞아 죽는다. 아직 때가 아니다.'"

세월호 침몰과 다수의 인명 손실은 책임의식의 실종이 원인의 첫째다. 그런데 구조에서도 책임의식은 여전히 실종상태였다. 그때 한국의 대다수 시민이, 이른바 여론이, 책임의 실종을 의식하지 않는 슬픈 현실이 이어지고 있기도 했고….

지도자란, 정당이란, 여론을 창조하고 여론을 이끌어 가는 것이다. 그것이 나라의 분위기를 건전하게 하는 요체다. 선진 외국은 어떤가. 그 무렵 몇 신문은 외국의 사례들을 전했다. 그 기사들을 되돌아보자.

2011년 7월 22일 노르웨이에서 일어났던 연쇄테러 참사. ― 수도 오슬로에서 7명, 오슬로 근처 우토야 섬에서 캠핑 중이던 청소년 80명 이상이 숨진 사건이다. 충격이었다. 그러나 시민들은 차분했다. 며칠이 지나도록 신원조차 밝히지 못했어도 정부나 경찰을 비판하는 사람은 없었다. 한국이라면 거리를 덮었을 플래카드 하나 내걸리지 않았다. TV에는 헌화 장소에서 흐느끼며 포옹을 하거나 서로 위로하는 시민의 모습이 비칠 뿐이다. 시청자나 독자를 화나게 하고 슬프게 하는 경쟁을 벌이는 모습은 없었다.

총기 난사 사건 범인은 기독교 근본주의자며 이슬람 이민자와 다문화주의자에 대해 반감을 갖고 있던 것으로 알려졌다. 범인들에겐 최고형이 21년 징역형이라는 것, 그가 갇히게 될 교도소가 그에겐 너무 사치스럽다는 지적이 있었지만, 세론은 "세계 최고 교정시설에서 교육받게 하는 것이 맞다"는 쪽이었다. 이번 일을 계기로 형벌을 강화해야 하는 것 아니냐는 질문에 시민들은 "한 사람 때문에 법과 국가 정책을 바꾼다면 범죄자 한 명에게 지는 것"이라고 말했다.

가족이나 친인척을 많이 잃은 집권 노동당, 반이민(反移民)·반이슬람 정책을 내세운 진보당, 각종 사회단체 중 어느 곳도 논평이나 성명으로 비극을 정치적으로 이용하려는 태도를 보이지 않았다. 위기 앞에서는 정쟁을 자제하고 국민을 분열시키는 행동을 삼가는 것, 그것이 지도층과 지식인과 언론의 품위였다. 시민들 역시 노르웨이는 여전히 가장 안전하고 평화로운 나라라는 확신에 흔들림이 없었다.

2015년 11월 파리에서 일어난 폭탄 테러에 대처하는 프랑스의 모습은 한국과는 하늘과 땅이다. 프랑스도 걸핏하면 철도 지하철이 파업을 해 교통대란이 일어나고 농민들이 수확한 곡식이나 과일을 고속도로에 쏟아 붓는 데모에선 한국과 비슷한 모습을 보인다. 프랑스 사람들은 다혈질이다. 그게 프랑스의 이미지다. 그런데 테러 후 뉴스가 전하는 파리 시민의 모습은 다르다.

사건 후 파리 시민들은 거리에서 빈번하게 마주치는 불심검문이나 영장 없는 가택수색 같은 삼엄한 분위기에도 아무 불평 없이 고분고분 받아들이고 있다. 더 부러운 것은 언론이다. 파리에 가 있는 한 기자는 이렇게 전한다.

"사건 직후 우리가 TV뉴스에서 본 것은 축구경기장에서 폭발음이 들렸을 때 선수들이 잠시 멈칫한 것, 관중석에 앉아 있던 대통령이 언뜻 보였던 불안한 표정, 경기장을 라 마르세에즈를 합창하며 질서정연하게 빠져나가는 관중, 그리고 테러리스트 은신처에 대한 무자비한 소탕작전 등, 지극히 질서정연하게 통제된 몇 개의 화면뿐이었다. 우왕좌왕하는 무질서한 군중의 모습이나 선혈이 낭자한 테러현장 장면, 억울하게 죽었다고 땅을 치며 통곡하는 희생자 가족의 모습은 단 한 번도 비친 적이 없다. 관중에게 아무것도 알리지 않고 대통령만 먼저 빠져나갔다고 지적하는 언론은 단 하나도 없었으며, 테러 현장에 기자들이 1천여 명이 달려들어 중구난방의 미확인 보도를 쏟아내는 모습은 상상조차 할 수 없었다. 위기가 닥치면

일체의 선정성을 자제하고 정부의 이성적인 통제에 자발적으로 협
조하는 언론! 이것이 선진국 언론의 모습이었다."

2011년에 일어난 동일본 대지진은 1만5천여 명의 사망자, 2천이 넘
는 실종자를 낸 큰 재난이었다. 그랬지만 일본의 각 방송사 뉴스 진행
자들은 사실 보도에만 충실했다. 한국처럼 '통곡' '아비규환' '아수라
장' 등의 자극적 단어도 사용하지 않았다. 방송 중 눈물을 흘리는 앵커
도 아나운서도 볼 수 없었다. 혼자 흥분해서 목청을 높이는 기자 역시
없었다.

"일본 내각은 우왕좌왕했으나 언론의 신속한 대피 정보, 정확한 피
해 보도로 일본인들을 진정시키는 역할을 했다"고 선문대 이연 교수는
평가했다. 이 사건에 대한 한·미·일 보도를 비교한 성균관대 백선기
교수 등의 논문에서도 한국 언론은 극심한 피해 부각, 사실보다는 자
극적 주관적 언어사용, 분석 탐사보다 속보, 전문가보다 정부발표 의존
이 높았다고 했다.

NHK 등 일본의 방송은 일단 대지진 등 재해가 발생하면 〈재난보도
가이드라인〉에 따라 재난방송을 한다. 한국도 2003년 대구지하철 사태
이후 한국기자협회가 마련한 재난보도 공동가이드라인이 있다.

△ 불확실한 내용은 철저히 검증해서 유언비어 확산을 억제하는 데
기여할 것. △ 인명구조를 방해하지 않는 범위 안에서 취재할 것. △
위기 상황에 대한 심리적, 정신적 불확실성을 감소시키는 데 주력할
것. △ 피해자와 가족에 대한 인터뷰 강요 금지. △ 자극적인 장면 보
도 금지. △ 수집된 정보의 해당 전문가 검증 등의 원칙을 규정하고
있다. 그러나 이번 세월호 사건을 보도하는 언론에서 이 가이드라인은
없었다.

인생은 불확실성의 바다를 항해하는 조각배 같은 것. 예기치 못한 사건은 언제나 일어난다. 중요한 것은 사건이 아니라 사건에 마주친 사람들이다. 선진국에선 사고나 사건에 마주치면 그 원인을 가린다. 원인을 밝히는 데 1년의 시간이 걸려도 시민들은 차분하게 기다린다. 누구도 늦다고 질책하는 사람은 없다. 원인을 가리고 다시는 그런 일이 반복되지 않게 하기 위해 필요한 조치를 강구한다. 문책도 원인을 가린 뒤의 일이다. 그리고 그런 나라에선 같은 사고가 반복되는 일은 거의 없다.

세월호 사태는 '좌파 촛불부대' '20~40대의 문제' 그리고 '좌편향을 더해가는 언론권력, 문화권력에 대한 문제'를 제기하고 있다. 되돌아보기에도 창피한 모습의 그림이 있다. 그 하나는 한국의 언론노조다. 언론노조는 세월호 사태 한복판에서 "대한민국 언론은 죽었다"는 제목의 성명을 냈다. 사실을 전하는 데 실패해서가 아니라 죽일 놈을 죽이지 못해 죽겠다는 투의 가장 저속하고 비열한 글이다.

"세월호 참사가 발생한 지 한 달 ─ 지난 한 달여 동안 대한민국은 함께 침몰했습니다. 그리고 정확성, 공정성, 독립성을 생명으로 하는 언론의 사명 또한 침몰하고 말았습니다." "사건 당일 '전원 구조'라는 언론 역사상 최악의 대형 오보를 저질러 실종자 가족들을 비롯한 전 국민을 충격과 분노에 빠뜨렸습니다. 취재를 통한 사실확인보다는 정부의 발표를 받아쓰기에 급급한 나머지 오직 진실 규명을 바라는 국민들의 한결같은 바람을 저버리고 말았습니다."

오보의 책임을 정부에 떠넘긴 비겁함, 교활함이다. 이어지는 성명은 죽일 놈을 만들어 증오를 돌린다.

"슬픔에 빠진 유가족들과 실종자 가족들에게 위로는커녕 망언을 내뱉는 공영방송 간부라는 사람들의 패륜적인 행태도 막아내지 못했습니다. 그리고 '청와대의 지시'를 받아 공영방송 KBS의 보도를 좌지우지해 왔다는 의혹을 받고 있는 길환영 사장도 아직 쫓아내지 못하고 있습니다. 청와대의 보도통제 의혹에 대해 침묵하고 있는 박 대통령으로부터 진상규명에 대한 어떤 약속도 받아내지 못했습니다."

도대체 언론노조가 누구로부터 무슨 책임이나 권력을 위임받았기에 KBS 사장을 축출하고 대통령에게서 약속을 받아낸다는 것인가?

"대한민국 언론은 죽었습니다. 세월호 참사는 이미 한참 전에 죽어버린 언론의 모습을 드러내는 하나의 계기였을 뿐입니다."

"대한민국의 주인은 국민이고, 언론의 존재이유는 대한민국의 주인인 국민에게 정확하고 공정하게 사실을 알려주기 위함이라는 지극히 당연한 상식이 무너지기 시작하면서 언론은 죽은 것이나 다름없게 되었습니다. '죽은 언론'의 주인은 국민이 아니라 '대통령'이고 '죽은 언론'은 오직 권력자를 향한 해바라기 그 이상도 이하도 아닙니다."

언론에 휘둘린 대통령인데 언론의 주인이라니? '적반하장도 유분수(賊反荷杖 有分數)'라는데, 이 적반하장은 분수조차 없다.

"국민 여러분께 정말 죄송합니다. 막말하는 간부도, 대통령만 바라보고 가는 사장도 막아내지 못했습니다. 권력이 언론을 손에 쥐고 휘두르려 하는데도 목숨 걸고 저항하지 못했습니다. 국민의 눈과 귀와 입이 되지는 못할망정 국민의 눈과 귀와 입을 가리는 데 일조하고 말았습니다. 방송을 장악하지 않겠다는 대통령의 말도, 지지부진하기만 했던 국회의 방송공정성 논의도, 이행하도록 만들지 못했습니다.

다시 살려내겠습니다. 언론의 사명을 훼손하려는 모든 시도에 맞서 단호히 저항하겠습니다. 청와대의 방송장악, 보도통제 의혹에 대한 철저한 진상규명과 책임자 처벌, 재발 방지를 위한 제도개선책이 마련될 때까지 우리는 가만히 있지 않고 행동할 것입니다. 언론이 존재해야 하는 유일한 이유, 오직 국민의 알 권리를 위해 정진하겠습니다. 그것이 세월호와 함께 속절없이 스러져간 희생자들에 대한 최소한의 도리이자 우리에게 부여된 영원한 사명입니다."

논평할 가치조차 없는 거짓말 묶음이다. '단호히 저항하겠다느니' '가만있지 않고 행동하겠다느니' 따위는 기자의 용어가 아니다. 기자란 세금으로 사는 직업이 아니다. 독자의 누구도 기자들한테 목숨 걸고 싸울 것을 기대하지 않는다. 특히 기자는 용어가 정확해야 한다. '세월호와 함께 스러져간 희생자'라고 했는데, 그들이 다른 사람들을 위해 가던 길이던가? 그들은 희생자는 결코 아니다. 용어조차 혼동한 분별 잃은 보도도 세월호 혼돈의 한 가닥이기도 하다.

이 성명을 보면 대통령과 정부가 법을 제대로 집행하고 권력도 행사한 것처럼 말하고 있다. 이보다 파렴치한 거짓말은 드물다. 당시 살인정권이란 낙인을 찍고 청와대로 쳐들어가자는 좌파 운동권의 반 정부 투쟁의 불길을 대한민국의 법률도 경찰도 제대로 막지 못했다. 좌파운동권의 투쟁과 나란히 미친 듯 춤추던 언론의 선동 역시 법도 권력도 제어할 수 없었다. 그게 세월호 정국이고 세월호 분위기였다.

이 성명과 나란히 줄을 선 또 다른 하나는 서울대학 교수 등 소위 교수집단의 성명이다. 서울대학교 민주화교수협의회라는 서클인지 무리인지 아무튼 이 단체는 낡은 레코드가 된 '인적쇄신'을 세월호 수습의 첫 걸음으로 내걸었다. "구시대적인 적폐의 근원이 되고 있는 청와대 비서실장, 국정원장, 안보실장, 홍보수석, 그리고 검찰총장의 자리를 쇄신하는 것이 그 시작이 될 것"이라는 소리였다. 그러더니 5월 19일 성명서를 발표했다.

"국민을 진정으로 분노하게 만든 것은 세월호 구조 과정에서 드러난 정부의 무능과 '국가'의 부재였다."

"정부는 자신의 무능은 아랑곳 하지 않고 언론과 국민 여론을 통제하고 사건을 축소·은폐하려고 했고, 사복경찰을 동원하여 피해자 가족의 동정을 살피고, 심지어 대화를 몰래 녹음하는 등 피해 가족 및 시민들을 부당하게 감시했으며, 비판자들에게 압력과 협박을 가하여 국민의 알 권리를 제약하고 표현의 자유를 억압하고 있다."

언론노조 성명과 같은 수준의 글이다. 이런 언론, 이런 교수를 둔 대한민국이니 정치가 3류의 벽 아래 뒤쳐져 있는 것은 너무도 당연하다.

세월호 사태의 긴 전쟁은 거짓말로 문을 열었다. 뉴스에는 거짓이 범람했다. 거짓은 사고를 학살로 몰아가는 단계까지 거침없이 나아갔다. 거짓이 사실을 밀쳐냈다. 사실이 거짓을 이기지 못했다. 아마추어가 전문가를 밀쳐내고 판을 이끌었다. 선체 수색은 언제까지 계속할 것인지, 선체 인양은 언제 할 것인지 등 현장처리는 전문가의 몫이 아니었나. 국회가 세월호 인양 결의안을 통과시키는 비정상이 정상이 되고 있었다. 그래서 수많은 다른 것, 세월호 아닌 것들이 세월호 선체를 뒤따라 전복당하고 침몰했다. 그 침몰의 표본이 해양경찰이다.

세월호 사태에서 구조는 성공적이었다. 그런데 구조의 실패로 사건은 출발한다. 해경은 살릴 수 있는데 단 한 명도 못 살렸다는 비난이 그 시작이다. 살릴 수 있었는데 못 살렸다는 거짓말은 에어포켓에 생존자가 있다는 한국 언론의 오보가 그 거짓말을 분칠하느라 만들어낸 거짓말이다. 그런데 이 거짓말이 슬픔과 분노를 증폭시키고 재난을 확산시켰다. 해경 때리기, 해경에 모든 책임을 덮어씌운 배경엔 무엇이 있었던 것일까? 당시 해운법은 여객선의 안전운항 관리에 관한 지도 감독의 책임을 국토해양부 장관으로 명시하고 있었다. 책임소재가 이토록 분명했는데도 해경을 속죄양으로 몰아간 것일까? 국가안전처라는 기구를 만들어 해경을 그 속에 예속시키는 발상은 어디서 만들어진 것일까?

한국의 해양경찰대는 국민의 믿음을 저버린 일은 없다. 해경의 첫 임무는 한국 어부들의 통통선보다 우월한 장비를 갖춘 일본어선의 불법조업을 단속하는 일이었다. 50년대 열악한 조건에서도 한국 해경은 일본 어선을 나포했다. 2000년대 들어 해경의 중요 업무는 중국 어선의 불법조업 단속이다. 중국 어부들은 거칠고 난폭하다. 해경은 심하게 다치거나 목숨을 잃을 수도 있는 일이 중국어선 단속이다. 그래도 해경은 묵묵히 이 위험하고도 힘든 임무를 수행하고 있다.

2010년 3월 26일 북한에 의한 천안함 폭침 사건이 일어났을 때 58명(승선인원 104명)의 해군 장병들을 구조한 것은 해군이 아니라 해경이었다. 2013년에 발간된 〈해양경찰 백서〉에 따르면, 지난 10년간 해양사고 선박 1만 1,830척 가운데 해경 등에 의해 구조된 선박은 1만1,127척으로 연평균 1,113척의 선박과 7,181명(평균)의 인명이 구조된 것으로 나타났다. 2012년에 발생한 전체 해양사고는 선박 1,632척, 인명 1만 1,302명이며, 이 가운데 해경 등에 의해 구조된 선박과 인명은 1,570척, 1만 1,217명이었다.

해경에 대한 더없이 억울한 거짓말의 세 번째는 해경이 수사에 치중하다가 구조를 소홀히 하였다는 언론 보도다. 이것 역시 박 대통령도 수용하여 해경한테서 수사기능을 빼야 한다고 했다. 한 신문에 의하면, 해경의 정원 8,684명 중 수사 인력은 5%이다. 경찰청은 수사 인력이 18%이다. 미국, 일본, 중국도 해경에 해당하는 해안경비대, 해상보안청, 중국 해경국에 수사권을 준다. 정보 수사 외사(外事) 인력을 합쳐도 해경은 9%로서 육상 경찰의 24%에 못 미친다. 해경 관계자는 "하루에만 256척의 중국 어선이 서해 북방한계선(NLL)을 따라 우리 영해를 넘나들며 불법 조업을 하고 있는데 사법권(수사권)이 없는 국가안전처로선 이들을 효과적으로 단속할 수 없다"고 말했다. 불법 조업 단속은 해양경비를 맡은 국가안전처가 담당하고, 수사는 수사권을 넘겨받을 경찰청이 맡게 되면 효율성이 떨어진다는 것이다.

해경이 왜 그토록 무력하게 일방적 매질에 속수무책이었을까? 검찰과 감사원이 수사, 조사를 시작했다. 검사와 기자들이 수사와 비방을 주도했다. 이럴 때 언론을 상대로 사실을 제시하고 오보에 맞서야 할 정부가 입을 닫고 밀리기만 했다. 한마디로 박 대통령은 성난 여론 앞에 해경을 희생양으로 바쳐 위기를 벗어나려 한다는 인상을 주었다. 차분하게 사고의 원인을 밝히고 그 교훈을 살리는 일도 불가능해졌다. 해경은 이런 분위기, 이런 바람 앞에서 속수무책이 되었다. 그러니 한 개인, 그기 국회의원이었다 헤도 무슨 수로 이 거대한 분위기를 넘어설 수 있었겠는가.

좌파로 살면 편하다

박상은 의원이 좌파였다면 구속기소 되었을까? 시민단체가 그를 고발하고 구속하라고 다그치는 성명을 냈을까? 그 정답은 '기소 없음, 고발 없음'이다.

박상은 사건이 있기 한 달 전인 5월에 조사를 끝내고 박 의원 사건과 비슷한 시기, 기소했던 다섯 국회의원 중 통합민주당 소속 신학용 신계륜 두 의원은 아직도 2심 재판이 진행 중이다. 두 신 의원 사건은 돈을 받고 청탁 입법을 한 혐의다. 박상은 사건의 무려 11건과는 비교가 안 되는 단순사건이다. 그런데 박상은 사건은 대법원 판결까지도 종결한 지 반년인데 두 신 의원 사건은 2심이 진행 중이고, 실형이 선고되었지만 구속당하지도 않고 자유롭다.

2016년 5월, 2심 재판에서 변호인단은 뇌물공여 여부를 가리기 위한 현장검증을 요구해 심리를 원점으로 되돌리는 법정투쟁을 하고 있다. 무엇이 이런 차이를 만들어낼까. 그 차이는 두 신 의원은 좌파이고 박상은 의원은 우파라는 것뿐이다.

차이는 좌·우파에 그친 것도 아니다. 놀라운 것은 좌파 안에서도 차이를 본다는 점이다. 두 신 의원의 종합예술학교 입법 로비는 김재윤 의원도 포함된 세 의원이다. 신계륜은 국회 환경노동위원회 위원장, 김재윤은 동 위원회 민주당 간사, 신학용은 교육위원회 위원장이었다.

서울종합예술학교는 노동부의 허가를 받은 2년제 직업학교에서 2009년, 4년제 학점은행 교육기관으로 승격했다. 그리고 이름에서도 대학이라는 명칭을 사용할 수 있기를 원했다. 이 로비는 노동부와 교육부에 연관된다. 이들 세 의원이 노동부와 교육부를 관리 감독하는 국회 상임위원회의 위원으로서 금품을 받고 이 학원을 위해 영향력 행사에 합동했다는 것이 검찰의 기소 내용이다. 그러니까 세 의원은 동일한 사건으로 한 묶음이다. 김재윤은 2015년 연말 대법원에 의해 4년 징역이 확정되었다. 그런데 두 신 의원은 1심에서 형량도 김재윤보다 낮은 2년 6월 징역형 선고를 받은데다 집행도 유보된 상태에서 2심이 진행 중이다. 이 차이는 무엇 때문일까? 두 신 의원은 운동권 출신이라는 것, 김재윤은 민주당이긴 해도 운동권 출신이 아니라는 차이 말고는 다른 것을 찾을 수 없다.

민주당 정권 시절 국무총리를 지낸 한명숙 의원은 2007년 3월부터 9월 동안 한신건영 대표로부터 현금과 수표 및 달러 등 세 차례에 걸쳐 9억 원의 금품을 받은 정치자금법 위반 혐의로 기소되었다. 2010년 4월 9일 1심을 거쳐 2012년 9월 16일 2심에서 징역 2년, 추징금 8억 8,302만 원의 유죄판결이 나왔다. 그러나 대법원은 심리를 늦추다가 2015년 8월 말에야 유죄를 확정했다. 한 의원은 유죄판결을 받고도 구속되지 않은데다 6년을 끌어간 재판 덕에 재판받으면서도 출마해 국회의원으로 당선도 하고 그 임기도 거의 다 채우는 특혜를 누렸다.

한 의원의 2심도 끝난 뒤 기소된 조현오 전 경찰청장의 명예훼손 사건은 1심 이후 13개월 만에 대법원 판결이 나왔다. 조현오는 서울지방경찰청장 시절이던 2010년 3월 31일 서울청 경찰관을 대상으로 한 강연에서 "노무현 전 대통령이 바위에서 뛰어내리기 바로 전날 10만 원권 수표가 입금된 거액의 차명계좌가 발견되지 않았나. 그것 때문에 뛰어내린 것"이라고 말한 것 때문에 죽은 자(死者) 명예훼손으로 고소 당했다. 이 사건은 2013년 2월 20일 1심에서 징역 10월 판결을 받고 법정 구속됐고, 대법원은 2014년 3월 13일 징역 8월을 확정했다. 좌파 한명숙은 6년, 우파 조현오는 1년에 형을 확정하는 한국 사법부다.

그 무렵 SNS에는 김대중 – 노무현 – 이명박 – 박근혜 정권 기간 내 내 사법부는 우파인사 혹은 단체에 대해서는 유죄를 선고하고, 좌파 활동가와 단체에 대해서는 무죄를 선고해 왔다면서 '유전무죄 무전유 죄(有錢無罪 無錢有罪)'라던 풍자를 '우파유죄 좌파무죄(右派有罪, 左派無 罪)'로 바꾼 글이 올랐다. 김대중 정권에서 시작된 과거사 조사 이후 보 안법 위반으로 유죄였던 반 국가사범 전과자들이 모두 재심을 통해 무 죄로 뒤집히는 판결을 받고, 과거사조사위로부터는 민주인사가 되어 보상을 받으면서 이 말이 현실로 나타나고 있다.

대한민국은 자유의 나라다. 20세기 후반 자유의 전사들이 피 흘리며 건국하고 피 흘리며 지키고 그리고 피와 땀과 눈물로 건설한 나라, 보 수 우파가 주역이던 나라다. 그런데 21세기 대한민국은 좌파로 살아야 살기 편한 나라가 되었다. 보수 우파는 조심조심 살아도 예기치 않았 던 낭패에 마주칠 수도 있는 나라로 변해 있다.

"2011년 12월, 30~40대 문화인들이 주축이 된 어느 송년 모임, 필자 가 '지금 탄압받는 멸종위기의 보수주의자입니다'라고 외치니 참석자 들은 일제히 웃음을 터뜨렸다." 이런 말로 시작되던 글을 읽은 기억이 남아 있다.

네네치킨의 한 지사(支社)가 페이스 북 홍보 페이지에 전 대통령 노 무현과 치킨을 합성시킨 사진을 올렸다가 곤욕을 치렀던 사건에 대해 한 인터넷 신문이 이렇게 썼다.

「 '노무현 대통령도 맛있게 즐기시는 치킨'이란 이미지로 올린 것인데 이 사진이 우파 사이트인 일베에서 제작되었다는 것이 알려지면서 여론의 뭇매를 맞고 네네치킨 불매운동 움직임까지 벌어지는 사태에 마주쳤다. 나는 네네치킨이 만약 이명박 대통령이나 박근혜 대통령의 얼굴을 희화화(戲畵化)한 사진으로 동일한 홍보 글을 게재했다면 이런 큰 파장은 없었을 것이라는 글을 올렸다. 하지만 이 글도 댓글전쟁이 일어나는 엄청난 후폭풍을 몰고 왔다. 이 사건은 20대가 보수로 살아간다는 것이 얼마나 큰 핍박이 따르는지를 보여준 사례의 하나이다.

20대 진보의 특징은 박근혜 정부와 여당에 무조건 분노할 것을 요구한다. 이런 주장에 논리적으로 반박할 경우 이단아(異端兒)로 취급된다. 이래서 보수 성향을 지닌 20대 중 대다수는 자신의 성향을 드러내기를 두려워한다. 이런 세태 속에서 20대 보수 언론인으로 살아가는 청년이 갖는 최대의 딜레마는 "선동에 빠진 대중을 올바른 관점을 가질 수 있도록 인도하는 것이 가능한가라는 의문이다." 보수 언론 기자들이 사실에 기초한 기사를 내놓아도 선동을 이기기엔 역부족이라는 것을 실감한다. 그렇다고 우리도 같은 방식으로 선동할 수는 없는 노릇이다."

나는 종종 한풀이로 "대한민국에서 무병장수하려면 좌파 행세를 하며 살아가는 것이 나을지도 모르겠다."라는 말을 한다. 천민민주주의가 지배하는 대한민국에서 20대 보수로 산다는 것은 고달프고 힘든 고행길이다.」

이것 역시 인터넷 신문에서 내가 읽은 글이다.

한국에서 우파로 산다는 것이 고달픈 건 20대만이 아니다. 한나라당

어깨띠를 두른 박근혜 마네킹 목을 칼로 자른다. 선혈이 낭자하다. 이명박 박근혜를 풍자한 영화 '자가당착'의 한 장면이다. 이 영화를 '제한상영 가'로 결정했다. 그런데 2012년 국정감사에서 민주통합당 의원들은 표현의 자유를 침해했다고 문화부를 다그쳤다. 같은 시기 새누리당 이준석이 페이스 북에 문재인 참수 웹툰을 올렸다가 표현의 자유를 외치던 좌파로부터 거친 협박까지 받고 사과했다.

2013년 1월 민중극단이 박정희 시대의 경제개발을 다룬 '한강의 기적'을 공연하기 위해 서울 대학로의 아르코예술극장 소극장을 잡았다. 한 연극인이 1월 28일 페이스 북에 "국민의 세금으로 운영하는 공공(公共)극장에서 이런 작품을 공연해도 되느냐"라며 이의를 제기했다. 연극계 안팎에서 25일 대통령에 취임하는 박근혜 당선자를 거론하며 '새 정부 출범에 맞춘 박정희 미화 연극' '용비어천가 연극'이라고 비난하는 글을 올린 뒤 극장 측이 '대관취소'결정을 내렸다.

막이 오르지도 않은 공연을 '박정희 미화 연극'이라고 몰아세우는 것도, 박정희 미화 연극은 안 된다는 논리도 모두 맞지 않다. 우파 정부였고 우파 정부로 이어지는데도 정부 산하 극장이 좌파에 항복했다.

좌파가 이런 일을 당했다면 통합민주당과 좌파운동권이 표현의 자유를 내세워 정부를 맹공할 것을 모두 알기에 좌파극단에 대관취소 같은 일은 일어나지 않는다. 문화계의 보수로 분류되는 소설가 이문열 씨는 "일반 국민은 보수와 진보가 50 대 50이라지만, 문화 쪽은 진보가 거의 98%까지 장악하고 있다"면서 "문인들은 보수 색을 드러내는 즉시 불이익을 당한다"고 했다.

2016년 SNS에 "새누리 쪽을 이롭게 하면 신상에 해롭고 새누리를 해코지 하면 격려의 박수를 받는다. 앞으로 새누리를 지지하려면 마치지하운동 하듯 은밀히 해야 하고 새민련을 지지할 때는 시끄러울수록 좋다"는 글이 올라 있었다.

"지난 6월 배우 김정태가 아들과 함께 어느 새누리당 기초단체장 후보의 집회에 모습을 나타냈다는 글이 SNS에 올라 아들까지 정치에 이용한다는 비난에 휘말려 TV프로그램에서 밀려났다. 반면 배우 김의성은 새누리당 대표 후보로 나선 김무성을 가리켜 '거지새끼야, 앵벌이도 낌 정도는 내밀면서 도와달라고 한다. 자립의 의지가 없어…'라는 글을 올려 인기가 올랐다. 거의 무명에 가깝던 김의성은 이 욕설 트위터 하나로 야권 성향의 SNS 이용자들에 의해 '개념 배우'로 칭송받으며 유명세를 얻었다"라는 조선일보 기사를 인용하면서, 이 글을 쓴 것이라고 한다.

새누리당에는 적도 없고 그래서 동지도 없다

정치질서는 적(敵)과 동지(同志)를 구별하는 데서 출발한다. 한국의 좌파는 적과 동지를 뚜렷하게 구분한다. 반면 새누리당엔 그런 것이 없다. 새누리당엔 적(敵)이 없다. 적이 없으니 동지도 없다.

좌파는 싸움꾼이다. 싸움을 걸고 싸움거리를 끊임없이 만들어낸다. 좌파의 길은 도전 일색이다. 타도 보수, 반미운동, 재벌 규탄 등 사회를 전쟁터로 만든다. 흔히 그들을 벌떼에 비유한다. 민주당은 포문이 하나로 그치는 사례가 없다. 한 의원이 특정 문제를 공격하고 나서면 지원 저격수가 줄을 잇는다. 민주당이나 소속 의원 한 사람이라도 공격받으면 방어에 일제히 나선다. 한나라당은 포문을 여는 일이 없다. 어쩌다

한 의원이 민주당이나 좌파와 싸움에 휘말리면 고독한 싸움을 해야 한다. 도와줄 동료 의원도 저격수도 없다. 민주당 벌떼에 쏘여 흔한 말로 본전도 못 찾는 경우가 흔하다.

18대 국회 때 한나라당 소속 조전혁 의원이 전국교원노동조합원 명단을 인터넷에 공개했다. 전교조가 공격에 나섰다. 나라 안, 온 좌파가 전교조 편에 서서 조전혁 국회의원을 압박했다. 그럴 때 한나라당은 나서지 않았다.

전교조는 소송을 제기하고 손해배상을 청구했다. 그런데 놀랍게도 법원은 전교조의 손을 들어주었다. 소송이 진행되는 그 와중에도 한나라당은 침묵하는 방관자로 머물렀다. 그리고 조전혁은 얼토당토 않는 벌금이라는 좌파적 판결의 덫에 걸렸다. 그래도 당은 말도 행동도 없었다. 조전혁의 고독한 패배였다.

"나치는 유대인을 숙청했다. 나는 유대인이 아니었으므로 침묵했다. 그들은 다음에는 노동조합원을 향했다. 나는 노동조합원이 아니었으므로 침묵했다. 그 다음엔 카톨릭교도에 그들이 다가갔다. 나는 개신교였으므로 내 일은 아니었다. 그들이 내게 다가오던 때 내 곁에는 아무도 없었다."

독일의 한 지식인이 남긴 이 글은 경험의 가르침이다. 새누리당에서도 이 글을 아는 이가 적지 않을 것이다. 그런데 행동은 없다. 그래서 '웰빙당'이다. 왜 새누리당은 싸워야 할 일에도 싸우지 않는 것일까? 이념(理念)이 없기 때문이라는 진단들을 한다.

이념은 적과 동지를 가르는 기준이다. 자기의 정체성, 정당성에 확신을 갖게 하는 .신념이다. '이념'을 가진 사람, 이념집단이 추구하는 것은 '이념'의 구현이다. 그들에게 중요한 것은 '이념'을 같이 하는 우리

편의 승리다. 그래서 적이 있고 동지가 있다.

새누리당은 보수정당으로 분류된다. 한국의 보수정당을 계승하고 있고 보수세력을 대표한다고들 했다. 그래서 더러는 산업화 세력이라고도 불린다. 그러니 '보수'가 새누리당의 기본이념이라야 한다. 그런데 2000년대 새누리당엔 보수의 색깔은 보이지 않는다, 새누리당엔 이념도 안 보이고 공동의 목표도 안 보인다. 그들은 보수가 무엇인지 모른다.

세월호 정국의 한복판이던 2014년 7월, 새누리당 대표가 된 김무성은 '보수 혁신'을 내걸었다. 무엇이 보수혁신이냐는 질문에 "보수혁신은 국민의 뜻에 따르는 것"이라고 김무성은 설명했다는 것이 그 무렵 조선일보의 보도다.

국민의 뜻은 2000년대 정계의 상투어다. 대체 국민의 뜻은 무엇인가. 국민의 뜻은 하나가 아니다. 어떤 문제 건 국민의 뜻은 크게는 두셋으로, 많게는 수천으로 갈린다. 이래서 국민의 뜻은 없는 것과 마찬가지다. 그러니 김무성이 말하는 보수혁신의 그림은 보이지 않는다.

김무성 체제의 원내대표였던 유승민도 새로운 보수를 내걸면서 보수와 전연 다른 반(反) 보수의 논리를 펼쳤다. 그는 19대 국회 후반기 당을 대표한 본회의 정책연설에서 계급투쟁 시각에서 한국 경제를 진단하고 처방하는 정책을 제시했다. 대기업을 재벌로 부르면서 쏟아낸 증오는 거짓말 일색의 좌파논리였다.

정당이 이익단체의 연합이라서 정책의 스펙트럼이 넓다고 해도 '계급투쟁'으로 의식화한 어릿광대 논리는 보수가 아니고 보수와 극단으로 대치된다. 유승민 의원 개인 자격의 연설로도 보수의 기본과 충돌한다는 비판에 마주칠 연설이다. 그런데 당의 정책방향을 밝히는 당대표 연설에서 드러낸 강남좌파 행색은 용납해서는 안 될 일이다. 그런데도 새누리당에서 이것을 문제 삼고 나온 의원은 없었다. 당의 정체성에 대한 의식이 흐리고 별로 중요하게 생각하지 않는다는 것을 증명한 사례의 또 다른 하나다.

그렇다면 보수는 무엇인가? 보수라는 개념은 수입품이다. 대한민국의 민주제도 역시 미국에서 수입한 것이다. 그러니 한국의 보수도 미국의 보수에서 답을 찾아봄직하다.

미국의 보수는 미국 헌법의 중심인 개인의 자유와 작은 정부이다. 미국의 보수는 개인의 자유를 규제하는 정부가 시간과 함께 커지는 현상을 경계한다. 미국에서 보수와 그 반대진영이 구별되는 점은 복지와 세금이다. 미국의 보수를 대표하는 공화당은 세금에 의존하는 과잉복지는 투자의욕과 근로의욕을 떨어뜨려 경제의 미래를 어둡게 한다는 입장이다. 반면 민주당은 기회균등을 위해서는 세금도 더 걷고 복지를 늘려나가야 한다고 주장한다.

한국의 보수도 그 기본은 자유이다. 자유를 지키기 위해서 반공이 따라붙는 것이 미국과 좀 다른 점이다. 물론 미국의 보수에도 반공은 따라붙는다. 그렇지만 미국에선 공산주의가 현실적인 위협이 안 된다. 그래서 공산세력의 도전에 맞서 자유를 지키는 반공이 강조되지 않는다.

반면 한국은 반공투쟁으로 세운 나라인데다가 공산주의의 무력공격으로 전쟁도 치렀다. 지금도 휴전선을 사이에 두고 북에 200만, 남에 60만 무장병력이 대치해 있다. 그래서 한국의 보수 이념은 자유보다 반공이 더 강조되었다, 이 보수이념의 무엇을 혁신한다는 것인가? 종북은 없다는 운동권 장단에 춤추는 것이 보수혁신인가?

보수는 혁명의 반성에서 나온 것. 그래서 혁신이라는 단어와는 어울리지 않는다. 보수는 점진적인 변화를 추구한다. "변화할 수단을 갖지 않는 국가는 보존할 수단도 없는 법"이라는 에드먼드 버크의 말은 보수의 기본가치이다.

보수는 역사와 전통, 규범을 존중한다. "선조를 돌아보지 않는 사람들은 후손도 내다보려 하지 않는다"는 말 역시 보수의 교과서다. 그런데 국가에 대한 충성, 부모에 대한 효심마저 뿌리가 뽑히고 있는데도 새누리당은 여기에 눈을 돌린 일이 없다.

새누리당의 보수성이 망가지기 시작한 것은 민자당으로 집권한 김영삼 정권이 한완상, 김정남 등 좌파 운동권에 조종칸을 넘기면서 시작되고, 이회창 체제에서 가속도가 붙었다. 이회창이 운동권의 2천년대 낙선·낙천 운동에 편승해, 자신의 대통령 선거 2차 출진을 막아설지도 모를 잠재적 라이벌인 김윤환 등 민정계 중진을 쳐내면서, 민자당은 김영삼의 이른바 민주계가 주류가 되었다. 거기에 더해진 것이 이들이 받아들인 원희룡 등 좌파 아류들의 입성이다.

남경필, 원희룡, 정병국을 일컫는 한나라당의 세칭 '南元鄭 그룹'은 2002년부터 10년 내내 보수로는 안 된다는 말을 했다. '보수로는 안 된다'를 구체화한 것이 '민정계는 안 된다.' '60대 이상은 물러가라'였다. 이 구호가 반영된 유일한 것이 연속적으로 단행하고 있는 이른바 공천 물갈이다. 그렇지만 한나라당이 공천에서 4기 연속 단행한 이른바 물갈이는 실패작이다. 소위 MB당 만드느라 친박을 몰아내고 대거 영입한 정태근 등 MB 측근과 김성식 등 이른바 젊은 신인들 역시 원희룡 그룹을 흉내내며 반 보수에다 선배를 쳐내자는 배덕(背德)의 길을 걸었다.

신인이랍시고 받아들인 이른바 소장파들이 당을 위해서 한 일은 없다. 운동권과 민주당 등 좌파의 도발, 선동, 거짓말 등 한나라당에 대한 부당한 공격에 맞선 일은 단 한 번도 없다. 도리어 좌파에 동조하거나 굴종하면서 한나라당으론 안 된다는 말만 해왔다. 보수로는 안 된다, 변화해야 한다, 낡은 정치로는 안 된다 등, 안 된다는 소리만 해왔다. 이들은 한나라당을 비방하고 정체성을 흔들어 한나라당의 이미지를 먹칠했다.

'남원정'으로 이름 지어진 이들 신진그룹의 멘토는 원희룡이다. 그런데 그 원희룡의 진짜 모습은 어떤 것일까. 원희룡은 안철수가 정계에 들어오던 2011년 백기를 들었다. 그는 그해 11월 20일 대경대학에서 재학생 200여명을 대상으로 특강을 하면서 안철수를 "한국 정치를 바꿀 하늘이 준 기회"라고 했다.

"10년 전부터 젊은이들은 존경하는 인물로 세종대왕과 안 교수를 꼽아왔기 때문에 안 교수를 수년 전부터 지켜봐 왔고 국무총리까지 시키자고 제안하기도 했다"고 원희룡은 말했다.

안철수를 세종대왕과 동렬에 올리는 낯간지러운 아첨이다. 그런데 10년 전에 존경하는 인물로 세종대왕과 안철수를 동렬(同列)에 놓은 젊은이는 없었다.

원희룡은 남을 비방의 과녁에 올리면서 비방할 상대의 말을 만들고 '이건 아니다'라고 말한다. 노무현 정권 시절, 학원법 반대투쟁 때도 당시의 박근혜 당 대표의 학원법 반대투쟁을 비방하면서 "학원법을 '친북음모'로 모는 것은 과장이 심하다." "박 대표는 자기에게 반대하면 빨갱이로 모는 습성은 안 된다."고 했다. 당시 한나라당의 어느 누구도 학원법을 '친북음모'라고 말한 일이 없다. 박 대표도 '빨갱이'란 단어를 쓴 일도 없었다. 원희룡은 누가 생각해도 부당하다고 할 말을 만들고 "그래선 안 된다"고 짐짓 나무란다. 이런 사례가 한둘이 아니다. 그는 이런 투로 한나라당 이미지를 손상했다. 그런데 사무총장 시키고 심지어 당 대표로까지 밀어 최고위원에 앉힌 것이 이명박 대통령과 친이 계열이다. 정체성을 버리고 기회주의로 이 눈치 저 눈치 보며 비틀댄 것이 한나라당이 걸어온 길이다.

역사전쟁에서 밀리면 미래가 없는데도…

과거를 지배하는 자가 미래를 지배한다. 역사가 남긴 가르침이다. 역사 담론에서 밀리면 주류에서 밀리고 소수파로 전락한다. 지금 한국에서 보수는 역사의 담론에서 완벽한 패배자의 자리에 밀려나 있다.

80년대 운동권 세력과 이른바 한국의 좌파 세력은 대한민국을 부정적으로 본다. 계급투쟁에 기초한 사회적 대립을 무기로 한 좌파는 대한민국을 결코 성공한 역사라고 말하지 않는다. 대한민국의 성취를 부정하고 헬 조선을 외치는 게 그들의 의식화 노선이고 의식화 투쟁이다. 그런데 보수가 이 담론에 침몰당해 있는 것은 불가사의다. 보수로는 안 된다느니, 낡은 보수니, 구태 구악이라는 용어는 좌파의 것이다. 그러데 그게 좌파가 아니라 새누리당의 이른바 개혁파를 자처하는 강남 좌파들이 외치고 있다.

청년을 잃는 것은 미래를 잃는 것이다. 한국의 20~40대는 새누리당을 싫어한다. 어제 오늘의 경향이 아니다. 이것은 새누리당에 미래가 없다는 데 그치지 않는다. 대한민국의 미래가 어둡다고 말해야 할 사태다.

그런데도 새누리당에선 이 문제에 다가가지 않는다. 모두가 모르는 척 눈을 감고 있다. 이 기막히는 사태를 어찌 해석할 것인가? 20~40대는 새누리당을 왜 싫어하는가? 그 이유는 타당한가?

20~40대의 비뚤어진 면모는 대한민국 정통성 부정, 그리고 반미에 서도 드러난다. 이들은 미국은 독재자를 도와 한국의 민주발전을 저해 시킨 제국주의 요소라고 말한다. 이들에게 대한민국은 친일파가 세워 독립운동가를 핍박하고, 매판자본이 노동자 농민을 착취하고, 이승만 과 박정희가 국민을 탄압한 '지옥'으로 규정한다. 이들은 6·25는 '반공 주의를 표방한 독재정권 탓'이라는 브루스 커밍스의 저서 『한국전쟁 의 기원』을 가장 권위 있는 책으로 평가하고 있고, 틀렸다는 것이 확인 되고 또 확인된 리영희 류의 '종속이론 열차'에서 잠자고 있다.

1980년대 친북 좌파운동권에 의식화된 세대가 이젠 50줄에 접어들 었다. 이들의 대부분은 죽을 때까지 '의식화 열차'에서 잠잘지도 모른 다. 이제 나이 들면 보수가 된다는 것도 옛 얘기로 묻힌다. 한국의 보 수가 역사전쟁의 주도권을 탈환하지 않으면 자라나는 젊은 세대는 말 할 것도 없고 이제 노년으로 가는 이들 50대 세대의 좌파 의식화도 더 굳어질 것이다.

2014년 일어난 문창극 총리 지명자의 좌절은 새누리당의 일그러진 한 단면을 상징하는 사건이다. 문창극이 총리로 지명되자 언론인이던 시절 문창극이 기독교 장로로서 교회에서 말한 내용을 공영방송 KBS 가 왜곡해 친일로 모는 방송을 내보냈다. 그리고 정석대로 좌파가 일 제히 포문을 열었다. KBS 보도의 거짓은 곧 밝혀졌다. 그러나 좌파의 공격은 멈추지 않았다. 김대중 대통령에 대해, 노무현 대통령에 대해, 문창극이 비평했던 글을 들추며 공격을 이어갔다. 박지원 의원은 문창 극에 대해 "극우 꼴통 시대를 여는 신호탄"이라고 비방했다.

청와대도, 정부도, 새누리당도 침묵했다. 문창극은 김대중, 노무현에 대한 언론인 시절의 비평의 글을 잘못되었다고 말하는 참담한 모습까지 보였다. 그러나 이런 후퇴는 도리어 깔보임 당한다. 그는 청문회에 나가 자신을 석명할 기회도 갖지 못하고 총리 지명자에서 물러났다. 새누리당에서도 정부에서도 단 한 명의 지원도 없이 외롭게 이른바 정의롭지도 당당하지도 않은 해명이라는 굿판까지 펴는 비굴함을 보이고 물러났다.

문창극이 진정한 보수주의자였다면 총리 후보 자리에서 물러서지 말아야 하고, 좌파 모략의 도구가 된 KBS기자의 징계를 요구해야 하고, 박지원 등의 비방에 당당하게 맞섰어야 했다. 최소한 사과할 이유 없는 사과를 하는 비굴한 모습은 절대로 보이지 말았어야 했다. 새누리당이 보수정당이었다면 문창극 사태의 방관자일 수는 절대로 없어야 했다.

박상은 사건에서도 우리는 민주제도의 최후의 보루라는 사법마저 천민민주제 수준과 어깨동무하는 모습을 본다. 한마디로 판사와 검사는 공공(公共)의 안전을 지키는 것이 책무의 전부다. 세론 따라, 분위기 따라가는 것이 사법의 영역이어서는 안 된다. 어떤 경우에도 법이 판결의 기준이라야 한다. 현행 법률이 자기 개인적 믿음과 다르더라도 법을 존중하고 그 법에 따라 기소하고 판결해야 한다. 일부 좌경 판사가 국가가 이 꼴인데 그 죄는 벌할 수 없다고 말하고, 친북 행동에 대해선 우리 사회가 능히 감당할 수 있느니 하며 무죄를 선고하는 등 자기 개인적 생각을 판결의 기준이라고 공공연히 말하는 것은 자신의 의무가 무엇인지도 모르는 무지(無知)를 드러낸 철부지 망동(妄動)이다. 이 모든 비정상은 싸워야 할 때 싸우지 않는 새누리당이 불러들인 업보다.

지금 대한민국의 하늘 아래엔 전선이 넓게 펼쳐져 있다. 역사전쟁, 문화전쟁, 교육전쟁도 정치전쟁, 경제전쟁 못지않게 중요하다. 새누리당이 싸워야 할 때를 아는 정당으로 발전할 수 있을까.

'보수로는 안 된다'는 레코드 하나로 인기를 누리고 보수 한나라당의 중심의 자리에 오른 게 이른바 '南元鄭'이다. 이들은 당내 개혁세력으로 이미지 업 되고 그래서 당의 풍향이 제2, 재3의 남원정으로 출렁이고 있다. 2016년 4월 총선 패배 후 보수를 걷어차고 최창집-김병준 이미지로 가자고 떠들어대는 것이 그 흐름이다.

신출내기들의 좌회전 깜빡이가 새누리당의 개혁노선이다. 정치와 정당 꼴이 말이 아니다. 정치 실종, 정당 실종이다. 이 사태는 새누리당이 보수의 위대한 정체성을 버리고 비틀댄 지난 20년의 보상이고 업보다.

진보를 자처하는 한국의 좌파는 능력에서, 그 의식에서, 가히 절망적이다. 우선 그들은 핵무장한 적에게 민족이라는 이름으로, 평화라는 이름으로, 퍼주기를 하잔다. 이런 그들로는 결코 북쪽 '김일성 민족'의 야욕에 대항하지 못한다. 대한민국 좌파의 계급주의 처방으로는 경제를 살릴 수도 없다. 경제성장 없이 이룰 수 있는 것은 아무것도 없다. 시장과 기업을 배척하고 복지에 허둥대는 악순환을 낳아 경제를 나락으로 떨어뜨릴 것이 눈에 선하다.

그런데 새누리당은? 새누리당이 보수의 정체성에 눈을 돌릴 것을 기대하는 것은 환상일까. 보수 성향이 아니라 보수를 신념으로 하는 단 7명의 국회의원만 있어도… 라는 기대도 허탕일까. 도리어 보수정당 포기선언을 권고하는 것이 더 현실적일까. 그래야 진짜 보수정당이 나올 것을 기대할 수 있을 것이기에…. 그런 질문들을 떠올리면서 2011년 대선을 앞두고 '원칙 없는 정치'라는 제목으로 썼던 글을 덧붙이며 이 글을 마무리한다.

원칙 없는 정치

한나라당 지지층은 어떤 사람들인가? 그들은 왜 한나라당을 지지하는가? 한나라당은 무엇을 내세워 지지를 구하는가?

보수우파니까, 내가 좋아하는 아무개가 있는 정당이니까, 민주당이 싫어서, 호남당이 싫어서, 종북좌파(從北左派)가 싫어서, 등 이유는 다양하다. 그렇지만 정당에 대한 지지나 반대가 논리적이거나 합리적인 것이 아닌 경우가 더 일반적이다. 정당에 대한 호오(好惡)는 감정이고 이미지라는 말도 있다.

정당에 대한 감정이나 이미지는 좋은 것보다 나쁜 것이 더 깊게 각인(刻印)된다. 그래시 한나라당이 좋아서가 아니라 민주당 등 다른 정당이 싫거나 미덥지 않아서 한나라당을 지지하는 사람이 더 많을지도 모른다.

그런데 한나라당 지지자들 중 상당수가 지난 4년 사이 지지를 거두고 돌아섰다. 왜 돌아선 것인가. 다른 정당이 좋아져서 돌아섰다고 보기 어렵다. 민주당 등 한나라당 반대당들이 국민의 지지를 받을만한 어떤 일도 한 것이 없다. 그렇다면 대답은 자명하다. 한나라당이 싫어졌거나 미워졌다는 얘기다. 왜 한나라당이 싫어지고 미워진 것인가. 그 이유를 읽는 일이 중요하다.

역사 비틀기를 방치하는 대가

한나라당은 보수정당이다. 한나라당은 이 나라 보수정당의 맥을 이어가는 정당이다. 보수는 한나라당의 아이덴디티(正體性)이다. 그런데도 스스로는 보수라고 말하지 않는다. 이른바 소장파로 불리던 '南元鄭' 그룹은 2002년부터 10년 내내 보수로는 안 된다는 말을 한다. 보수로는 표가 없다고 말한다. 한나라당을 싫어하는 것이 보수이기 때문일까?

보수는 지키는 것과 고치는 것을 꼭 같이 중요시한다. 보수가 지키는 것은 그 사회의 중심 가치다. 사회의 중심 가치를 지키고 발전시키는 것이다. 한국의 중심 가치는 무엇인가?

보수의 아버지로 불리는 에드먼드 버커는 "정당은 특정 집단의 이익을 실현하는 조직이 아니라 국가 이익을 추구하는 집합체"라고 했다. 이 말은 보수정당의 교과서다.

대한민국 50년을 이끌어온 것은 보수정당이다. 한국의 보수가 중요시한 것은 국가보위(國家保衛)다. 부국강병이 정책의 기조(基調)다. 이 정책기조는 이승만 대통령, 박정희 대통령의 치적(治積)에서 일관되게 흐르고 있다.

한국의 보수세력이 걸었던 부국강병의 길은 전통적 보수의 길이다. 이 전통을 계승하고 발전시키는 것이 한나라당의 길이다. 한나라당에 이런 자각(自覺)의 흔적이 있는가?

부국강병으로 가는 길은 국민 역량의 결집이다. 국민 역량을 결집시키고 동원하려면 어찌해야 하는가. 정치엘리트의 솔선수범이 절대조건이다. 이래서 보수는 '노블리스 오블리주'를 중요시한다.

또 하나, 보수는 역사를 소중히 한다. 선인들이 이룩한 역사에 대한 긍지는 애국심의 원천이다. 대한민국은 불과 50년에 서양이 수백 년에 걸쳐 이룬 자유민주주의와 산업화를 이루어냈다. 보수세력이 남긴 대한민국 50년의 역사는 세계사의 금자탑이라고도 할 성공의 기록이다.

그런데 21세기 한국인의 역사인식은 정반대다. 한마디로 실패가 전 세계에 전시되고 있는 김일성 왕조를 보면서도 김일성 왕조는 자주(自主)로 미화하고 대한민국은 분단의 책임과 매판(買辦)으로 폄하한 것이 2000년대 한국인의 역사인식이고, 역사교과서고, 교육 내용이다.

절실하게 다가오는 말이 있다.

"모든 세대가 우리 역사를 그릇되게 이해하고 평가절하(平價切下)하는 교육을 받아왔다. 사회주의 학자와 저술가들은 우리 역사상 가장 위대한 진보가 이루어진 빅토리아 시대, 산업혁명의 시대를 가장 암울한 시기로 묘사했다."

1970년대 철의 수상 대처의 연설이다. 영국 좌파의 역사 비틀기는 한국의 오늘처럼 날조, 모해는 아니었지만, 대처는 좌경화한 학계와 문화계의 역사 비틀기를 이렇게 말했다. 그런데 한국의 보수정당은 대한민국 역사를 왜곡하는 좌파에 대해 아무 말이 없다.

대처는 역사학자들의 협조를 받아 사실에 기초해서 영국의 역사를 자랑스러운 기록으로 바로잡았다. 한국에선 역사학자들이 역사바로잡기에 나서 있는데도 한나라당은 말이 없다. 보수 콤플렉스인가? 좌파의 역사 비틀기는 그들 나름으론 이념투쟁이다. 그런데 우파인 한나라당은 이념전선에서 정면승부를 포기했다. 지금 한나라당은 대한민국 건국의 역사가 왜곡되는 사태를 방치한 대가를 치르고 있다.

공격을 모른다

민주당은 벌떼다. 민주당은 포문이 하나로 그치는 사례가 없다. 한 의원이 특정 문제를 공격하고 나서면 지원 저격수가 줄을 잇는다. 민주당이나 소속 의원 한 사람이라도 공격받으면 방어에 일제히 나선다. 한나라당은 포문을 여는 일이 없다. 어쩌다 한 의원이 민주당과 싸움에 휘말리면 고독한 싸움을 해야 한다. 도와줄 동료 의원도 저격수도 없다. 민주당 벌떼에 쏘여 흔한 말로 본전도 못 찾는 경우가 흔하다.

노무현 정권시절이다. 한나라당이 노 대통령의 부동산 투기 의혹을 들고 나오자 민주당은 '부패원조당 주제에 뭐라고!… 감히 부동산 투기를 들고 나와! 그래 우리 한번 까발려 볼래.' 이 서슬에 한나라당은 머쓱해져 입을 다물었다.

최근 사례 하나도 벌떼를 과시했다. 검·경 수사권 문제와 관련해 검찰을 공격하면서 노무현 수사를 검찰의 권력 남용으로 도마에 올리고 당시 수사책임자였던 이인규 전 대검 중수부장을 향해 민주당 등 '노무현 키드'들이 포문을 열었다. 민주당 소속 의원들의 비난의 소리 정도에 그친 것이 아니다.

민주당 이용섭 대변인은 "이 전 중수부장은 전직 대통령에게 감당할 수 없는 수모와 모욕을 준 역사에 죄를 지은 자"라고 했다.

역사의 죄인이라니…. 노무현의 부패수사가 역사의 죄란 말인가. 노무현의 부패는 날조한 것이 아니다. 노무현과 그 측근들의 권력형 비리는 드러난 사실이다. 임기 초반부터 이곳저곳에서 이른바 당선사례금을 받은 부패가 드러나자 그들은 "그래도 우리는 좀 덜 부패했다. 한

나라당은 소도둑인데 비해 우리는 바늘도둑이다"라는 희한한 궤변을 늘어놓고 청렴한 척하던 사람들이다. 부패 수사가 역사의 죄라니…, 명색이 공당을 자처하면서 억지를 예사로 한다. 그런데도 보수우파 한나라당은 고독한 전직 검사의 외로운 투쟁을 외면한다.

한나라당은 지난 14년간 민주당에 공세를 취한 일이 없다. 보수가 가장 중요시하는 것은 국가보위다. 천안함 어뢰공격이 북한 소행이라고 말하지 않는 민주당의 행동은 국가보위를 위태롭게 하는 행동이다. 보수 한나라당으로선 결코 용납해선 안 될 일이다. 그런데도 민주당을 규탄하고 나서는 의원 한 사람도 없었다. 북한인권법을 가로막고 있는 민주당 등의 행동에 분노하는 한나라당의 모습도 볼 수 없다. 보수의 마지노선을 건드려도 분노하지 않는 한나라당이다. 반대하고 비방하는 상대 정당에 맞서지 않는다.

20대 30대 대책

한나라당이 할 일은 반대자들에 대한 단호한 대응이다.

한미FTA를 훼방 놓기 위해 끝없이 거짓말하고, 하나 양보하면 또 다른 것 내걸고 생떼를 쓰는 민주당이다. 한미FTA 반대가 아니라 반미운동이다. 민노당도 포함한 야권연대는 주한미군 철수, 한미동맹 해체를 공약으로 내걸었다. 김정일에 보내는 투항이고 전쟁 초대다.

소위 평화운동을 내건 승려 법륜(法輪)도 안철수와 함께 대학을 순회하는 한나라당 때리기 유세 중이다. 소설가라는 이외수까지도 한나라당을 가리켜 '철면피한 치기배'라고 재잘거린다.

한미FTA 반대는 경제논리가 아니다. 종북 반미(從北 反美)운동이고 대한민국에 대한 적대 행동이다. 구한말 위정척사(衛正斥邪)를 내세워 세계의 흐름을 역류하다가 나라의 주권마저 빼앗긴 조선의 '우물 안 개구리'들은 세계의 흐름에 어두웠던 것이 죄지만, 21세기 종북 반미 세력은 불순하고 우둔한 목표에 매달린 우물 안 개구리들이다.

정당은 강령이 있고 정책이 있다. 끝없이 일어나는 정치문제를 국가 목표, 국가이익, 공공의 이익에 부합하는 방향으로 국론을 이끌어 가는 것이 정치고 정당의 소임이다. 있지도 않은 국민의 뜻에 휘둘려 우왕 좌왕하는 것은 정치가 아니다.

2006년 한·중·일 청소년들에게 물었다. 전쟁이 나면 앞장서 싸우겠느냐는 질문에 일본 41.1%, 중국 14.4%, 한국 10.2%가 그렇다고 대답했다. 외국으로 나가겠다는 한국 10.4%, 중국 2.3%, 일본 1.7%였다.

일본은 그해 애국심 교육을 법으로 명문화했다. 중국도 공산주의 중국이 금서(禁書)로 했던 노자의 도덕경, 논어 등 고전들을 방송과 대학이 앞장서서 21세기 중국 청년의 필독서로 바꾸었다. 그런데 애국심이 가장 낮은 한국에선 정치지도부 누구도 꿈쩍도 안 했다.

당시 한국은 좌파정권이 대한민국을 부정했다. 학교도 전교조 교사들이 장악했다. 학계, 방송, 소설, 드라마까지 대한민국의 정통성 부정을 합창했다. 사회주의 혁명을 꿈꾸는 좌파연합에게 국가는 중요하지 않다. 그들에게 중요한 것은 계급이다. 그들은 혁명을 위해 사회를 파괴할 필요가 있기 때문에 전통적인 규범은 방해가 되는 규칙일 뿐이다.

애국심은 가족에 대한 사랑에서 싹튼다. 가족을 사랑하는 마음이 이웃과 나라 사랑으로 자란다. 그 사랑은 제나라 역사와 전통에 대한 존중이고 사회의 안전을 지켜주는 법과 질서에 대한 애착이다. 제 나라

역사와 전통을 쓰레기통에 내던지는 곳에선 사랑도 긍지도 애국심도 자라지 않는다.

대한민국이 자본주의 경제로 가난을 탈출한 것이 바로 어제다. 그런데 이른바 '청년콘서트'에 가면 사유재산권을 짓밟고 가진 자한테서 걷어 나눠주는 것이 정의라고 외친다.

"언제부터 미국사회가 정면으로 대립하는 불구대천(不俱戴天)의 부자와 빈민으로 구성되었다고 생각했는가?" 레이건 대통령이 미국의 소위 진보좌파에게 했던 말을 한국에 옮겨 따져야 할 판이다. 그런데 한나라당의 사람들 중 누구도 이 비슷한 말조차 못한다.

취업 등 문제에서도 지적해야 할 일들이 한둘이 아니다. 한마디로 젊은이들은 모르는 것이 많다는 것, 잘못 알고 있을지도 모른다는 생각은 안 한다. 보고 싶은 것만 보고, 믿고 싶은 것만 믿는다. … 국민의 무지는 국가를 위험에 빠뜨린다. 그런데 정당이, 한나라당이, 이들 무지한 무리들 앞에 쩔쩔매고 있다.

지금 종북세력이 민주당을 이끌어간다. 한나라당은? 강남좌파 신출내기들의 좌회전 깜빡이가 한나라당의 지도노선이다. 대학을 순례하는 청년 멘토가 정당을 압도한다. 정치와 정당 꼴이 말이 아니다. 정치 실종, 정당 실종이다. 이 사태는 한나라당이 정체성을 버리고 비틀댄 지난 십수 년의 보상이고 업보다.

한나라당은 할 말을 하고, 해야 할 말을 해야 한다. "신념을 위해, 가치를 지키기 위해, 옳은 길을 가기 위해 몸을 던지는 것을 본 일이 없다. 따뜻한 마음도 마주친 일이 없다. 돈, 안락, 탐욕, 기회주의, 그래서 저희만 화색이 돌 뿐이다."

이런 황당한 비방이 먹히지 않게 하기 위해선 말해야 하고 행동해야 한다. 반대당, 반대세력의 부당한 공격에, 종북 혁명투사를 자처하는 자들의 선동에 단호해야 한다. 의사당을 팽개치고 데모하는 국회의원, 폭력의원에게 상응한 재제를 주저하지 않아야 한다. 해당분자(害黨分子), 배덕의 무리에도 철퇴를 가해야 한다. 머뭇거리는 것은 개인도, 당세(黨勢)도, 지지(支持)도 몽땅 오그라드는 길이다.

쟁점의 선도

정보화 시대는 모든 분야가 아이디어 전쟁이다. 삼성과 애플의 처절한 아이디어 경쟁이 21세기를 상징한다. 정치도 마찬가지다. 미국 공화당의 티 파티운동은 미국의 민주·공화 양당의 치열한 아이디어 경쟁을 보여준다. 한국 정가에선 좌파가 아이디어 전선을 선점하고 있다.

미국도 한때 이른바 진보좌파가 정계·학계·언론계의 주류자리를 차지했다. 좌파로부터 주도권을 빼앗아온 것은 보수우파의 두뇌들이 쏟아낸 아이디어다. 아이디어 경쟁에서 좌파는 보수파를 따라오지 못한다. 좌파는 비방에는 능하지만 창의성에선 가난뱅이들이다. 한국도 다를 것이 없다.

보수정당이 주력해야 할 일은 아이디어 개발에 투자하는 일이다. 20대 만의 팀, 30대들만의 팀을 만들어 거기에 아이디어를 주문해 보라. 정치인들의 타성을 뛰어넘는 반짝반짝 빛나는 아이디어가 나온다. 세계와 경쟁하는 국내 기업 인재들의 두뇌를 활용할 방법도 찾는 것이 바람직하다.

생각을 바꾸면 거기에 길이 보인다. 새누리당은 대한민국의 정체성

을 지킬 유일한 원내 정당임을 자각하는 것, 그것이 문제 해결에 다가

가는 첫걸음이다.

(THE END)

벼랑에 선 보수

2016년 10월 20일 초판 인쇄
2016년 10월 25일 초판 발행

저 자 / 李英石(언론인)
발행인 / 박기봉
발행처 / 비봉출판사
　　　　 서울 금천구 가산디지털2로 98, 2-808(가산동, IT캐슬)
　　　　 TEL. 2082-7444 FAX. 2082-7449
　　　　 bbongbooks@hanmail.net

등록번호 317-2007-57
ISBN 978-89-376-0449-2 03340

정가 12,500원